천주교인권위원회
Catholic Human Rights Committee

사형제도의 실재

: 정부수립 이후 70년의 회고

이덕인

pnc
publishing and culture
피앤씨미디어

들어가며

+찬미예수님

천주교인권위원회가 민주주의를 억누르고 국민의 권리를 억압하던 군사독재정권 시절 창립하여 인권운동을 시작한 지 어느덧 30년이라는 세월이 흘렀습니다. 그동안 천주교인권위원회는 군대 내에서 벌어지는 인권침해와 군의문사 문제, 소위 '인혁당재건위사건'을 비롯하여 권위주의 정부 시대에서 발행한 조작간첩사건들에 대한 진상규명과 명예회복을 위한 활동, 구금시설 수용자들과 정신장애인시설 수용자들의 인권옹호 활동, 국가보안법, 보안관찰법, 사회보호법 등 악법들의 폐지를 위한 활동 그리고 주민 동의 없이 강행되던 평택미군기지확장과 제주해군기지건설 등 평화운동의 현장에서 최선을 다 해 왔습니다.

그중 우리 사회가 인권과 생명이 존중되는 사회로 나아가는 매우 중요한 걸음이 될 사형제도 폐지운동은 천주교인권위원회가 사명감을 가지고 끈질기게 매달리고 있는 오래 된 과제 중 하나입니다. 법이라는 이름으로 인간의 생명을 앗아가는 반문명적인 형벌이자 국제사회의 경험과 연구를 통해서도 범죄예방에 아무런 효과가 없다고 여러 차례 증명되어 온 사형제도를 폐지하는 것은 이미 전 세계적인 흐름입니다. 그러나 여전히 지구상에는 사형제도가 존재하는 나라들이 있고 애석하게도 대한민국 역시 그러한 국가들 가운데 하나입니다.

국제사회에도 잘 알려진 바와 같이 대한민국은 지난 2007년에는 10년 동안 사형을 집행하지 않은 '실질적 사형폐지국가(abolitionist de facto)'로 선포되었고 현재까지 21년간 사형이 집행되지 않은 것은 매우 놀랍고 중요한 성과입니다. 그러나 종교계와 시민사회의 수많은 노력에도 불구하고 우리나라는 여전히 사형제도가 형벌의 하나로 존재하는 법률상 사형제도 유지국입니다. 이제는 사형제도의 폐지를 더는 미룰 수가 없습니다.

이 책은 지난 1948년 대한민국 정부 수립 이후 70여 년 동안 이 땅에 존재해 왔던 사형이라는 형벌에 대하여 최대한 많은 정보를 제공하기 위하여 찾을 수 있는 모든 자료들을 모아 정리하고 분석하였습니다. 자료수집에서부터 책의 집필까지 총 책임을 맡아 애써주신 부산과학기술대학교 이덕인 교수님의 노고에 진심으로 감사드립니다.

호주정부(The Australian Government)는 사형폐지운동을 전개하고 있는 세계 여러 나라들의 인권·시민단체들을 후원하며 세계의 사형폐지를 위해 노력해 왔습니다. 이 책 또한 호주 정부의 지원으로 발간하게 되었습니다. 호주 정부가 사형제도 폐지를 추진할 때 국민여론은 우호적이지 않았습니다. 하지만 완전한 사형폐지국가가 된 이후 호주는 사형폐지를 위해 앞장서는 국가가 되었고 국민들 역시 이를 매우 자랑스러워하고 있습니다. 그런 호주정부의 든든한 지원으로 이처럼 귀한 책이 나올 수 있었다는 것에 대해 한국의 사형폐지 연구자들과 활동가들을 대신하여 감사 인사를 드립니다.

천주교인권위원회를 비롯한 이 땅의 양심있는 종교인들과 인권활동가들은 대한민국에서 사형제도가 완전히 폐지되기를 염원합니다. 이 책의 발간이 그 염원에 조금 더 가까이 다가서는 일이 되기를 기원합니다.

2018년 12월 30일

사단법인 천주교인권위원회 이사장 김형태

차 례

제3장 미집행 사형확정자에 대한 분석

제 1 장

글머리에

제 1 장 글머리에

최근 국가인권위원회는 인권상황의 현실을 살피는 일환으로 사형제도 폐지 및 대체형벌에 대한 실태조사를 완료한 바 있다. 이 연구에서는 국민 1,000명을 표본으로 삼아 사형과 관련된 설문조사가 병행되었는데, 여러 설문의 내용 가운데 우리나라의 사형제도를 알고 있는지를 묻는 문항에 대하여 대상자의 67.9%가 '알고 있다'라고 응답하여 10명 중 7명 가까이는 사형이라는 형벌을 인지하고 있는 것으로 보인다. 그리고 이와 같이 응답한 사람 가운데 80% 이상은 언론 보도를 통하여 사형에 대한 정보를 습득한 것으로 나타났다. 그러나 저자는 응답의 결과처럼 7할에 가까운 사람들이 "과연 사형제도라는 형벌을 온전한 의미로 이해하고 있으며, 우리의 형벌사(刑罰史)에서 그것이 어떠한 맥락과 위치를 점하고 있는지에 대하여 정말 제대로 알고 있다고 단언할 수 있을까?"라는 의구심에서 벗어날 수 없었다. 국가인권위원회의 용역연구를 공동으로 수행한 연구자의 한 사람으로써 스스로가 먼저 납득할 수 있는 관련 정보의 정리와 공개가 절실히 필요하다는 점을 느끼던 차에, 때마침 호주정부의 지원을 받아 천주교인권위원회가 주관하는 이 작업에 참여할 수 있는 기회가 닿아 이를 수락하게 되었다.

사형폐지론의 입장에서 걸어왔던 지난 여정을 되돌아보면서 당초 서술의 방향 역시 기본적으로는 동일 선상에서 설계되어야 한다고 생각했었다. 그러나 이 글은 사형의 폐지를 주장하는 쪽은 물론이거니와 사형폐지에 반대하는 쪽에도 읽힐 수 있도록 분명하게 전달되어야 할 사실(fact)을 담아야 한다는 것이 자문위원들과 준비단계에서 잠정적으로 협의되었다. 따라서 주관적 견해는 최대한 자제하면서 우리 사회의 사형제도에 대한 있는 그대로의 정보를 제공하는 것이 이 글의 의도 방향임을 전제해 두려고 한다.

하나의 관용적인 어구처럼 우리들은 오천년의 민족 역사를 자랑스럽게 생각하고 우리의 정체성을 설명해야 하는 곳에서는 그렇게 말하곤 한다. 그러나 국민주권에 기반을 둔 헌정의 역사가 아직 1세기에도 미치지 않는 우리나라에서 국가의 이름으로 형벌목록의 최고 정점에 마련해 둔 사형이라는 형벌이, 어떠한 사회적 비난가능성이 작동하는 범죄에 대하여, 어느 정도의 빈도로 적용되었으며, 실제로 얼마나 집행에 이르게 되었는지를 알려주는 구체적인 정보는 존재하지 않는다. 지난 세기 우리는 36년이라는 기간 동안 식민강점을 경험한 바 있고 일본 제국주의는 한반도에서 숱한 사형을 그 지배를 공고히 하는 하나의 도구로 활용해 왔음을 역사의 기록들은 전하고 있다. 그러나 별도로 논의되어야 할 문제이지만, 추정되는 결과만을 놓고 판단하더라도 일제강점기간의 사형집행이 헌정 아래 우리 70년의 역사에서의 그것과 비교할 때 비정상적인 것이 아니었으며 그 집행의 결과는 빠짐없이 조선총독부의 관보를 통해서 확인이 가능했다는 것은 충격에 가까운 일이다.

정부수립과 함께 국가체제가 정비되고 70여 성상(星霜)이 지나왔지만 영구보존되어야 할 사형선고와 그 집행에 대한 기록은 제대로 분류되지 않았거나 정리되지 아니한 채로 여기저기에 방치되고 있으며, 그것을 개인의 사생활보호라는 허울 아래 국가가 공공연한 비밀로 처리하는 것은 무엇을 의미하는 것일까. 국가권력이 법치주의의 원칙 아래 사형을 선고하고 집행했다면 그것은 응당 국가공권의 정당한 작용이기에 거리낌이 있어서는 안 될 일이다. 적극적인 은폐가 아니라고 하더라도 밝혀지는 것을 꺼린다는 사실은 그만큼 사형제도가 정당하지 아니한 형벌이라는 점을 역설적으로 설명한다.

이와 같은 전제들을 배경에 두고 아래에서는 우리나라의 사형제도에 대해 공식적으로 파악할 수 있는 자료들을 토대로 현상 그대로의 모습을 살펴보고(제2장), 사형이 확정되었으나 사실상 사형폐지의 결과, 생존해 있는 61명의 사형확정자들과 질병이나 자살 등의 사유로 사망한 10명의 사형확정자에 대하여 분석을 하도록 할 것이다(제3장).

그러나 이 글은 따로 맺음말을 두지 않는다. 그 이유는 모두에 밝힌 바와 같이 사형제도 그 자체를 소개하는 것이 이 글의 의도라는 점을 다시 상기시키며 이를 작은 쏘시개로 삼아 우리 사회에서 사형제도에 대한 사회적 담론이 점화되어 진지한 논의가 본격화되기를 기대하기 때문이다.

이 글의 집필과정에는 여러분의 숨은 노고가 함께 하였다. 천주교인권위원회 이사장 김형태 변호사님, 그리고 심도 있는 자문과 의견을 내주신 천주교 서울대교구 박동호 신부님, 경희대학교 법학전문대학원 최광준 교수님, 숙명여자대학교 법학부 홍성수 교수님, 특히 천주교인권위원회 소속 상임활동가 장예정 선생님께는 여러모로 난처하고 힘든 부탁을 드렸으나 이를 마다하지 않고 흔쾌히 응해주셔서 자료수집과 수정작업에 도움을 입을 수 있었다.

또는 저자의 오늘이 있기까지 언제나 든든한 버팀목이 되어 주신 허일태 은사님과 사형폐지운동의 산증인이라고 할 수 있는 이상혁 변호사님의 큰 가르침이 있었다. 지면을 빌어 이 모든 분들의 은혜에 감사의 인사를 올린다.

주변은 아직 어둡지만
미명의 새벽,
경이로운 생명의 소중함을 다시 더올리며

제 2 장

대한민국의 사형제도에 대한 현상적 고찰

제 2 장 대한민국의 사형제도에 대한 현상적 고찰

Ⅰ. 1956년부터의 사형을 분석하게 되는 이유

1. 사형실태에 대한 침묵과 무지

아래의 <표 2-1>이 보여 주는 바와 같이 국내 언론 보도와 연구자들의 문헌연구, 그리고 법무부와 국가인권위원회를 포함하여 국회에 이르기까지 제각각 상이한 사형집행 통계를 제시하고 있는 것만 보더라도 우리에게 던져주는 하나의 의구심은 과연 이러한 통계의 불일치가 의미하는 바가 무엇을 뜻하는 지라고 하는 점이다.

사실 진솔하게 말하자면 일반 국민은 물론이고 사형제도에 대한 여론 형성에 있어서 사회적 의견을 제시할 수 있는 위치에 있는 사람들, 예컨대 사형의 존치와 폐지에 대한 전문가적인 입장을 피력하는 학자들이나 언론인들, 형사정책의 진단과 평가에 깊이 개입하고 있는 검찰과 실제 형사재판에서 사형의 선택을 고민하게 되는 법관, 그리고 입법형성에 있어서 권한 있는 입법자들을 비롯하여 사형폐지운동에 적극적인 종교단체와 시민사회단체의 활동가들에 이르기까지 어느 누구도 객관적인 사형의 실태를 파악하지 못하고 있다. 이러한 사정 아래 기왕에 이들이 사형을 지지하든 반대하든 그 논거의 배경에는 개인의 신념과 가치관이나 윤리관 또는 종교관에 근거한 감성적인 주장만 존재할 뿐

〈표 2-1〉 대한민국 정부수립 이후의 사형집행 인원[14)]

집행인원	출처	연도
1,221명	법무연감[1)]	1990.
1,216명	김용우, 현안분석보고서[2)]	1991.
902명	경향신문[3)]	1997.12.31.
1,601명	한용순, 석사학위 논문[4)]	2001.
923명	국가인권위원회[5)]	2004.
998명	문화일보, 한겨레신문[6)]	2006.01.13.
900명	박상기, 사형제도 개선에 관한 연구[7)]	2006.
1,634명	배성범, 연구논문[8)]	2007.
1,596명	Johnson & Zimring[9)]	2009.
1,476명	조균석, 연구논문[10)]	2009.
923명	18대 국회 국정감사 자료[11)]	2009.10.11.
1,310명	19대 국회 사형폐지법안[12)]	2015.07.06.
919명	동아일보[13)]	2018.02.22.

1) 법무부, 법무연감, 1990, 95쪽
2) 김용우, "사형제도 존폐문제", 국회도서관 입법자료분석실, 1991, 16~17쪽.
3) 경향신문 1997년 12월 31일자 21면 기사.
4) 한용순, 우리나라 사형제도의 위헌성 여부와 사형집행현황에 관한 연구, 순천대 법학석사 학위논문, 2001, 57쪽; 이 논문에서는 통계의 출처를 명시하지 않았으나 현재 전남 순천지역의 법무사로 활동하고 있는 연구자에게 연락한 결과, 2001년 당시 광주지검 서기관으로 근무하면서 법무부 교정국의 도움을 받아 통계를 추산한 것이라고 확인해 주었다.
5) 사형제도 개선 청문회 자료집, 2004. 4. 28.
6) 대검찰청 공법연구회에서 발제한 이헌규 서울남부지검 부장검사의 글 인용.
7) 박상기, 법무부 용역연구 사형제도의 개선방안에 관한 연구, 2006. 11, 1쪽.
8) 통계의 출처 근거를 제시하지 않았으나 배성범 검사는 우리나라의 사형집행인원을 제1공화국 1,103명, 제2공화국 62명, 제3공화국 173명, 제4공화국 139명, 제5공화국 61명, 제6화국 39명, 문민정부 57명으로 파악하고 있다. 배성범, "한국의 사형제도 운용과 사형 대상 흉악범죄 실태", 비교형사법연구 제9권 제2호, 2007, 790쪽; 이 수치는 정부수립 이후 일반법원의 사형선고에 의한 사형집행 920명에 군사법원에서의 사형집행인원(714명)을 합산한 것이라고 한다. 홍완식, 법과 사회, 건국대학교 출판부, 2013, 257쪽; 유영근, "사형을 선고해야 하는가?", 우리는 왜 억울한가, 타커스, 2016. 재인용.
9) David T Johnson and Franklin E Zimring, The Next Frontier: National Development, Political Change, and the Death Penalty in Asia, Oxford University Press, 2009, p.165.
10) 통계의 출처 근거가 제시되지 않았으며 조균석, "사형확정자의 수용과 사형집행", 법학논집 제13권 제2호, 이화여대 법학연구소, 2009, 63쪽.

사실에 바탕을 둔 분석과 논증은 철저히 배제되어 있다고 생각된다.

이것은 지극히 놀라운 일이라고 생각하지 않을 수 없는데 왜 이러한 사태에 직면하게 되었는지를 누구도 솔직하게 이야기하려 하지 않는다. 분명 우리가 사형을 어떻게 처리할 것인지를 두고 고민하는 지점에서는 무엇보다 선행하여 이 사태를 납득 가능한 수준에서 해명하고 그 결과를, 다른 어떤 의도된 목적 — 그것이 밝혀졌을 때 국가의 도덕성 또는 정체성에 심대한 타격을 주거나 국가배상의 엄청난 재정적 부담을 초래할 수도 있다는 — 으로부터 분리하려는 어렵지만 회피해서는 안 될 과정을 거쳐야 하지만 아직은 요원한 상황이다.

여기에는 분명히 현재에도 쉽사리 합의점에 이르지 못하고 있는 우리의 불행했던 과거사가 장애물처럼 놓여 있다. 특히 1945년 이후부터 1953년까지 정치적인 측면에서 불안정했던 한반도의 상황과 주변 국가의 이해관계에 따라 타의에 의해 이끌려 들어가야 했던 분단이라는 민족의 비극은 피아(彼我)를 식별하도록 강요했고, 구분된 상대집단을 적대적으로 규정하여 대처해야 했던 정치

---

11) 18대 국회의 2009년 법무부 국정감사에서는 9월 25일, 당시 한나라당 소속 홍일표의원이 자료를 요구한 1980년 이후 사형집행인원에 대해 10월 19일자로 검찰국 형사기획과가 1980년부터 1997년까지의 사형집행인원(http://likms.assembly.go.kr/inspection/reqdoc/2009/pdf/000611399.PDF)을 표로 정리하여 제출하였으며(제18대 국회 법제사법위원회 위원 요구자료(13), 76쪽), 정부수립 이후 사형통계는 이보다 앞서 9월 11일(http://likms.assembly.go.kr/inspection/reqdoc/2009/pdf/000611393.PDF)에 한나라당 소속 박민식 의원의 요구로 10월 10일, 제출되었으나, 해당 자료는 공백처리로 확인할 수 없도록 처리되었다(제18대 국회 법제사법위원회 위원 요구자료(Ⅶ), 16쪽); 이 자료에 따르면 정부수립 이후 사형의 첫 집행은 살인죄를 저지른 사형확정자를 1949년 7월 14일에 집행한 것으로 기록되고 있다. 그러나 약 1년간의 기록이 확인되지 않는 이유에 대해서는 1970년 법무부 문서보관소 화재로 정부 공식문서가 소실된 점을 들고 있고, 923명이라는 통계는 이후 대검찰청과 각 교도소 등에 흩어져 있던 사형 관련 자료를 모아 복원한 결과라고 한다. 따라서 이 통계는 '공식기록'이라고 말할 수 없는 추정통계에 불과한 것이다.

12) 통계의 출처 근거 제시 없으며 국회의안번호(1915958), 사형폐지에 관한 특별법안(유인태의원 등 172인); 1948년 정부수립 이후의 누적통계라는 이 자료 역시 정확하지 아니한 오류를 범하고 있다. 법안 원문 주1)에서 1980년 10명이 집행되었다고 하나 법무부 통계는 9명이며, 1982년의 경우 21명이라고 하나 역시 법무부 통계는 23명이고, 1985년은 1명으로 표기되어 있으나 법무부 통계는 11명이다. 아울러 1987년부터 1997년까지 집행인원을 111명으로 추계하고 있으나 법무부 통계는 같은 기간 101명이 집행된 것으로 되어 있다. 제시된 연도별 집행인원을 합산하면 1,238명으로 당초 1,310명이라고 제시한 결과와 대조할 때 72명의 인원에 차이가 나타난다.

13) http://news.donga.com/3/all/20180222/88786981/1.

14) 사형제도 폐지 및 대체형벌 실태조사, 국가인권위원회, 2018, 244쪽, 표 Ⅱ-2 재인용.

적 주도권(hegemony)의 문제가 중대한 요인이었음을 부인하기 어렵다.

2. 침묵의 원인: 미완의 과거사 정리

현재에도 국가기록원은 검찰로부터 이관받은 관련 기록물을 보관하면서 전면적인 공개를 거부하고 있다. 그 이유를 섣불리 예단하기는 어렵지만 여순사건과 제주4.3사건 그리고 한국전쟁 기간에 이루어진 국가에 의한 사형의 남용이 있었고, 이를 공개할 경우 야기될 수 있는 사회적 파장이 우려되는 점이 공개를 꺼려하는 주된 요인이라고 생각한다. 그러나 그것이 결국 과거사의 정리와 연결되어 있는 문제라는 점에서 언제까지나 이를 침묵으로 일관할 수는 없을 뿐만 아니라 지금부터라도 국가가 책임지고 해원(解冤)해야 할 과거 국가불법의 명백한 증거라는 점에서 해결방안을 모색하는 차원에서도 관련 내용의

〈표 2-2〉 국가기록원에 소장되어있는 형 집행원부

구분	참조코드	관련 군/계열	생산 시기	전체수량	이승만 정권시기
1	AG86/S7	서울고검>형집행관리	1949~1993	128권	11권
2	AG86-5/S10	서울중앙지검>형집행관리	1953~1997	379권	24권
3	AG86-6/S10	수원지검>형집행관리	1950~2001	329권	13권
4	AG86-7/S10	의정부지검>형집행관리	1959~1996	186권	1권
5	AG86-8/S10	인천지검>형집행관리	1949~1997	441권	16권
6	AG86-9/S10	춘천지검>형집행관리	1950~1999	551권	48권
7	AG82/S8	광주고검>형집행관리	1953~1997	64권	9권
8	AG82-1/S9	광주지검>형집행관리	1945~1998	636권	74권
9	AG82-2/S10	전주지검>형집행관리	1946~1998	640권	82권
10	AG82-3/S9	제주지검>형집행관리	1946~1986	67권	14권
11	AG83/S7	대구고검>형집행관리	1949~1997	153권	30권
12	AG83-1/S10	대구지검>형집행관리	1946~2002	1,327권	198권
13	AG84-1/S10	대전지검>형집행관리	1946~2005	757권	119권
14	AG84-2/S10	청주지검>형집행관리	1946~1998	473권	33권
15	AG85-1/S10	부산지검>형집행관리	1946~1998	925권	88권
16	AG85-3/S10	창원지검>형집행관리	1946~2004	597권	56권
합계				7,653권	816권

공개와 함께 이에 대한 사회적 숙의가 시작되어야 할 것이다.

따라서 여기서는 신뢰할 수 없는 사형집행의 통계가 시정되어야 한다는 사실만을 제언하고 그 실마리를 풀 수 있는 단서를 제공하는 선에서 정리를 하도록 한다. 다행스럽게도 국가기록원에는 <표 2-2>와 같이 정부수립 이후의 형벌 집행을 공식적으로 기록한 원부가 보관되어 있고 특히 왜곡과 누락이 의심되는 이승만 정권 시기의 816권은 서고에서 잠자고 있다 미루어 짐작하건대 이 형집행부가 완전히 공개되는 시점에서는 국가형벌권의 오용과 남용에 대한 심각성과 공포, 그리고 그에 대한 책임 소재의 규명과 비난이 거세게 일어날 것은 어렵지 않게 예견할 수 있다.

더욱이 육군본부가 전혀 다른 시기에 1950년부터 1955년까지의 군사법원에 의한 사형인원을 집계한 내용에 따르면<표 2-3>, 군사법원의 특수성으로 인하여 이들 인원 전부를 사형 집행한 것으로 예단할 수는 없더라도 수치상 통계가 민간인에 대한 일반법원의 사형선고를 압도하고 있음도 주의 깊게 살펴야 할 부분이다.

과거 군법회의 관련 재판기록들의 대부분은 국가기록원으로 이관되지 않은 채로 국방부 법무감실의 창고에 보관되어 있다고 한다. 민간법원의 판결문 등 형사사건의 기록들은 다른 공공기관과 마찬가지로 보존 기간이 30년 이상으로 분류되어 생산된 지 10년이 지나면 국가기록원으로 이관하고 있으나 국방부

〈표 2-3〉 1950년~1955년 군법회의 실시상황

구분	육군본부 1956 통계 사형인원(Ⅰ)	육군본부 1998 통계 사형인원(Ⅱ)	(Ⅰ) : (Ⅱ) 증감 비교
1950	1,902	1,902	0
1951	1,132	925	▽207
1952	559	136	▽423
1953	29	62	△33
1954	54	58	△4
1955	42	42	0
합계	3,718	3,125	▽593

는 그 일부만을 이관한 채 공개를 꺼리고 있다. 조속한 시일 내 국방부 역시 해당 기록물들을 국가기록원으로 이관하도록 해야 할 것이다.

3. 진실 규명을 통한 해원의 첫걸음 딛기

지난 2018년 11월 26일과 27일, 양일간 제주지방법원에서는 1948년 12월, 제주도 계엄지구 고등군법회의(1차 군사재판)가 (구)형법의 내란죄를 적용하고, 1949년 7월, 고등군법회의(2차 군사재판)가 국방경비법의 적에 대한 구원통신연락죄, 이적죄 등의 죄명을 적용하여 최소 징역 1년형에서부터 무기징역형을 선고했던 사람들 가운데 생존한 피해자들이 제기한 재심청구사건의 심리가 진행되었다.

제주4.3사건의 군사재판은 인권과 존엄성을 철저히 무시한 초법적 조치이자 명백한 국가범죄였으며, 당시 재판은 최소한의 기본적인 형사소송절차의 규정조차 지켜지지 않았다. 그 결과는 법치주의가 지배하는 국가에서는 상상할 수조차 없는 불법구금과 집단학살에 가까운 처형을 불러왔다. 이 사건에 대하여 향후 재심 법원의 판결은 살아있는 생존 피해자들에 대한 것이지만 억울하게 처형당한 피해자가 있는 경우라면 그 결과는 그의 배우자, 직계 친족, 형제자매에 의한 추가적인 재심청구로 이어지게 될 것이다. 이처럼 격동의 전환기 우리 사회에서 사형이 정치적으로 남용되었던 흔적들이 하나둘 바로잡혀질 때 대한민국에서의 사형제도에 대한 정사(正史)는 제대로 쓸 수 있을 것이고 그때 비로소 사형제도의 지지와 반대에 대한 국민의 감성도 올바르게 자리매김할 수 있을 것이다. 따라서 이와 같은 한계점이 있다는 사실을 인정하면서 우리의 사형제도에 대한 고찰의 출발은 공식적인 통계기록(사법연감)이 나타나는 1956년부터 시작하도록 한다.[15)]

---

15) 이하 아래에 인용하는 통계들은 다음과 같은 연구논문에서 사용한 법무부(법무연감)와 대법원 (사법연감) 등의 관련 통계를 재구성한 것이다. 이덕인, 국가재건최고회의 집권기의 사형제도에 대한 비판적 검토, 형사정책 제26권 제3호, 한국형사정책학회, 2014, 131쪽 이하; 이덕인, 박정희정권기의 사형제도에 대한 실증적 분석과 비판－제3공화국 및 유신체제의 일반 형사사건을 중심으로－, 형사정책연구 제25권 제4호, 한국형사정책연구원, 2014, 1쪽 이하; 이덕인, 사형제도의 실증적 분석과 비판적 검토, 형사법연구 제26권 제4호, 한국형사법학회, 2014, 65쪽 이하; 이덕인, 1950년대의 사형제도에 대한 실증적 분석과 비판, 제26권 제2호, 한국형사정책연구원, 2015, 5쪽 이하; 이덕인, 사형제도의 어제와 오늘, 그

Ⅱ. 1956년부터 2018년까지의 사형선고의 경향

1. 이승만정권 말기부터 국가재건최고회의 시기

가. 심급별 사형선고의 추이

국가의 사법작용을 통계로 작성하여 일반에 제시하기 시작한 것은 1956년부터의 일이다. 제1공화국의 후반기에 해당하는 1956년부터 군사쿠데타를 일으킨 정치군인집단이 권력을 장악했던 1963년까지 약 8년간의 사법연감 통계에 따르면 제1심 법원은 모두 302건의 사형을 선고하였고, 항소심에서는 157건의 사형이 선고되었다.

연평균으로 환산하면 매년 제1심에서 37.8건, 항소심어서는 19.6건에 해당하는 사형이 선고되었다. 이 기간에는 외형적으로 3심 제도를 취하고 있었으나 사형확정까지 3심을 모두 거친 경우는 2건에 불과했고 대체로 항소심에서 사형

〈표 2-4〉 1956년~1963년 형사공판사건 심급별 사형선고 인원수 누년비교

구분	제1심법원	고등법원			대법원
		서울	대구	공주	
1956	33	8	1	5	–
1957	55	16	–	5	–
1958	54	30	7	4	–
1959	59	45	4	16	–
1960	38	2	–	–	–
소계	**239**	**101**	**12**	**32**	**–**
1961	36	5	–	2	1
1962	7	3	1	–	1
1963	20	1	–	1	–
소계	**63**	**9**	**1**	**3**	**2**
합계	302	110	13	34	2

리고 미래 전망, 입법과 정책 제7권 제2호, 국회입법조사처, 2015, 247쪽 이하; 이덕인, 사형폐지를 위한 입법론의 방향, 비교형사법연구 제19권 제4호, 한국비교형사법학회, 2018, 1쪽 이하 참조.

이 확정되는 구조를 취하고 있었다<표 2-4>.

나. 1956년~1960년 제1심법원별 사형선고 인원

1956년에서 1960년까지 제1심법원별 사형선고의 빈도는 서울지방법원이 연평균 22.4명으로 가장 많았고, 제주지방법원은 단 한 건의 사형선고도 없었으나 춘천지방법원을 비롯한 전국 지방법원별로 매년 10명 미만의 사형판결이 나타난다. 5년간의 누적 인원을 볼 때 서울지법[112명(47.5%)]을 제외하면, 광주지법(29명), 부산지법(26명), 대전지법(20명) 등이 20명 이상이었고, 대구지법(19명), 전주지법(12명), 청주지법(10명), 춘천지법(8명) 등의 순으로 집계된다 <표 2-5>.

〈표 2-5〉 1956년~1960년 제1심법원 형사공판사건 사형선고 인원수 누년비교

구분	서울 지법	춘천 지법	대전 지법	청주 지법	대구 지법	부산 지법	광주 지법	전주 지법	제주 지법
1956	8	–	3	2	2	9	7	2	–
1957	13	2	10	2	10	6	8	3	–
1958	28	1	4	3	2	7	4	3	–
1959	40	3	3	3	3	–	5	2	–
1960	23	2	–	–	2	4	5	2	–
소계	112	8	20	10	19	26	29	12	0

다. 사형의 위헌성을 검토한 최초의 대법원 판결(?)

정부 수립 이후 최초로 사형제도에 대한 헌법적 평가를 내린 것으로 판단되는 사건은 1962년 7월 8일, 현역 육군 병사가 주둔 부대 내에서 선임 병사 2명을 총기로 살해한 사건에 대한 대법원 상고심의 판결을 통해서였다. 이 사건은 사건 발생 불과 3개월여 만인 그해 10월 19일, 육군고등군법회의에 의하여 피고인에게 다른 형벌의 선택 가능성이 전혀 없는 사형만을 규정한 군형법 제53조를 적용하여 사형이 선고되면서 실질적으로 마무리되었다.

그러나 피고인은 군형법상의 이 규정이 헌법에 위반된다는 이유로 상고하였다. 대법원은 이에 대하여 "한 사람의 생명은 전 지구보다 무겁고 또 귀중하

고도 엄숙한 것이며, 존엄한 인간존재의 근거인 것이다. 이와 같은 존귀한 생명을 잃게 하는 사형은 형벌 중에서도 가장 냉혹한 형벌임에 틀림없다."고 전제하고, 현대 국가에서 통치권의 작용으로서의 형벌 종류 가운데 사형을 인정할 것인지, 어떠한 범죄에 대하여 사형을 인정할 것인지는 입법적인 문제라고 판단하면서 사형제도는 항상 국가의 형사정책 측면과 인도상의 문제로서 심각하게 고려되고 비판될 문제이지만 그 입법적 존폐문제는 국가의 발전과 도덕적 감정의 변천에 따라야 한다는 사실을 강조하고 있다. 대법원은 이어서 현재 우리나라의 실정과 국민의 도덕적 감정 등을 고려하여 국가의 형사정책으로 질서유지와 공공복지를 위하여 형법, 군형법 등에 사형이라는 형벌의 종류를 규정하고 있는 것을 헌법에 위반된 조문이라고 할 수 없다는 취지로 상고를 기각하였다.[16)]

그러나 이 판결은 당시 우리 사법부의 맨 얼굴이 그대로 드러내는 치욕스러운 판결로 평가된다. 그 이유는 사형제도의 합헌성을 엄정하게 판단하는 준엄한 법률문서를 한 국가의 최고법원이 다른 나라, 그것도 1948년, 일본 최고재판소의 판결문을 단순히 참조하는 것이 아니라 표절하고 있기 때문이다.[17)][18)] 그래서

16) 대법원 1963. 2. 28. 선고 62도241 판결.

17) 最高裁判所判例 1948. 3. 12. 선고 昭和22(れ)제119호, 판례집 형집(刑集) 제2권 3호 191쪽; 원문의 일부를 그대로 소개하자면 "…生命は尊貴である. 一人の生命は´ 全地球よりも重い. 死刑は, まさにあらゆる刑罰のうちで最も冷厳な刑罰であり, またまことにやむを得ざるに出ずる窮極の刑罰である. それは言うまでもなく, 尊厳な人間存在の根元である生命そのものを永遠に奪い去るものだからである.…"

18) 이 판결에 대하여 한상범 교수는 다소 완곡한 표현으로 "우리는 근대법제의 계수과정에서 일본법제의 압도적인 영향을 우선 들 수 있을 것이다. 주요법령의 일부나 판례가 일본의 그것을 많이 참고하고 있기 때문에 한국판례보다 일본판례를 우선 돌아보게 되는 이유가 있다. 나아가서 현재까지 사법연수원교육과정이나 재판실무에서 일본판례가 많이 다루어지고 있는 점도 지나쳐 버릴 수 없는 이유라고 하겠다. 나아가서 일본과 유사한 사건의 판례에 있어서 판결이유인 그 법리의 전개과정이 일본의 법리를 착조하며 그 내용이 거의 같은 경우에도 우리 판례에 있어서 오히려 미흡한 면이 있는 점도 눈에 띈다. 대법원의 사형 합헌판결(대법원 1963년 2월 28일 선고 62도241 판결 및 대법원 1967년 9월 16일 판결 67도988 판결)의 판결이유가 바로 그러하다. 사람의 목숨을 법의 이름으로 단절시키는 것의 합법성을 제시하는 이유로선 좀 더 법철학적 논구가 있어야하지 법이 인정하는 근거가 있으니 된다고 하는 식의 형식 논리적으로 매듭을 짓고 있는 것이 일본판결보다 법리의 전개에 있어서 빈곤성을 나타내는 인상을 주고 있다. 그렇기 때문에 유사사건의 판결을 외국의 것을 주로 관심을 두고 우리 판례를 부수적으로 보고 지나치는 일면도 있다."고 하는 견해를 밝힌 바 있다. 한상범, "한국판례의 형성과 그 종합적 조명<상> – 판례연구의 의의와 방법 및 그 문제점", 법률신문 제1649호, 1986. 8. 25, 12면 기사 참조.

인지 대법원 종합법률정보에서도 판결문 자체가 검색이 되지 않는다.

2. 박정희 정권 시기

가. 제1심의 죄명별 사형선고 인원

1964년부터 1979년까지 16년간 지속한 박정희 정권 시기의 제1심에서는 모두 421건의 사형이 선고되었으며, 연평균으로는 26.3명에 해당하는 것이었다 <표 2-6>. 살인죄를 비롯한 형법범이 차지하는 비중이 295명으로 국가보안법 등 특별법범(126명)보다 높았으나 이 시기의 특별법범에 대한 사형은 공안정국의 분위기를 조성하며 국가보안법과 반공법 등 이른바 정치사범에 대하여 남용되어 정치권력의 장기적인 독재를 우회적으로 허용하는 하나의 발판이 되었음을 부인하기 어렵다.

〈표 2-6〉 1964년~1979년 제1심 형사공판사건 죄명별 사형선고 인원수 누년비교

구분		합계	형법범(단위: 명)						특별법범(단위: 명)			
			내란	외환	살인	강도살인	강도강간	정조에 관한죄	국보법	반공법	특가법	폭처법
I	1964	24	–	2	13	8	–	–	–	1	–	–
	1965	21	–	–	11	4	–	–	3	3	–	–
	1966	13	–	–	4	4	–	–	5	–	–	–
	1967	27	–	3	7	10	–	–	6	1	–	–
	1968	25	–	2	8	4	1	–	10	–	–	–
	1969	25	–	–	5	5	–	–	10	5	–	–
	1970	37	–	–	16	13	–	1	7	–	–	–
	1971	45	–	2	12	7	–	–	11	13	–	–
	1972	39	–	–	10	15	–	–	13	1	–	–
	1973	24	–	–	10	10	–	–	2	2	–	–
	1974	27	1	–	10	8	–	–	7	1	–	–
	1975	33	–	–	14	10	–	–	8	–	1	–
	1976	32	–	–	13	10	–	–	5	–	4	–
	1977	14	–	–	6	5	–	–	1	2	–	–
	1978	17	–	–	8	8	–	–	–	–	–	1
	1979	18	–	–	12	3	–	–	1	2	–	–
합계		421	1	9	159	124	1	1	89	31	5	1

일반범의 경우에는 살인죄(159명)와 강도살인죄(124명)가 차지하는 비중이 압도적인 가운데 강도살인죄로 사형이 선고된 사례도 거의 살인죄에 육박하는 수치를 보이는 것은 1960년대 후반부터 우리 사회가 경제개발에 접어든 단계에 있었으나 국민경제의 사정은 여전히 어려움을 겪고 있었고 이러한 사정이 재물범죄에 있어서 살인의 고의와 연결되는 현상을 빚게 된 것으로 이해할 수 있다.

나. 토지관할별 제1심 사형선고의 인원

이 기간 지역별 제1심법원에서의 사형선고를 살펴보면 서울·경기지역은 모두 204명에게 사형을 선고했는데, 수도권역은 163명(79.9%)[서울형사지법 143명(70.1%), 성동지원 8명(3.9%), 영등포지원 8명(3.9%), 성북지원 4명(1.9%)]에 대하여 법정최고형을 선고했고, 경기권역은 41명[서울형사지법 의정부지원 13명(6.4%), 수원지법 8명(3.9%), 인천지법 20명(9.8%)]이 사형에 처해졌다<표 2-7>.

〈표 2-7〉 1964년~1979년 서울·경기지역 제1심법원 사형선고 인원수 누년비교

구분		서울형사지법	성동지원	영등포지원	성북지원	의정부지원	수원지법	인천지법
I	1964	13	–	–	–	–	–	–
	1965	3	–	–	–	–	–	–
	1966	5	–	–	–	–	–	–
	1967	8	–	–	–	2	1	1
	1968	6	–	–	–	–	1	4
	1969	17	–	–	–	–	1	–
	1970	13	–	–	–	5	–	4
	1971	23	–	–	–	1	–	2
	1972	12	2	2	–	1	1	3
	1973	7	–	–	–	–	–	1
	1974	11	–	2	–	1	–	1
	1975	11	2	1	2	2	–	2
	1976	8	1	–	–	–	1	–
	1977	2	–	–	–	–	–	2
	1978	1	3	–	1	1	1	–
	1979	3	–	3	1	–	2	–
소계		143	8	8	4	13	8	20

충청·강원지역 제1심법원에서는 60명에게 사형이 선고되었는데, 강원권역이 19명(31.7%)[춘천지법 13명(21.7%), 원주지원 5명(8.3%), 강릉지원 1명(1.7%)], 충북권역은 9명(15.0%)[청주지법 5명(8.3%), 충주지원 4명(6.7%)], 충남권역에서는 32명(53.3%)[대전지법 15명(25.0%), 홍성지원 12명(20.0%), 강경지원 3명(5.0%), 천안지원 2명(3.3%)]이었다<표 2-8>.

〈표 2-8〉 1964년~1979년 충청·강원지역 제1심법원 사형선고 인원수 누년비교

구분		춘천 지법	강릉 지원	원주 지원	청주 지법	충주 지원	대전 지법	홍성 지원	강경 지원	천안 지원
I	1964	1	–	–	1	–	1	–	–	–
	1965	4	–	–	–	–	7	–	–	–
	1966	–	–	–	–	–	–	–	–	1
	1967	–	–	–	–	–	–	–	1	–
	1968	1	1	1	–	–	–	–	–	–
	1969	–	–	–	–	–	1	1	–	–
	1970	1	–	3	–	1	1	2	–	–
	1971	3	–	–	–	–	–	4	–	–
	1972	–	–	–	1	–	2	2	–	–
	1973	–	–	–	1	1	–	2	–	–
	1974	–	–	–	–	–	1	–	1	1
	1975	–	–	–	–	2	–	1	–	–
	1976	–	–	1	–	–	–	–	1	–
	1977	1	–	–	1	–	2	–	–	–
	1978	–	–	–	1	–	–	–	–	–
	1979	2	–	–	–	–	–	–	–	–
소계		13	1	5	5	4	15	12	3	2

영남지역의 제1심법원에서는 87명에 대하여 사형이 선고되었으며, 경북권역이 39명(44.8%)[대구지법 28명(32.2%), 상주지원 5명(5.7%), 안동지원 4명(4.6%), 경주지원 2명(2.3%)], 경남권역은 48명(55.2%)[부산지법 34명(39.1%), 진주지원 8명(9.2%), 창원지원 6명(6.9%)]이었다<표 2-9>.

〈표 2-9〉 1964년~1979년 영남지역 제1심법원 사형선고 인원수 누년비교

구분		대구지법	안동지원	경주지원	상주지원	부산지법	진주지원	창원지원
I	1964	2	–	–	–	1	–	–
	1965	1	–	–	–	1	–	–
	1966	2	–	–	–	–	–	1
	1967	4	–	–	–	–	2	1
	1968	1	–	–	–	6	–	1
	1969	2	–	–	–	–	–	–
	1970	3	–	–	–	1	–	1
	1971	4	–	–	–	1	–	–
	1972	4	–	–	–	4	1	–
	1973	–	–	2	–	1	2	1
	1974	–	1	–	1	1	1	1
	1975	2	–	–	–	3	–	–
	1976	2	1	–	2	7	1	–
	1977	1	–	–	1	–	1	–
	1978	–	1	–	1	5	–	–
	1979	–	1	–	–	3	–	–
소계		28	4	2	5	34	8	6

제주와 호남지역 제1심법원은 66명에 대하여 사형을 선고했다. 권역별로는 전남권역 30명(45.5%)[광주지법 17명(25.8%), 순천지원 5명(7.6%), 목포지원 4명(6.1%), 장흥지원 4명(6.1%)], 전북권역 33명(50.0%)[전주지법 22명(33.3%), 군산지원 6명(9.1%), 정읍지원 5명(7.6%)], 제주권역 3명(4.5%)이었다<표 2-10>.

〈표 2-10〉 1964년~1979년 제주·호남지역 제1심법원 사형선고 인원수 누년비교

구분		광주지법	목포지원	장흥지원	순천지원	전주지법	군산지원	정읍지원	제주지법
I	1964	2	–	–	–	3	–	–	–
	1965	2	–	–	–	3	–	–	–
	1966	1	–	1	1	–	–	–	–
	1967	1	–	–	2	2	–	1	–
	1968	–	–	–	–	3	–	–	–
	1969	–	–	–	–	1	–	–	–
	1970	–	1	–	–	1	–	–	1
	1971	–	–	–	1	1	1	1	2
	1972	–	–	–	1	4	–	–	–
	1973	2	1	–	–	1	–	1	–
	1974	2	–	1	–	–	1	–	–
	1975	3	–	–	–	–	2	–	–
	1976	3	2	–	–	–	1	1	–
	1977	1	–	–	–	2	–	–	–
	1978	–	–	1	–	–	1	–	–
	1979	–	–	1	–	1	–	1	–
소계		17	4	4	5	22	6	5	3

다. 제1심 사형판결에 대한 항소심 결과

제1심의 사형선고에 대하여 불복하고 항소한 경우는 모두 337명이었으며 죄명이 변경된 피고인은 141명이었다. 특히 사형에서 무기징역으로 감형된 경우가 145명, 유기징역으로의 감경은 5명, 무죄가 된 경우도 14명이나 되어 전체적으로 보면 항소심을 통하여 44.5%가 제1심 사형선고의 과도함을 인정받았고, 4.2%는 제1심 자체가 오판이었음이 밝혀졌다<표 2-11>.

〈표 2-11〉 1964년~1979년 제1심 사형판결에 대한 항소심 결과

구분		1심 사형 판결인원	죄명		구분					
			불변경	변경	무기징역	유기징역	무죄	면소	동일형명(중)	기타 변경
I	1964	21	21	–	14	2	1	1	–	3
	1965	9	9	–	8	–	–	–	–	1
	1966	3	3	–	1	–	2	–	–	–
	1967	5	5	–	5	–	–	–	–	–
	1968	6	–	6	3	–	–	–	–	3
	1969	25	25	–	3	–	5	–	–	17
	1970	18	5	13	13	–	–	–	–	–
	1971	35	22	13	7	2	–	–	4	–
	1972	29	14	15	11	–	4	–	–	–
	1973	18	17	1	–	–	–	–	–	1
	1974	27	18	9	6	–	–	–	–	3
	1975	27	18	9	4	–	–	–	–	–
	1976	32	19	13	11	1	–	–	–	–
	1977	30	5	25	23	–	2	–	–	–
	1978	27	8	19	18	–	–	–	–	1
	1979	25	7	18	18	–	–	–	–	–
소계		337	196	141	145	5	14	1	4	28

라. 항소심 사형판결에 대한 상고심 결과

그러나 사건이 항소심을 거쳐 법률심이자 최종심인 대법원의 상고심절차에 들어가게 되었을 때는 사형이 변경되기 어려웠다. 이 기간 전체 220건의 항소심 사형선고에 대하여 상고심이 진행되었으나 불과 5명만이 대법원에서 무기징역으로 감형되었고 215명은 원심의 판결이 그대로 유지되었다<표 2-12>.[19]

19) 이른바 '문세광사건'의 항소심은 사형폐지론이 상당히 합리적 이유가 있음을 인정하면서도 "양심적·합리적 심리에 의해 의심의 여지없음이 증명된 범죄에 대하여 오판을 우려하여 사형을 피해야 한다는 것은 심리의 기피라고 하지 않을 수 없을 것"이라고 판단 한 다

〈표 2-12〉 1964년~1979년 항소심 사형판결에 대한 상고심 결과

구분		항소심 사형 판결인원	죄명		구분		
			불변경	변경	무기징역	유기징역	무죄
I	1970	19	19	–	–	–	–
	1971	24	24	–	–	–	–
	1972	27	27	–	–	–	–
	1973	22	22	–	–	–	–
	1974	13	13	–	–	–	–
	1975	12	12	–	–	–	–
	1976	15	15	–	–	–	–
	1977	12	9	3	3	–	–
	1978	39	37	2	2	–	–
	1979	37	37	–	–	–	–
소계		220	215	5	5	0	0

이러한 심급별 통계를 토대로 이 시기의 사형선고가 제1심은 다소 과도한 부분이 있었으나 사실관계를 더욱 자세히 검토하는 항소심을 통하여 대부분 시정될 수 있었고 대법원은 충분히 항소단계에서 과도한 사형이나 무고한 사형이 여과되었다는 판단 아래 법률적용이나 법리해석에 있어서의 쟁점에 대한 검토에만 심리를 집중하고 있었음을 추론할 수 있다.

마. 1963년 대법원 판결의 재확인

1967년에 나왔던 대법원의 상고심에서도 사형제도의 위헌성 여부가 다투어졌으나 그 결과는 국가재건최고회의 시기인 1963년의 판결에서 제시되었던 기존의 태도를 재확인하는 것이었다. “사형으로 양정, 처단하는 문제는 항상 형사정책과 인도상의 문제로 심각하게 고려되고 국가의 발전과 도덕적 감정의 변천에 따라 입법적으로 존폐가 고려될 문제라는 전제와 우리나라의 현실과 국민의 도덕적 감정을 고려하여 국가의 형사정책으로 질서유지와 공공복리를 위하여

음 “사형의 일반예방적 효과도 전혀 없다고 볼 수 없기 때문에 피고인이 확신범이며 정치범으로 범행을 자백했다는 이유만으로 사형이 부당하다고 단정할 수 없다.”는 점에 근거하여 그 정당성을 지지하였다. 서울고법 1974. 11. 20. 선고 74노1130 판결 참조.

형법 등에 사형이라는 형벌을 규정하였다는 것이 헌법에 위반되지 않는다."[20]는 판결문의 내용은 4년 전과 별반 다르지 않은 복사된 사법부의 입장을 재확인하는 것일 뿐이었다. 이러한 논지는 1990년대 초반까지 해당 판결의 태생적 비밀은 도외시한 채 아무런 비판도 없이 변함없는 상고심의 태도로 이어졌다.[21]

3. 1980년부터 1997년까지

가. 제1심의 죄명별 사형선고 인원

1980년부터 1987년까지 8년간의 전두환 정권(Ⅱ)과 1988년부터 1992년까지 5년 동안의 노태우 정권(Ⅲ), 그리고 1993년부터 1997년까지 5년의 김영삼 정부(Ⅳ) 등 18년의 기간 동안 제1심에서 사형이 선고된 인원은 모두 425명이다<표 2-13>.

박정희 정권에 뒤이어 정치군인세력이 국가권력을 장악한 (Ⅱ)시기에는 188명의 제1심 사형선고 인원 가운데 형법범에서 100명(53.2%)이 살인죄로, 48명(25.5%)은 강도살인죄로 사형이 선고되었다. 그러나 생명침해의 결과를 수반하지 않았던 강도죄와 강도강간죄에 대해서도 각 3명에게 사형을 선고하였다. 특별법범에 있어서는 국가보안법 위반 15명, 반공법 위반 3명 등 18명의 시국관련 정치사범과 간첩혐의자에 대해 사형이 선고되었다.

전두환 정권의 연장선상에 위치한 (Ⅲ)시기에는 5년의 기간 동안 129명이 제1심 법원을 통하여 사형을 선고받았는데, 살인죄로 83명(64.3%), 강도살인죄로 29명(22.5%)에 대하여 사형이 선고되었다. 그러나 국가보안법 위반 등 시국사범에 대한 사형선고는 급격히 감소하여 2명에 불과하였다. 이 시기에도 고의적인 생명침해가 없었던 2명의 강도범죄자에게 제1심법원은 사형을 선고하였고, 직접적인 살인의 고의는 없었지만 불을 질러 결과적 가중범의 형태로 사람을 사망에 이르게 한 방화치사범에게도 사형이 선고되었다.

20) 대법원 1967. 9. 19. 선고 67도988 판결.

21) 이 판결을 참조하여 따르고 있는 것으로 대법원 1983. 3. 8. 선그 82도3248 판결; 대법원 1987. 9. 8. 선고 87도1458 판결; 대법원 1990. 4. 24. 선고 90도319 판결; 대법원 1991. 2. 26. 선고 90도2906 판결; 대법원 1994. 12. 19. 자 94초123 결정 각 참조.

〈표 2-13〉 1980년~1997년 제1심 형사공판사건 죄명별 사형선고 인원수 누년비교

구분		합계	형법범(단위: 명)							특별법범(단위: 명)				
			내란	외환	방화치사	살인	강도살인	강도강간	강도	국보법	반공법	특가법	성폭법	향정법
Ⅱ	1980	32	–	–	–	16	10	–	–	2	3	1	–	–
	1981	33	–	3	–	23	4	–	1	1	–	1	–	–
	1982	35	–	–	–	12	12	–	2	5	–	4	–	–
	1983	19	–	–	–	6	4	–	–	4	–	5	–	–
	1984	18	–	–	–	14	1	2	–	1	–	–	–	–
	1985	25	–	–	–	16	7	–	–	1	–	1	–	–
	1986	8	–	–	–	6	1	–	–	1	–	–	–	–
	1987	18	–	–	–	7	9	1	–	–	–	1	–	–
	소계	**188**	**0**	**3**	**0**	**100**	**48**	**3**	**3**	**15**	**3**	**13**	**0**	**0**
Ⅲ	1988	15	–	–	–	10	4	–	–	–	–	1	–	–
	1989	17	–	–	–	10	5	–	–	1	–	–	–	1
	1990	36	–	–	1	24	10	–	–	1	–	–	–	–
	1991	35	–	–	–	22	7	–	–	–	–	6	–	–
	1992	26	–	–	–	17	3	–	2	2	–	4	–	–
	소계	**129**	**0**	**0**	**1**	**83**	**29**	**0**	**2**	**2**	**0**	**11**	**0**	**1**
Ⅳ	1993	21	–	–	–	13	6	–	–	–	–	2	–	–
	1994	35	–	–	–	20	14	–	–	–	–	1	–	–
	1995	19	–	–	–	17	1	–	–	–	–	1	–	–
	1996	23	1	–	–	7	15	–	–	–	–	–	–	–
	1997	10	–	–	–	7	2	–	–	–	–	–	1	–
	소계	**108**	**0**	**0**	**0**	**64**	**38**	**0**	**0**	**0**	**0**	**4**	**1**	**0**
합계		425	1	3	1	247	115	3	5	17	3	28	1	1

문민정부로 지칭되는 (Ⅳ)시기에 와서 5년간 제1심의 사형선고는 직전 정권보다 소폭 감소하여 108명에 달했다. 범죄구성요건별로는 64명(59.3%)이 살인죄로, 38명(35.2%)은 강도살인죄로 법정최고형에 처해졌다. 특이한 점은 이 기간 유일하게 내란죄가 적용되어 1996년 제1심법원(당시 서울지법)에서 사형이 선고된 자는 다름 아닌 (Ⅱ)시기의 집권자 전두환이다. 그는 반란수괴죄, 반란모의 참여죄, 반란중요임무종사죄, 불법진퇴죄, 지휘관 계엄지역 수소이탈죄, 상관살해죄, 상관살해미수죄, 초병살해죄 등 군형법상의 8개 범죄구성요건과 내란수괴죄, 내란모의 참여죄, 내란중요임무 종사죄, 내란목적살인죄 등 형법상의 4개 범죄구성요건 및 형사특별법인 특정범죄가중처벌 등에 관한 법률상 뇌물죄 등을 포함하여 모두 13개의 범죄혐의로 기소되었으며 제1심 재판에서 사형이 선택된 것은 가장 중한 범죄구성요건으로 평가되는 내란수괴죄였다.

나. 토지관할별 제1심 사형선고의 인원

이 기간 동안에는 이전의 박정희 정권 시기와 마찬가지로 여전히 서울과 경기지역 등 수도권 제1심법원에서 사형이 선고된 인원이 타 지역의 사형선고를 상회하고 있다<표 2-14>. 현재의 서울중앙지법의 전신이라고 할 수 있는 서울지법의 77명을 필두로 남부지원 25명, 동부지원 21명, 북부지원 13명, 서부지원 3명 등 139명이 서울 소재 제1심법원에서 사형이 선고되었고, 수원지법 31명과 서울지법 의정부지원 16명, 인천지법 9명 등 200명이 수도권 지역의 제1심에서 사형에 처해졌다.

〈표 2-14〉 1980년~1997년 서울·경기지역 제1심법원 사형선고 인원수 누년비교

구분		서울지법	동부지원	남부지원	북부지원	서부지원	의정부지원	인천지법	부천지원	수원지법	성남지원	여주지원	평택지원	안산지원
Ⅱ	1980	6	3	3	–	×	1	–	×	1	×	×	×	×
	1981	8	–	1	–	–	–	2	×	4	–	×	×	×
	1982	7	–	–	–	–	1	–	×	–	–	×	×	×
	1983	8	–	4	–	–	–	–	×	–	–	×	×	×
	1984	2	2	–	–	–	2	1	×	2	–	×	×	×
	1985	2	1	1	3	–	–	–	×	1	–	–	×	×
	1986	4	–	1		–	–	–	×	1	–	–	×	×
	1987	–	–	1	2	–	–	1	×	–	–	–	×	×
	소계	**37**	**6**	**11**	**5**	**0**	**5**	**5**	**0**	**9**	**0**	**0**	**0**	**0**
Ⅲ	1988	2	6	1	–	–	–	–	×	–	–	–	×	×
	1989	4	–	1	1	1	–	–	×	1	–	–	×	×
	1990	6	5	1	1	–	1	1	×	3	1	–	×	×
	1991	4	1	1	4	1	2	–	×	8	2	1	–	×
	1992	4	1	4	–	–	2	–	×	3	–	–	–	×
	소계	**20**	**13**	**8**	**6**	**2**	**5**	**1**	**0**	**15**	**3**	**1**	**0**	**0**
Ⅳ	1993	4	–	2	1	–	2	2	×	–	–	–	–	×
	1994	11	2	2	–	–	1	–	×	1	–	1	–	×
	1995	1	–	2	–	–	–	1	×	5	–	–	–	×
	1996	1	–	–	1	1	4	–	×	1	–	–	–	×
	1997	3	–	–	–	–	–	1	×	–	–	–	–	–
	소계	**20**	**2**	**6**	**2**	**1**	**7**	**4**	**0**	**7**	**0**	**1**	**0**	**0**
합계		77	21	25	13	3	16	9	0	31	3	2	0	0

같은 기간 강원과 충청지역에서는 청주지법 10명, 대전지법 9명, 춘천지법 강릉지원 6명을 제외한 나머지 제1심법원은 5명 미만에 대하여 사형을 선고하였다<표 2-15>.

〈표 2-15〉 1980년~1997년 강원·충청지역 제1심법원 사형선고 인원수 누년비교

구분		춘천 지법	강릉 지원	원주 지원	속초 지원	영월 지원	청주 지법	충주 지원	제천 지원	영동 지원	대전 지법	홍성 지원	강경 지원	서산 지원	천안 지원
Ⅱ	1980	1	–	–	×	×	2	2	×	×	–	–	1	×	–
	1981	1	–	–	×	×	1	1	×	×	–	–	3	×	–
	1982	–	–	2	×	×	1	–	×	×	–	–	–	×	–
	1983	–	–	–	×	×	–	–	×	×	1	–	–	×	–
	1984	1	–	–	×	×	–	–	×	×	1	–	–	×	–
	1985	–	4	–	×	×	2	–	×	×	–	3	–	×	–
	1986	–	–	–	×	×	–	–	×	×	–	–	–	×	1
	1987	1	–	–	×	×	–	–	×	×	3	–	–	×	–
	소계	**3**	**4**	**2**	**0**	**0**	**6**	**3**	**0**	**0**	**5**	**3**	**4**	**0**	**1**
Ⅲ	1988	–	–	–	×	–	–	–	×	×	–	–	–	–	–
	1989	–	–	–	×	–	–	–	×	×	1	–	–	–	–
	1990	1	–	1	×	–	2	1	×	×	1	–	–	–	–
	1991	–	2	–	×	–	–	–	×	×	–	–	1	2	1
	1992	–	–	–	×	1	–	–	×	×	–	1	–	–	–
	소계	**1**	**2**	**1**	**0**	**1**	**2**	**1**	**0**	**0**	**2**	**1**	**1**	**2**	**1**
Ⅳ	1993	–	–	1	×	–	–	–	×	×	1	–	–	–	–
	1994	–	–	–	×	–	2	1	×	×	–	–	–	–	1
	1995	–	–	–	×	–	–	–	×	×	–	–	–	–	–
	1996	–	–	–	×	–	–	–	2	×	1	–	–	–	–
	1997	–	–	–	×	–	–	–	–	×	–	–	–	–	–
	소계	**0**	**0**	**1**	**0**	**0**	**2**	**1**	**2**	**0**	**2**	**0**	**0**	**0**	**1**
합계		5	6	4	0	1	10	5	2	0	9	4	4	2	3

영남지역의 경우는 44명(부산지법 41명, 동부지원 3명)의 부산, 대구지법 19명, 창원지법 12명, 울산지법 10명을 제외하면 타 지역과 마찬가지로 제1심법원에서는 사형선고가 줄어들어 18년의 기간에 5명 미만에 대하여 사형을 선고하였다<표 2-16>.

〈표 2-16〉 1980년~1997년 영남지역 제1심법원 사형선고 인원수 누년비교

구분		대구지법	안동지원	경주지원	김천지원	상주지원	의성지원	포항지원	부산지법	동부지원	울산지법	창원지법	진주지원	통영지원	밀양지원
Ⅱ	1980	1	–	–	×	×	×	×	5	×	×	–	×	×	×
	1981	1	–	–	–	×	×	×	5	×	×	–	–	×	×
	1982	1	–	–	–	×	×	×	7	×	–	–	–	×	×
	1983	–	–	–	–	–	×	×	1	×	–	1	1	×	×
	1984	3	–	–	–	–	×	×	1	–	–	–	–	×	×
	1985	1	1	–	–	–	×	×	1	–	3	–	–	×	×
	1986	–	–	–	–	–	×	×	–	–	–	–	1	–	×
	1987	–	–	4	–	–	×	×	2	–	–	1	–	–	×
	소계	**7**	**1**	**4**	**0**	**0**	**0**	**0**	**22**	**0**	**3**	**2**	**2**	**0**	**0**
Ⅲ	1988	1	1	–	–	–	×	×	–	–	1	–	–	–	×
	1989	–	–	–	–	–	×	×	2	–	–	3	–	1	×
	1990	–	–	–	1	1	×	×	2	2	–	2	–	1	×
	1991	–	–	1	–	–	×	×	1	–	2	1	1	–	×
	1992	3	–	–	2	–	×	×	2	–	–	1	1	–	×
	소계	**4**	**1**	**1**	**3**	**1**	**0**	**0**	**7**	**2**	**3**	**7**	**1**	**2**	**0**
Ⅳ	1993	1	1	–	–	–	×	×	1	–	1	1	–	–	×
	1994	4	–	–	–	–	×	×	2	–	1	1	–	–	×
	1995	1	–	–	–	–	×	×	2	–	–	1	–	–	×
	1996	–	–	–	–	–	×	–	7	–	1	–	–	–	1
	1997	2	2	–	–	–	×	–	–	1	1	–	–	–	–
	소계	**8**	**3**	**0**	**0**	**0**	**0**	**0**	**12**	**1**	**4**	**3**	**1**	**0**	**1**
합계		19	5	5	3	1	0	0	41	3	10	12	4	2	1

제주와 호남지역은 광주지법 18명, 전주지법 군산지원 14명, 정읍지원 14명, 광주지법 순천지원 6명 등을 제외하고 광주지법 해남지원과 전주지법 남원지원에서는 사형선고가 전혀 없었고, 그 이외의 제1심법원은 4명 미만에 대하여 사형을 선고하였다<표 2-17>.

〈표 2-17〉 1980년~1997년 제주·호남지역 제1심법원 사형선고 인원수 누년비교

구분		광주 지법	목포 지원	장흥 지원	순천 지원	해남 지원	전주 지법	군산 지원	정읍 지원	남원 지원	제주 지법
Ⅱ	1980	5	–	–	–	×	–	–	1	×	–
	1981	1	–	1	1	×	–	2	1	×	–
	1982	1	–	–	2	×	–	9	4	×	–
	1983	1	1	–	–	×	–	–	–	×	1
	1984	–	–	–	–	×	1	–	1	×	1
	1985	–	–	–	–	×	–	1	1	×	–
	1986	–	–	–	–	–	–	–	–	×	–
	1987	–	–	–	–	–	–	–	3	×	–
	소계	**8**	**0**	**1**	**3**	**0**	**1**	**12**	**11**	**0**	**2**
Ⅲ	1988	1	–	1	1	–	–	–	–	×	–
	1989	1	–	–	–	–	–	–	–	×	1
	1990	–	–	–	–	–	–	2	–	×	–
	1991	–	–	–	–	–	–	–	–	×	–
	1992	–	–	–	–	–	–	–	–	×	–
	소계	**2**	**0**	**1**	**1**	**0**	**0**	**2**	**0**	**0**	**1**
Ⅳ	1993	1	–	–	–	–	–	–	1	×	–
	1994	1	–	–	1	–	1	–	1	×	1
	1995	3	–	–	1	–	1	–	1	×	–
	1996	3	–	–	–	–	–	–	–	×	–
	1997	–	–	–	–	–	1	–	–	×	–
	소계	**8**	**0**	**0**	**2**	**0**	**3**	**0**	**3**	**0**	**1**
합계		18	1	2	6	0	4	14	14	0	4

다. 항소심 사형판결에 대한 상고심 결과

기간 전체를 통틀어 제1심 사형선고의 결과에 불복 항소한 경우는 364명이었다. 시기별로는 전두환 정권(Ⅱ)의 제1심 사형판결 인원 가운데 162명이 항소하여 102명의 판결(63.0%)이 번복되었는데, 사형에서 75명(46.3%)이 무기징역으

로, 10명(6.2%)은 유기징역으로 감경되었다<표 2-18>. 그러나 이 시기에는 항소심에서 제1심이 선고한 무기징역이나 유기징역을 파기하고 사형으로 역전된 판결이 5건이나 있었다.

〈표 2-18〉 1980년~1997년 제1심 사형판결에 대한 항소심 결과

구분		제1심 판결에 대한 항소심의 결과													
		1심 사형 판결 인원	원심판결		사형판결 고등법원					변경내용					
			불변경	변경	서울	대전	대구	부산	광주	사형	무기	징역	무죄	동일 형명	기타 변경
Ⅱ	1980	20	9	11	2	–	1	–	–	3	8	–	–	–	–
	1981	31	6	25	–	–	–	–	–	–	17	6	–	–	2
	1982	26	9	17	–	–	–	–	–	–	12	–	–	–	5
	1983	23	13	10	–	–	–	–	–	–	7	1	–	–	2
	1984	18	5	13	–	–	–	–	–	–	10	–	–	–	3
	1985	25	8	17	–	–	–	–	–	–	15	2	–	–	–
	1986	9	4	5	2	–	–	–	–	2	3	–	–	–	–
	1987	10	6	4	–	–	–	–	–	–	3	1	–	–	–
	소계	**162**	**60**	**102**	**4**	**0**	**1**	**0**	**0**	**5**	**75**	**10**	**0**	**0**	**12**
Ⅲ	1988	13	1	12	–	–	–	–	–	–	11	1	–	–	–
	1989	15	9	6	–	–	–	–	–	–	5	1	–	–	–
	1990	15	4	11	–	–	–	–	–	–	11	–	–	–	–
	1991	43	17	26	–	–	–	–	–	–	19	–	–	–	7
	1992	27	9	18	–	–	–	–	–	–	12	1		1	4
	소계	**113**	**40**	**73**	**0**	**0**	**0**	**0**	**0**	**0**	**58**	**3**	**0**	**1**	**11**
Ⅳ	1993	15	6	9	–	–	–	–	–	–	9	–	–	–	–
	1994	20	6	14	–	–	–	–	–	–	13	1	–	–	–
	1995	19	11	8	–	–	–	–	–	–	7	–	–	–	1
	1996	17	4	13	–	–	–	–	–	–	11	1	1	–	–
	1997	18	8	10	–	–	–	–	–	–	10	–	–	–	–
	소계	**89**	**35**	**54**	**0**	**0**	**0**	**0**	**0**	**0**	**50**	**2**	**1**	**0**	**1**
합계		364	135	229	4	0	1	0	0	5	183	15	1	1	24

노태우 정권(Ⅲ)에서는 제1심에서 사형이 선고된 113명의 피고인이 항소하여 73명의 원심 판결이 변경되었는데, 58명(51.3%)은 무기징역으로, 3명은 유기징역으로 감경되었다. 김영삼 정부(Ⅳ)에 들어서는 제1심 사형판결을 받은 89명의 피고인이 항소하여 54명에게 원심을 변경하는 판결을 선고하였다. 그 내용은 50명이 무기징역으로, 2명은 유기징역으로 감경되었으며, 1명은 항소심에서 무죄가 선고되었다.

〈표 2-19〉 1980년~1997년 항소심 형사공판사건 죄명별 사형선고 인원수 누년비교

구분		소계	고등법원					항소심 사형선고 죄명								
			서울	대전	대구	부산	광주	살인	강도살인	방화	유기	강도	외환	특가법	국보법	반공법
Ⅱ	1980	3	2	–	1	–	–	–	–	–	–	1	–	–	2	–
	1981	2	1	–	–	–	1	1	1	–	–	–	–	–	–	–
	1982	5	2	–	2	–	1	–	–	–	–	–	2	–	3	–
	1983	2	1	–	–	–	1	–	1	–	–	–	–	–	1	–
	1984	3	–	–	–	–	3	3	–	–	–	–	–	–	–	–
	1985	1	1	–	–	–	–	–	1	–	–	–	–	–	–	–
	1986	2	2	–	–	–	–	–	2	–	–	–	–	–	–	–
	1987	2	1	–	1	–	–	1	–	–	1	–	–	–	–	–
	소계	**20**	**10**	**0**	**4**	**0**	**6**	**5**	**5**	**0**	**1**	**1**	**2**	**0**	**6**	**0**
Ⅲ	1988	1	–	–	1	–	–	1	–	–	–	–	–	–	–	–
	1989	1	1	–	–	–	–	1	–	–	–	–	–	–	–	–
	1990	2	1	–	–	1	–	2	–	–	–	–	–	–	–	–
	1991	8	6	–	1	1	–	4	–	1	–	–	–	3	–	–
	1992	5	2	–	1	2	–	3	–	–	–	–	–	2	–	–
	소계	**17**	**10**	**0**	**3**	**4**	**0**	**11**	**0**	**1**	**0**	**0**	**0**	**5**	**0**	**0**
Ⅳ	1993	0	–	–	–	–	–	–	–	–	–	–	–	–	–	–
	1994	0	–	–	–	–	–	–	–	–	–	–	–	–	–	–
	1995	1	–	–	1	–	–	–	1	–	–	–	–	–	–	–
	1996	1	–	1	–	–	–	–	1	–	–	–	–	–	–	–
	1997	0	–	–	–	–	–	–	–	–	–	–	–	–	–	–
	소계	**2**	**0**	**1**	**1**	**0**	**0**	**0**	**2**	**0**	**0**	**0**	**0**	**0**	**0**	**0**
합계		39	20	1	8	4	6	16	7	1	1	1	2	5	6	0

전반적으로 판단할 때 이 기간에 제1심에서 사형이 선고된 피고인 가운데 364명이 항소하여 229명(62.9%)의 판결에 변경이 있었고, 이 가운데 약 절반가량인 183명(50.3%)의 항소이유가 받아 들여져 무기징역으로 판결이 변경되었다. 이와 같은 항소심 재판의 결과는 박정희 정권 시기와 마찬가지로 제1심의 사형 선고가 지나치게 과도한 측면이 있었음을 실증하는 근거라고 할 수 있다.

고등법원에서 사형이 선고된 39명에 대하여 좀 더 자세히 살펴보면 그 절반은 서울고법에서 살인죄(16명)와 강도살인죄(7명) 등 생명침해 범죄로 최고의 극형에 처해졌으나 전두환 정권(Ⅱ)에서는 국가보안법을 위반한 공안사범에 대해서도 항소심은 간헐적이지만 사형을 선고하였다<표 2-19>.

라. 항소심 사형판결에 대한 상고심 결과

대법원은 이 시기에도 역시 상고이유를 거의 받아들이지 않는 태도를 취하였다. 전체 230명이 항소심 결과에 불복하여 상고하였으나 단지 12명만이 원심판결의 변경을 이끌어 냈는데, 무기징역으로 감경된 1명, 유기징역으로 감경된 1명 등 2명에 불과하였고 나머지 10명은 원심의 사형이 그대로 유지되면서 형명에만 변경이 있거나(5명), 기타 변경(5명)에 그쳤다<표 2-20>.

마. 두 차례 상고심의 사형제도에 대한 합헌 인정

대법원은 1980년대 초반에 와서 "인도적, 종교적 견지에서 귀중한 생명을 빼앗아 가는 사형은 피해야 할 것임에는 이론이 있을 수 없다. 그러나 한편으로는 범죄로 인하여 침해되는 또 다른 존귀한 생명을 외면할 수 없고, 또 사회공공의 안녕과 질서를 위하여 생명형의 존치를 이해 못할 바가 아니다. 이것은 바로 그 나라의 국민적 총의로 파악될 것"이라는 논거에 터 잡아 합헌성을 인정하였다.[22] 4년이 흐른 1980년대 중반에도 기존 입장을 되풀이하면서 1963년과 1983년의 판결을 적절히 뒤섞은 합헌의 취지를 내놓는다.[23]

대법원이 시종일관하는 태도의 핵심에는 우리의 실정과 국민의 도덕적 감정을 고려할 때 아직은 사형을 부정하기 어렵다는 것이 부각되어 있다. 이러한 관점은 그것이 형사법원에 의한 경우이든, 헌법재판에 의한 경우이든 불문하고,

---

22) 대법원 1983. 3. 8. 선고 82도3248 판결.
23) 대법원 1987. 6. 12. 선고 87도1458 판결.

〈표 2-20〉 1980년~1997년 항소심 사형판결에 대한 상고심 결과

구분		항소심에 대한 상고심의 결과						
		항소심 사형판결인원	원심판결		변경내용			
			불변경	변경	무기	징역	동일형명	기타변경
Ⅱ	1980	25	20	5	–	–	–	5
	1981	18	18	0	–	–	–	–
	1982	23	22	1	1	–	–	–
	1983	21	21	0	–	–	–	–
	1984	11	10	1	–	–	1	–
	1985	8	6	2	–	–	2	–
	1986	6	6	0	–	–	–	–
	1987	6	6	0	–	–	–	–
	소계	**118**	**109**	**9**	**1**	**0**	**3**	**5**
Ⅲ	1988	8	8	0	–	–	–	–
	1989	2	1	1	–	1	–	–
	1990	2	2	0	–	–	–	–
	1991	28	28	0	–	–	–	–
	1992	17	17	0	–	–	–	–
	소계	**57**	**56**	**1**	**0**	**1**	**0**	**0**
Ⅳ	1993	18	18	0	–	–	–	–
	1994	3	2	1	–	–	1	–
	1995	17	16	1	–	–	1	–
	1996	12	12	0	–	–	–	–
	1997	5	5	0	–	–	–	–
	소계	**55**	**53**	**2**	**0**	**0**	**2**	**0**
합계		230	218	12	1	1	5	5

이후로 1988년부터 시행되어 오고 있는 현행 헌법 제37조 제2항을 사형제도에 대한 합헌의 근거로 제시하려는 태도와 잇닿아 있으며, 실제로 이러한 시기상조에 입각한 사형의 불가피성은 그 합헌성이 주장되는 곳에서는 손쉽게 나타나는 논거라고 할 수 있다.

그러나 헌법 제37조 제2항은 사형확정자들을 반드시 집행해야만 국가의 안전이 보장되고 사회의 질서나 공공복리가 유지된다고 선언하고 있지 않으며,

오히려 본질적인 내용의 침해를 금지하고 있다는 점에 유의해야 할 것이다.

바. 헌법재판을 통한 위헌확인의 시도

김영삼 정부 시기(Ⅳ)에서는 1989년 헌법재판소의 출범과 함께 최초로 제기된 헌법소원을 포함하여 모두 세 차례 제기된 헌법재판이 1993년과 1994년, 그리고 1996년에 매듭지어졌다. 1993년과 1994년의 결정은 실질적인 검토로 나아가지 못한 채 형식상의 하자 등을 이유로 마무리되었지만 1996년의 결정에서는 실재적인 심리에 들어갈 수 있었으나 합헌을 인정한 헌법해석의 논리는 빈약하기 그지없었다.

이 사건들은 우리나라에서 사형폐지 운동의 초창기를 이끌었던 이상혁 변호사에 의하여 소송 대리되었지만 결국 관련 헌법소원의 당사자들인 3명의 사형확정자들은 제대로 재판을 받아보지도 못하고 교수대로 걸어 나가야 했다.

(1) 헌정사 초유의 헌법재판

이 사건의 청구인은 1987년 1월 8일, 강도살인죄로 기소되어 그해 3월 12일, 제1심법원에서 사형선고를 받은 후 항소하였으나, 8월 6일, 항소가 기각되자 상고하였다. 그러나 10월 26일, 상고마저 기각되어 사형이 확정되었다. 그는 자신의 사형판결에 근거가 되었던 형법 제338조(강도살인, 치사)[24]와 (구)행형법 제57조 제1항(사형의 집행)[25]이 헌법 제10조,[26] 제12조,[27] 제37조[28]의 규정을

---

24) 형법 제338조(강도살인·치사) 강도가 사람을 살해한 때에는 사형 또는 무기징역에 처한다. 사망에 이르게 한 때에는 무기 또는 10년 이상의 징역에 처한다.

25) 행형법 제57조(사형의 집행) ① 사형은 교도소와 구치소 안의 사형장에서 집행한다.

26) 헌법 제10조: 모든 국민은 인간으로서의 존엄과 가치를 가지며, 행복을 추구할 권리를 가진다. 국가는 개인이 가지는 불가침의 기본적 인권을 확인하고 이를 보장할 의무를 진다.

27) 헌법 제12조 ① 모든 국민은 신체의 자유를 가진다. 누구든지 법률에 의하지 아니하고는 체포·구속·압수·수색 또는 심문을 받지 아니하며, 법률과 적법한 절차에 의하지 아니하고는 처벌·보안처분 또는 강제노역을 받지 아니한다.
② 모든 국민은 고문을 받지 아니하며, 형사상 자기에게 불리한 진술을 강요당하지 아니한다.
③ 체포·구속·압수 또는 수색을 할 때에는 적법한 절차에 따라 검사의 신청에 의하여 법관이 발부한 영장을 제시하여야 한다. 다만, 현행범인인 경우와 장기 3년 이상의 형에 해당하는 죄를 범하고 도피 또는 증거인멸의 염려가 있을 때에는 사후에 영장을 청구할 수 있다.
④ 누구든지 체포 또는 구속을 당한 때에는 즉시 변호인의 조력을 받을 권리를 가진다. 다만, 형사피고인이 스스로 변호인을 구할 수 없을 때에는 법률이 정하는 바에 의하여 국

위반하여 자신의 헌법상 기본권을 침해하고 있다고 주장하면서 1989년 2월 28일, 헌법소원을 제기한 것이다.

사건은 무려 4년 이상을 별다른 이유 없이 기일도 잡지 않은 채로 방치되다시피 하다가 1993년 11월 25일에 마무리되었다. 그러나 사형확정자인 청구인이 주장하는 본안의 내용에 대한 검토에 들어가 보지도 못하고 재판 청구기간과 관련하여 기본권의 침해를 받게 되는 자는 그 사유가 발생하였음을 안 날로부터 60일 이내에, 그 사유가 발생한 날로부터 180일 이내에 헌법소원을 청구해야 한다는 형식상의 하자를 들어 부적법 각하하였다.[29]

(2) 두 번째 사건을 통한 재시도

두 번째 재판의 청구인 또한 강도살인죄 등으로 기소되어 제1심에서 사형선고를 받고 항소하였으나 기각되자 대법원에 상고하여 사건의 계속 도중에 헌법소원을 청구하였다. 첫 번째 사건과의 차이라면 사형을 형의 종류의 하나로 규정한 형법 제41조 제1호와 사형의 집행을 규정한 형법 제66조를 추가한 것인데,[30] 상고절차가 진행 중이었으므로 대법원에 위헌 여부 심판의 제청신청(90초24)을 하였으나 1990년 4월 24일, 대법원은 이를 기각함과 동시에 상고도 기각한다. 이에 청구인은 5월 1일, 이들 법조문이 헌법 제10조, 제12조 및 제37조에 위배된다고 주장하면서 헌법소원을 청구하였다. 그러나 이 사건에 대해서도 헌법재판소는 4년간을 방치해 두다가 1994년 12월 29일에 와서, 청구인이 이미

가가 변호인을 붙인다.

⑤ 누구든지 체포 또는 구속의 이유와 변호인의 조력을 받을 권리가 있음을 고지 받지 아니하고는 체포 또는 구속을 당하지 아니한다. 체포 또는 구속을 당한 자의 가족 등 법률이 정하는 자에게는 그 이유와 일시·장소가 지체 없이 통지되어야 한다.

⑥ 누구든지 체포 또는 구속을 당한 때에는 적부의 심사를 법원에 청구할 권리를 가진다.

⑦ 피고인의 자백이 고문·폭행·협박·구속의 부당한 장기화 또는 기망 기타의 방법에 의하여 자의로 진술된 것이 아니라고 인정될 때 또는 정식재판에 있어서 피고인의 자백이 그에게 불리한 유일한 증거일 때에는 이를 유죄의 증거로 삼거나 이를 이유로 처벌할 수 없다.

28) 헌법 제37조 ① 국민의 자유와 권리는 헌법에 열거되지 아니한 이유로 경시되지 아니한다. ② 국민의 모든 자유와 권리는 국가안전보장·질서유지 또는 공공복리를 위하여 필요한 경우에 한하여 법률로써 제한할 수 있으며, 제한하는 경우에도 자유와 권리의 본질적인 내용을 침해할 수 없다.

29) 헌법재판소 1993. 11. 25. 선고 89헌마36 결정.

30) 형법 제41조(형의 종류) 형의 종류는 다음과 같다.
1. 사형; 형법 제66조(사형) 사형은 형무소 내에서 교수하여 집행한다.

1990년 12월 4일, 사형집행으로 인해 사망하게 되었고 사건에 대한 수계신청이 없을 뿐만 아니라 특별히 종국결정을 할 필요성도 없다면서 심판절차를 종료하였다.31)

(3) 위헌 여부에 대한 실질적 검토

세 번째 사건에 이르러서야 사형제도에 대한 헌법적 정당성은 결과 여부를 떠나 제대로 검토될 수 있었다. 사건의 청구인은 살인과 특수강간 등의 혐의로 기소되어 제1심 및 항소심에서 사형을 선고받은 후 대법원에 상고했다. 그는 이와 동시에 첫 번째와 두 번째 재판에서 위헌조항으로 심판대상 조문이 되었던 사형을 형의 종류의 하나로서 규정한 형법 제41조 제1호, 사형집행의 방법을 규정한 형법 제66조, 사형집행의 장소를 규정한 (구)행형법 제57조 제1항에, 더하여 자신에게 사형이 적용된 형법 제250조 제1항의 살인죄에 대한 위헌법률심판을 제청한다. 그러나 대법원이 1994년 12월 19일, 청구인의 이러한 신청을 기각하자 청구인은 1995년 1월 3일, 헌법소원을 청구하였다.32)

이 사건에서 헌재의 다수의견(7명의 재판관)은 크게 두 가지의 논점을 중심으로 사형과 관련된 위헌성을 살폈으나 결론은 합헌으로의 귀결이었다. 그것은 첫째로, 생명권 역시 헌법 제37조 제2항에 의한 일반적 법률유보의 대상이 되지만 사형이 비례의 원칙에 따라서 최소한 동등한 가치가 있는 다른 생명 또는 그에 못지아니한 공공의 이익을 보호하기 위한 불가피성이 충족되는 예외적인 경우에만 적용되는 한, 헌법 제37조 제2항 단서에 위반되지 않는다고 판단하였다. 이에 더하여 동등한 가치를 갖는 인간의 생명이 서로 충돌하게 되거나 생명의 침해에 못지않은 중대한 공익을 침해할 경우라면 국민의 생명·재산 등을 보호할 책임이 있는 국가는 어떠한 생명 또는 법익이 보호되어야 할 것인지 그 규준을 제시할 수 있다고 하면서 인간 생명을 부정하는 등의 범죄행위에 대한 불법적 효과로서 지극히 한정적인 경우에만 부과되는 사형은 '필요악'으로서 불가피하게 선택된 것이며 지금도 여전히 제 기능을 하고 있다는 점에서 정당화될 수 있다고 하였다. 따라서 사형은 헌법상 비례의 원칙에 위반하지 않으며, 적어도 우리 헌법이 스스로 예상하고 있는 형벌의 한 종류이기도 하므로 아직은 헌법

31) 헌법재판소 1994. 12. 29. 선고 90헌바13 결정.

32) 헌법재판소 1996. 11. 28. 선고 95헌바1 결정.

질서에 반하지 않는다고 판단하였다.

둘째로는 살인죄(형법 제250조 제1항)는 인간 생명을 부정하는 범죄행위의 전형이고, 이러한 범죄에는 반인륜적 범죄라고 규정지어질 수 있는 극악한 유형의 것들도 포함되어 있을 수 있으므로 사형을 형벌의 한 종류로서 합헌이라고 보는 한 그와 같이 타인의 생명을 부정하는 범죄행위에 대하여 행위자의 생명을 부정하는 사형을 그 불법효과의 하나로서 규정한 것은 동일한 하나의 혹은 다수의 생명을 보호하기 위한 불가피한 수단의 선택이며, 이를 비례의 원칙에 위반한다고 할 수 없다고 단언하였다.

사형의 합헌성을 인정한 헌재의 이 결정은 이후로 사법기관이 사형을 선고하는 과정에서 사형의 위헌성을 부정하는 근거로 오랫동안 인용되어왔고 현재까지도 그 영향력을 발휘하고 있다.[33)]

4. 1998년 이후

가. 제1심의 죄명별 사형선고 인원

1998년부터 2018년까지 김대중 정부(Ⅴ)의 5년, 노무현 정부(Ⅵ)의 5년, 이명박 정부(Ⅶ)의 5년, 그리고 박근혜 정부(Ⅷ)의 4년과 현재 문재인 정부(Ⅸ)의 2년 등 21년의 기간 동안 제1심에서는 모두 120명에 대하여 사형이 선고되었다 <표 2-21>.

---

33) 그러나 두 사람의 재판관은 합헌을 선언한 다수의 견해에 반대하였다. **재판관 김진우**는 "헌법 제10조에 규정된 인간의 존엄성에 대한 존중과 보호의 요청은 형사입법, 형사법의 적용과 집행의 모든 영역에서 지도적 원리로서 작용한다. 그러므로 형사법의 영역에서 입법자가 인간의 존엄성을 유린하는 악법의 제정을 통하여 국민의 생명과 자유를 박탈 내지 제한하는 것이나 잔인하고 비인간적인 형벌제도를 채택하는 것은 헌법 제10조에 반한다. 사형제도는 나아가 양심에 반하여 법규정에 의하여 사형을 언도해야 하는 법관은 물론, 또 그 양심에 반하여 직무상 어쩔 수 없이 사형의 집행에 관여하는 자들의 양심의 자유와 인간으로서의 존엄과 가치를 침해하는 비인간적인 형벌제도이기도 하다."라는 의견을 개진하였다.
재판관 조승형은 "사형제도는 생명권의 본질적 내용을 침해하는 생명권의 제한이므로 헌법 제37조 제2항 단서에 위반된다. 가사 헌법 제37조 제2항 단서상의 생명권의 본질적 내용이 침해된 것으로 볼 수 없다고 가정하더라도, 형벌의 목적은 응보·범죄의 일반예방·범죄인의 개선에 있음에도 불구하고 형벌로서의 사형은 이와 같은 목적달성에 필요한 정도를 넘어 생명권을 제한하는 것으로 목적의 정당성, 그 수단으로서의 적정성·피해의 최소성 등 제 원칙에 반한다."고 하는 의견을 밝히고 있다.

〈표 2-21〉 1998년~2018년 제1심 죄명별 사형선고 인원수 누년비교

구분		합계	형법범(단위: 명)						특별법범(단위: 명)			
			내란	간첩	방화치사	살인	강도살인	강도강간	국보법	특가법	성폭법	아청법
Ⅴ	1998	14	–	–	–	6	6	2	–	–	–	–
	1999	20	–	–	–	12	5	–	–	3	–	–
	2000	20	–	–	1	11	8	–	–	–	–	–
	2001	12	–	–	–	11	–	–	–	1	–	–
	2002	7	–	–	–	3	3	–	–	–	1	–
	소계	**73**	**0**	**0**	**1**	**43**	**22**	**2**	**0**	**4**	**1**	**–**
Ⅵ	2003	5	–	–	–	4	1	–	–	–	–	–
	2004	8	–	–	–	7	–	–	–	1	–	–
	2005	6	–	–	–	2	3	–	–	–	1	–
	2006	6	–	–	–	1	5	–	–	–	–	–
	2007	0	–	–	–	–	–	–	–	–	–	–
	소계	**25**	**0**	**0**	**0**	**14**	**9**	**0**	**0**	**1**	**1**	**0**
Ⅶ	2008	3	–	–	–	1	–	–	–	1	1	–
	2009	6	–	–	2	1	1	–	–	–	2	–
	2010	5	–	–	–	–	–	–	–	–	5	–
	2011	1	–	–	–	–	1	–	–	–	–	–
	2012	2	–	–	–	1	–	–	–	–	1	–
	소계	**17**	**0**	**0**	**2**	**2**	**2**	**0**	**0**	**1**	**9**	**0**
Ⅷ	2013	2	–	–	–	1	–	–	–	–	–	–
	2014	2	–	–	–	–	–	–	–	–	–	–
	2015	0	–	–	–	–	–	–	–	–	–	–
	2016	0	–	–	–	–	–	–	–	–	–	–
	소계	4	0	0	0	3	0	0	0	0	0	0
Ⅸ	2017	0	–	–	–	–	–	–	–	–	–	–
	2018	1	–	–	–	1	–	–	–	–	–	1
	소계	**1**	**0**	**0**	**0**	**1**	**0**	**0**	**0**	**0**	**–**	**1**
합계		120	0	0	3	64	0	2	0	6	11	1

1998년부터 2002년까지의 김대중 정부(Ⅴ)는 제1심에서 73명에 대하여 사형을 선고했는데, 43명이 살인죄로, 22명은 강도살인죄로 법정최고형에 처해졌고, 특정범죄가중처벌법상의 약취유인 살인죄로 4명, 성폭력범죄처벌법상의 강간살인죄로 1명 등 70명(96%)이 고의적인 생명침해범죄자였다. 이외에 살인의 고의는 없었으나 결과적 가중범인 현주건조물방화치사죄로 생명침해의 결과를 야기한 1명에 대해서도 사형이 선고되었다. 그밖에 생명침해의 결과를 일으키지는 않았으나 이른바 '가정파괴사범'으로 분류되는 강도강간죄를 범한 2명도 사형에 처해졌다.

2003년부터 2007년까지 노무현 정부(Ⅵ)의 기간에는 제1심의 사형선고가 이전과 비교할 때 급격히 줄어 25명에 대해서 법정최고형이 선고되었는데, 살인죄(14명), 강도살인죄(9명), 특정범죄가중처벌법상의 약취유인 살인죄(1명), 성폭력범죄처벌법상의 강간살인죄(1명) 등 전원이 고의적인 생명침해범죄자들이었다.

이명박 정부(Ⅶ)가 국정을 담당했던 2008년부터 2012년의 기간에는 후보 시절부터 대통령 자신이 여러 차례 강경하고 보수적인 형벌관을 가지고 있다는 사실을 밝혀왔음에도 불구하고 전임자인 노무현 대통령의 재임 시기보다 적은 17명에 대해서만 제1심의 사형선고가 있었다. 살인죄와 강드살인죄로 각 2명씩 4명과 성폭력범죄처벌법상의 강간살인죄로 9명, 특정범죄가중처벌법상의 약취유인 살인죄로 1명 등 14명(82.4%)이 고의적인 생명침해범죄자들이었고, 2명은 결과적 가중범인 현주건조물방화치사죄로 사형에 처해졌다.

자신의 임기를 채우지 못하고 물러난 박근혜 정부(Ⅷ) 역시 재임했던 2013년부터 2016년까지 4년의 기간에 4명을 사형에 처했는데, 이들 전원은 살인죄를 저질러 기소된 사람들이다. 문재인 정부(Ⅸ)가 출범한 2017년부터 2018년 12월, 현재까지는 제1심법원에서 1명에 대해 사형이 선고되었고, 사형의 선택에 적용된 법조는 아동·청소년의 성보호에 관한 법률상 강간 등 살인죄이다.

나. 토지관할에 따른 제1심 사형선고의 인원

이 기간에 서울권역의 전체 제1심 사형선고는 26건이며 경기권역의 경우는 24건으로 서울과 경기지역에서는 모두 50명이 사형에 처해졌다<표 2-22>. 서울중앙지법(10명), 수원지법(10명), 서울동부지법(7명), 수원지법 여주지원(5명)을 제외한 그 밖의 제1심법원의 경우는 사형선고의 인원이 3명 미만에 불과한데, 2011년 이후로 8년간 의정부지법 2명(2012년, 2013년 각 1명), 서울북부지법 1명(2018년)의 사형선고가 있었고 이외에 대부분의 제1심법원에서는 사형선고가 한 건도 없었다.

〈표 2-22〉 1998년~2018년 서울·경기지역 제1심법원 사형선고 인원수 누년비교

구분		서울 중앙	동부 지법	남부 지법	북부 지법	서부 지법	의정부 지법	인천 지법	부천 지원	수원 지법	성남 지원	여주 지원	평택 지원	안산 지원
Ⅴ	1998	–	5	–	–	–	–	–	–	–	1	–	–	–
	1999	3	–	1	–	–	–	–	–	2	–	–	–	–
	2000	3	–	–	2	1	–	–	–	2	–	1	–	–
	2001	–	1	–	–	–	–	–	–	–	–	–	–	–
	2002	–	1	–	–	–	–	–	1	1	–	1	–	–
	소계	6	7	1	2	1	0	0	1	5	1	2	0	0
Ⅵ	2003	–	–	–	–	–	–	–	–	–	–	–	1	1
	2004	3	–	–	–	1	–	–	–	2	–	–	–	–
	2005	–	–	–	–	1	–	–	–	–	–	–	–	–
	2006	–	–	2	–	–	–	–	–	–	–	–	–	–
	2007	–	–	–	–	–	–	–	–	–	–	–	–	–
	소계	3	0	2	0	2	0	0	0	2	0	0	1	1
Ⅶ	2008	–	–	–	–	–	–	–	–	2	–	–	–	–
	2009	1	–	–	2	–	–	1	–	–	–	–	–	2
	2010	–	–	–	–	–	–	–	–	–	–	3	–	–
	2011	–	–	–	–	–	–	–	–	–	–	–	–	–
	2012	–	–	–	–	–	1	–	–	1	–	–	–	–
	소계	1	0	0	2	0	1	1	0	3	0	3	0	0
Ⅷ	2013	–	–	–	–	–	1	–	–	–	–	–	–	–
	2014	–	–	–	–	–	–	–	–	–	–	–	–	–
	2015	–	–	–	–	–	–	–	–	–	–	–	–	–
	2016	–	–	–	–	–	–	–	–	–	–	–	–	–
	소계	0	0	0	0	0	1	0	0	0	0	0	0	0
Ⅸ	2017	–	–	–	–	–	–	–	–	–	–	–	–	–
	2018	–	–	–	1	–	–	–	–	–	–	–	–	–
	소계	0	0	0	1	0	0	0	0	0	–	–	–	–
합계		10	7	3	3	3	2	1	1	10	1	5	1	3

충청과 강원지역은 대전지법(8명), 천안지원(3명), 서산지원(2명)을 제외하면 21년간 사형선고가 단 한 차례도 없었던 제1심법원이 6곳(춘천지법 속초지원, 영월지원, 청주지법 충주지원, 제천지원, 대전지법 홍성지원, 강경지원), 1명에 대해서만 사형이 선고된 제1심법원은 5곳(춘천지법, 강릉지원, 원주지원, 청주지법, 영동지원)이다. 그러나 2011년 이후로는 사형이 선고되지 않았다<표 2-23>.

〈표 2-23〉 1998년~2018년 충청·강원지역 제1심법원 사형선고 인원수 누년비교

구분		춘천지법	강릉지원	원주지원	속초지원	영월지원	청주지법	충주지원	제천지원	영동지원	대전지법	홍성지원	강경지원	서산지원	천안지원
V	1998	1	–	–	–	–	–	–	–	–	–	–	–	–	–
	1999	–	1	–	–	–	–	–	–	–	–	–	–	1	–
	2000	–	–	–	–	–	–	1	–	–	–	–	–	–	–
	2001	–	–	–	–	–	–	–	1	–	5	–	–	1	–
	2002	–	–	1	–	–	–	–	–	–	1	–	–	–	–
	소계	1	1	1	0	0	0	1	1	0	6	0	0	2	0
VI	2003	–	–	–	–	–	–	–	–	–	–	–	–	–	1
	2004	–	–	–	–	–	–	–	–	–	–	–	–	–	–
	2005	–	–	–	–	–	1	–	–	–	1	–	–	–	–
	2006	–	–	–	–	–	–	–	–	–	–	–	–	–	2
	2007	–	–	–	–	–	–	–	–	–	–	–	–	–	–
	소계	0	0	0	0	0	1	0	0	0	1	0	0	0	3
VII	2008	–	–	–	–	–	–	–	–	–	–	–	–	–	–
	2009	–	–	–	–	–	–	–	–	1	–	–	–	–	–
	2010	–	–	–	–	–	–	–	–	–	1	–	–	–	–
	2011	–	–	–	–	–	–	–	–	–	–	–	–	–	–
	2012	–	–	–	–	–	–	–	–	–	–	–	–	–	–
	소계	0	0	0	0	0	0	0	0	1	1	0	0	0	0
VIII	2013	–	–	–	–	–	–	–	–	–	–	–	–	–	–
	2014	–	–	–	–	–	–	–	–	–	–	–	–	–	–
	2015	–	–	–	–	–	–	–	–	–	–	–	–	–	–
	2016	–	–	–	–	–	–	–	–	–	–	–	–	–	–
	소계	0	0	0	0	0	0	0	0	0	0	0	0	0	0
IX	2017	–	–	–	–	–	–	–	–	–	–	–	–	–	–
	2018	–	–	–	–	–	–	–	–	–	–	–	–	–	–
	소계	0	0	0	0	0	0	0	0	0	0	0	0	0	0
합계		1	1	1	0	0	1	0	0	1	8	0	0	2	3

영남지역의 제1심법원은 이 기간 경남권역 20명(부산지법 4명, 동부지원 3명, 창원지법 5명, 진주지원 5명, 통영지원 1명, 울산지법 2명), 경북권역 5명(대구지법 2명, 서부지원 1명, 경주지원 1명, 포항지원 1명) 등 25명에 대하여 사형을 선고하였다. 그러나 대구지법 안동지원과 김천지원 및 상주지원, 창원지법 밀양지원의 경우는 21년의 기간 동안 단 한건의 사형선고도 없었다<표 2-24>.

〈표 2-24〉 1998년~2018년 영남지역 제1심법원 사형선고 인원수 누년비교

구분		대구지법	서부지원	안동지원	경주지원	김천지원	상주지원	포항지원	부산지법	동부지원	울산지법	창원지법	진주지원	통영지원	밀양지원
Ⅴ	1998	1	×	–	1	–	–	–	–	–	–	2	2	–	–
	1999	1	×	–	–	–	–	–	–	–	–	2	–	–	–
	2000	–	×	–	–	–	–	–	1	1	–	–	2	–	–
	2001	–	×	–	–	–	1	–	2	1	–	–	–	–	–
	2002	–	×	–	–	–	–	–	–	1	1	–	–	–	–
	소계	2	0	0	1	0	1	0	3	3	1	4	4	0	0
Ⅵ	2003	–	×	–	–	–	–	1	–	–	–	–	–	–	–
	2004	–	×	–	–	–	–	–	–	–	–	1	–	–	–
	2005	–	×	–	–	–	–	–	–	–	–	–	–	1	–
	2006	–	×	–	–	–	–	–	–	–	–	–	–	–	–
	2007	–	–	–	–	–	–	–	–	–	–	–	–	–	–
	소계	0	0	0	0	0	0	1	0	0	0	1	0	1	0
Ⅶ	2008	–	–	–	–	–	–	–	–	–	–	–	–	–	–
	2009	–	–	–	–	–	–	–	–	–	–	–	–	–	–
	2010	–	–	–	–	–	–	–	1	–	–	–	–	–	–
	2011	–	–	–	–	–	–	–	–	–	–	–	1	–	–
	2012	–	–	–	–	–	–	–	–	–	–	–	–	–	–
	소계	0	0	0	0	0	0	0	1	0	0	0	1	0	0
Ⅷ	2013	–	–	–	–	–	–	–	–	–	–	–	–	–	–
	2014	–	1	–	–	–	–	–	–	–	1	–	–	–	–
	2015	–	–	–	–	–	–	–	–	–	–	–	–	–	–
	2016	–	–	–	–	–	–	–	–	–	–	–	–	–	–
	소계	0	1	0	0	0	0	0	0	0	1	0	0	0	0
Ⅸ	2017	–	–	–	–	–	–	–	–	–	–	–	–	–	–
	2018	–	–	–	–	–	–	–	–	–	–	–	–	–	–
	소계	0	0	0	0	0	0	0	0	0	0	0	0	0	0
합계		2	1	0	1	0	0	1	4	3	2	5	5	1	0

제주와 호남지역의 제1심법원은 1998년 이후로 전남권역 14명(광주지법 6명, 순천지원 5명, 목포지원 3명), 전북권역 8명(전주지법 4명, 군산지원 3명, 정읍지원 1명) 등 22명에 대하여 사형을 선고하였다. 전남권역의 장흥지원과 전북권역의 남원지원 그리고 제주지법에서도 사형은 선고되지 않았다<표 2-25>.

〈표 2-25〉 1998년~2018년 제주·호남지역 제1심법원 사형선고 인원수 누년비교

구분		광주지법	목포지원	장흥지원	순천지원	해남지원	전주지법	군산지원	정읍지원	남원지원	제주지법
Ⅴ	1998	1	–	–	–	–	–	–	–	–	–
	1999	4	–	–	3	–	–	–	–	–	–
	2000	1	–	–	1	–	–	2	–	–	–
	2001	–	–	–	–	–	–	–	1	–	–
	2002	–	–	–	–	–	2	–	–	–	–
	소계	6	0	0	4	0	2	2	1	0	0
Ⅵ	2003	–	–	–	–	–	–	–	–	–	–
	2004	–	–	–	–	–	–	1	–	–	–
	2005	–	2	–	–	–	–	–	–	–	–
	2006	–	–	–	–	–	2	–	–	–	–
	2007	–	–	–	–	–	–	–	–	–	–
	소계	0	0	0	0	0	2	1	0	0	0
Ⅶ	2008	–	–	–	1	–	–	–	–	–	–
	2009	–	1	–	–	–	–	–	–	–	–
	2010	–	–	–	–	–	–	–	–	–	–
	2011	–	–	–	–	–	–	–	–	–	–
	2012	–	–	–	–	–	–	–	–	–	–
	소계	0	1	0	1	0	0	0	0	0	0
Ⅷ	2013	–	–	–	–	–	–	–	–	–	–
	2014	–	–	–	–	–	–	–	–	–	–
	2015	–	–	–	–	–	–	–	–	–	–
	2016	–	–	–	–	–	–	–	–	–	–
	소계	0	0	0	0	0	0	0	0	0	0
Ⅸ	2017	–	–	–	–	–	–	–	–	–	–
	2018	–	–	–	–	–	–	–	–	–	–
	소계	0	0	0	0	0	0	0	0	0	0
합계		6	3	0	5	0	4	3	1	0	0

다. 항소심 사형판결에 대한 상고심 결과

기간 전체 제1심 사형선고에 대하여 79명이 불복 항소하였다. 이 가운데 55명(69.6%)의 판결이 변경되었으며, 특히 양형에 변화가 있었던 경우는 무기징역으로 감경된 사람이 44명(55.7%), 유기징역으로 감경된 사람은 2명(2.5%)이며, 무죄가 된 사람은 1명이다.

〈표 2-26〉 1998년~2018년 제1심 사형판결에 대한 항소심 결과

구분		제1심 판결에 대한 항소심의 결과							
		제1심 사형판결 인원	원심판결		변경내용				
			불변경	변경	무기징역	유기징역	무죄	이송	기타변경
Ⅴ	1998	8	3	5	3	1	1	–	–
	1999	11	3	8	8	–	–	–	–
	2000	10	3	7	5	1	–	–	1
	2001	11	2	9	9	–	–	–	–
	2002	6	3	3	3	–	–	–	–
	소계	**46**	**14**	**32**	**28**	**2**	**1**	**0**	**1**
Ⅵ	2003	6	1	5	3	–	–	–	2
	2004	2	0	2	1	–	–	–	1
	2005	8	4	4	4	–	–	–	–
	2006	2	1	1	1	–	–	–	–
	2007	4	1	3	–	–	–	1	2
	소계	**22**	**7**	**15**	**9**	**0**	**0**	**1**	**5**
Ⅶ	2008	1	0	1	–	–	–	–	1
	2009	0	0	0	–	–	–	–	–
	2010	3	2	1	1	–	–	–	–
	2011	3	0	3	3	–	–	–	–
	2012	0	0	0	–	–	–	–	–
	소계	**7**	**2**	**5**	**4**	**0**	**0**	**1**	**0**
Ⅷ	2013	1	0	1	1	–	–	–	–
	2014	1	0	1	1	–	–	–	–
	2015	1	1	0	–	–	–	–	–
	2016	0	0	0	–	–	–	–	–
	소계	**3**	**1**	**2**	**2**	**0**	**0**	**0**	**0**
Ⅸ	2017	0	0	0	–	–	–	–	–
	2018	1	0	1	1	–	–	–	–
	소계	**1**	**0**	**1**	**1**	**0**	**0**	**0**	**0**
합계		79	24	55	44	2	1	2	6

시기별로는 김대중 정부(Ⅴ)의 제1심 사형선고 인원 가운데 46명이 항소하여 32명의 판결(69.6%)이 번복되었고 사형에서 감경된 경우는 28명(60.9%)이 무기징역으로, 2명(4.3%)은 유기징역으로 변경되었으며, 1명은 무죄가 되었다. 노무현 정부(Ⅵ)에서는 제1심에서 사형이 선고된 22명이 항소하여 15명(68.2%)의 판결이 변경되었는데, 9명(40.9%)이 무기징역으로 감경되었다. 이명박 정부(Ⅶ)에 와서는 제1심 사형판결을 받은 7명의 피고인이 항소하여 5명(71.4%)에게 원심을 변경하는 판결을 선고하였는데, 이 가운데 4명(57.1%)이 무기징역으로 감경되었다. 박근혜 정부(Ⅷ)의 경우는 제1심에서 사형이 선고된 3명의 피고인이 항소하여 2명(66.7%)이 무기징역으로 감경되었고, 현재 문재인 정부(Ⅸ)에서는 1명이 항소하여 무기징역으로 감경되었다<표 2-26>.

라. 항소심 사형판결에 대한 상고심 결과

대법원은 이 기간에도 상고를 이유 없다고 판단한 빈도가 매우 높았는데, 57건의 상고에 대하여 54건(94.7%)을 기각하였다. 변경된 3건의 경우는 파기환송 2건과 기타변경 1건으로 양형에는 아무런 변화가 없었다<표 2-27>.

〈표 2-27〉 1998년~2018년 항소심 사형판결에 대한 상고심 결과

구분		항소심에 대한 상고심의 결과							
		항소심 사형판결 인원	원심판결		변경내용				
			불변경	변경	무기징역	유기징역	무죄	파기환송	기타변경
Ⅴ	1998	6	6	-	-	-	-	-	-
	1999	7	7	-	-	-	-	-	-
	2000	13	13	-	-	-	-	-	-
	2001	8	8	-	-	-	-	-	-
	2002	2	2	-	-	-	-	-	-
	소계	36	36	0	0	0	0	0	0
Ⅵ	2003	6	5	1	-	-	-	1	-
	2004	2	2	-	-	-	-	-	-
	2005	3	3	-	-	-	-	-	-
	2006	2	2	-	-	-	-	-	-
	2007	4	3	1	-	-	-	-	1
	소계	17	15	2	0	0	0	1	1

Ⅶ	2008	0	–	–	–	–	–	–	–
	2009	1	1	–	–	–	–	–	–
	2010	2	1	1	–	–	–	1	–
	2011	0	–	–	–	–	–	–	–
	2012	0	–	–	–	–	–	–	–
	소계	**3**	**2**	**1**	**0**	**0**	**0**	**1**	**0**
Ⅷ	2013	0	–	–	–	–	–	–	–
	2014	0	–	–	–	–	–	–	–
	2015	1	–	–	–	–	–	–	–
	2016	0	–	–	–	–	–	–	–
	소계	**1**	**1**	**0**	**0**	**0**	**0**	**0**	**0**
Ⅸ	2017	0	–	–	–	–	–	–	–
	2018	0	–	–	–	–	–	–	–
	소계	**0**	**0**	**0**	**0**	**0**	**0**	**0**	**0**
합계		57	54	3	0	0	0	2	1

5. 요 약

공식적인 사법통계가 제시되기 시작한 1956년부터 현재에 이르기까지 제1심법원의 사형선고 결과를 다시 정리해보면 1956년부터 1963년까지는 302명, 1964년부터 1979년까지는 421명, 1980년부터 1997년까지는 425명, 1998년부터 2018년까지는 120명 등 모두 1,268명이 최초의 형사재판을 통하여 사형을 선고받았다. 이러한 통계 수치를 연평균으로 따져보면 제1심에서의 사형선고가 없었던 4년간(2007년, 2015년, 2016년, 2017년)을 제외한 59년을 기준으로 해마다 21.5명꼴로 사형이 선고된 것이다. 죄명별 사형선고 인원이 파악되기 시작한 1964년부터 현재까지 제1심에서 사형이 선고된 966명의 죄명을 살펴보면 생명침해범죄 유형은 742명(76.8%)[살인죄 470명(48.7%), 강도살인죄 272명(28.2%)]으로 파악되고, 공안사범으로 볼 수 있는 142명(14.7%)[국가보안법 위반자 108명(11.2%), 반공법 위반자 34명(3.5%)]은 주로 정치권력에 대항한 범죄혐의로 기소된 후 사형이 선고되었다.

제1심의 사형선고에 불복하여 항소한 경우는 모두 780명이며, 죄명이 변경된 경우는 425명(54.5%)이다. 양형의 변경에 있어서는 사형에서 무기징역으로 감경된 경우가 372명(47.7%), 사형에서 유기징역으로 감경된 경우가 22명(2.8%)이며, 무죄가 된 경우는 15명(1.9%)으로 나타난다. 무죄율이 낮았던 반면에 항소심에서 감경된 인원이 전체 항소한 인원의 절반에 해당하는 394명(50.5%)으로 많은 것은 그만큼 제1심의 사형선고가 과도했다는 사실을 반증하는 것이라고 할 수 있다.

그러나 항소 결과에 불복하여 상고한 사건에서는 전혀 다른 양상이 나타난다. 모두 507명이 여러 가지 다양한 상고이유를 들어 대법원에 최종적인 판단을 구하였으나 판결이 변경된 경우는 20명(3.9%)에 불과하고 무기징역으로 감경은 6명(1.2%), 유기징역으로 감경은 1명(0.2%)에 불과했다. 나머지 17명은 원심의 사형은 그대로 유지된 채 형명에만 변경이 있거나 기타변경, 파기환송에 그쳤다.

Ⅲ. 1961년부터 1997년까지의 사형집행

1. 1961년~1979년

박정희 정권의 시기와 겹쳐지는 1960년대 초반에서 1970년대 후반에 이르기까지의 사형집행을 살펴보면 형식상 민정으로의 이양이 있기 전인 1961년부터 1963년 사이의 3년간에는 모두 86건의 사형이 집행되었는데, 성명침해범죄가 51명(59.3%)[살인죄 23명, 존속살해죄 8명, 강도살인죄 20명], 공안사범이 35명(40.7%)이었다<표 2-28>. 특히 군사쿠데타가 일어난 첫해인 1961년에는 3년간 전체 사형집행 인원 86명 가운데 무려 52명(60.5%)에 대한 사형을 단행했다. 이와 같은 사실은 당시의 범죄현상을 이해하는 근거가 될 수 있겠으나 권력을 장

〈표 2-28〉 1961년~1963년 사형집행 죄명별 누년비교

구분	합계	살인	존속살인	강도살인	공안사범
1961	52	12	5	13	22
1962	20	7	1	2	10
1963	14	4	2	5	3
합계	86	23	8	20	35

악하려 했던 세력이 생명침해가 수반되는 일반범죄는 물론이고 공안범죄에 대해서도 강경 일변도의 형벌정책에 기반을 두고 사회를 통제하려 했음을 확인할 수 있다.

제3공화국의 출범 이후 유신체제가 종식될 때까지는 291명에 대한 사형이 집행되었다<표 2−29>. 1975년과 1978년에는 사형집행이 전혀 없었으나 연간 최대 9회(1969년)를 정점으로 매년 8회(1966년, 1970년, 1972년), 7회(1965년)에 걸쳐 정기적으로 집행을 하여 모두 61차례나 교수 형장이 개방되었다. 그런데 집행 횟수가 많았던 연도의 경우는 국내의 정치상황이 불안정한 했던 시기와 일

〈표 2−29〉 1964년~1979년 사형집행 죄명별 누년비교

구분		회수	합계	살인	존속 살인	강도 살인	유괴 살인	공안 사범	기타(사망 등)
I	1964	2	2	1	−	1	−	−	−
	1965	7	11	2	−	5	1	3	2
	1966	8	33	7	1	14	−	11	1
	1967	2	3	2	−	−	−	1	1
	1968	3	20	5	1	5	−	9	1
	1969	9	33	5	2	15	−	11	1
	1970	8	14	1	−	11	−	2	1
	1971	4	11	2	1	3	−	5	−
	1972	8	34	6	−	8	−	20	2(자살)
	1973	2	7	1	−	2	−	4	−
	1974	4	56	18	2	19	−	19	−
	1975	0	0	−	−	−	−	−	−
	1976	1	27	8	1	16	1	1	1(자살)
	1977	2	28	5	1	15	2	5	3(감형2, 사망1)
	1978	0	0	−	−	−	−	−	4(감형)
	1979	1	10	3	−	5	2	−	1(감형)
합계		61	291	66	9	119	6	91	18

치하는 경향을 보인다. 사형이 집행된 사람들 가운데 200명(68.7%)[살인죄 66명(22.7%), 존속살해죄 9명(3.1%), 강도살인죄 119명(40.9%), 약취유인 살인죄 1명(0.3%)]은 생명침해범죄자들이었다. 이들의 범죄를 죄질별로 정리해 볼 때 단순한 생명침해범죄보다는 금전 등 재산상의 이익을 추구하기 위하여 강도나 약취유인행위를 범하는 과정에서 살인이 개입되는 범죄유형(60%)이 많았다.

반공법에 규정된 간첩죄와 국가보안법에 규정된 이적행위 등 공안범죄로 사형이 집행된 인원은 91명(31.2%)이었는데, 물론 일부 간첩행위와 이적행위가 확실히 드러나고 범죄사실이 관련 법조문을 적용해야 마땅한 것으로 수긍이 갈 만한 사례도 있었다. 그러나 안보와 공안 관련 법규범에 의하여 사형이 집행된 사람들의 대부분은 부당한 정치권력에 저항하고 반대했던 학생, 시민운동의 관련자들이었다는 점은 당시의 사형이 심각하게 남용되었음을 시사해 준다. 연간 10명 이상의 공안사범을 사형 집행했던 1972년(20명)과 1974년(19명)에는 특히 이러한 현상이 더욱 두드러지게 나타나는 것을 확인할 수 있다.[34)]

사형이 확정되고도 집행에 이르지 않은 사람은 18명이었는데, 감형 7명, 자살 3명, 사망한 것으로 보고된 인원이 1명이고 나머지 8명은 기타로 분류되어 있다. 그러나 감형 인원을 제외한 사람들에 대해서는 국가형벌권의 이름으로 선고된 사형이 확정된 사람들이라는 점에서 이들의 사망이 정확하게 어떠한 사인에 의한 것이었는지에 대한 규명이 뒤따라야 할 것이다.

---

34) 1972년 10월, 박정희 정권의 유신체제 가동이 시작되고 1973년 10월 이후부터 학생과 시민사회의 반대 운동은 본격화되었다. 이 과정에서 1974년 4월 25일, 중앙정보부는 그 저항을 분쇄하기 위한 일환으로 제2차 인민혁명당 사건을 조작한다. 이후 1975년 4월 8일, 대법원 전원합의체는 관련 인사 가운데 8명의 사형을 확정하고 불과 18시간 만인 이튿날 새벽에 사형을 집행하였다. 이에 대하여 자세한 내용은 천주고인권위원회(엮음), 사법살인: 1975년 4월의 학살, 2001. 참조. 그러나 정부의 공식통계<표 2-29>는 1975년, 사형집행이 없었다고 하는데, 그 이유는 이들에 대한 사실심 재판과 집행을 민간법원과 법무부가 소관한 것이 아니라 비상군법회의와 국방부가 처리하여 법원과 법무부의 통계에 포함되지 않았기 때문이다. 국가기록원은 2018년 11월에 와서야 국방부 검찰단으로부터 사건 관련 기록물을 이관받았다고 한다. 현재 이관된 기록물들은 목록의 정리사업을 진행하고 있으며 2019년 1월부터는 관계자 및 연구자들이 이용할 수 있도록 할 것이라고 한다. 사형이 정치적으로 악용된 전형이라고 할 수 있는 이 사건에 대해 당시 정치권력과 사법기관이 어떠한 인식 아래 그 조작에 개입하였는지를 반드시 규명해야 할 것이다.

2. 1980년~1997년

전두환 정권에서부터 김영삼 정부의 시기까지는 모두 15차례에 걸쳐 166명에 대하여 사형을 집행하였다고 한다<표 2-30>.

전두환 정권의 1982년과 노태우 정권이었던 1990년에만 연간 2회 사형이 집행되었고 이 두 해를 제외하면 사형집행이 있었던 해에는 1회의 집행이 이루어졌다. 전두환 정권에서는 1981년과 1984년에 집행이 없었고, 노태우 정권의 취임 첫해와 김영삼 정부에서는 취임 첫해와 1996년에 사형을 집행하지 않았다.

〈표 2-30〉 1980년~1997년 사형집행 죄명별 누년비교

구분			연도합계	살인	존속살인	강도살인	유괴살인	방화치사	특가법	공안사범
Ⅱ	1980	12.24	9	5	–	4	–	–	–	–
	1982	07.19	23	6	2	4	–	–	–	–
		10.05		1	–	7	1	–	–	2
	1983	07.07	9	6	–	–	1	–	–	2
	1985	10.29	11	1	–	3	3	–	–	4
	1986	05.23	13	4	1	5	–	–	–	3
	1987	05.16	5	1	1	2	1	–	–	–
	소계		70	24	4	25	6	0	0	11
Ⅲ	1989	08.04	7	3	–	3	1	–	–	–
	1990	04.17	14	5	–	4	–	–	–	–
		12.04		1	1	3	–	–	–	–
	1991	12.18	9	5	1	1	2	–	–	–
	1992	12.29	9	6	1	2	–	–	–	–
	소계		39	20	3	13	3	0	0	0
Ⅳ	1994	10.06	15	9	1	3	2	–	–	–
	1995	11.02	19	6	4	8	–	–	1	–
	1997	12.30	23	15	1	4	–	1	2	–
	소계		57	30	6	15	2	1	3	0
합계			166	74	13	53	11	1	3	11

특히 노태우 정권의 첫해는 서울올림픽의 개최와 관련하여 국제사회의 비난을 의식하여 사형을 집행하지 않았던 것으로 파악된다. 이 기간의 166명 가운데 생명침해범죄에 해당하는 경우는 155명(93.4%)[살인죄 74명(44.8%), 존속살해죄 13명(7.8%), 강도살인죄 53명(31.9%), 약취유인살인죄 11명(6.6%), 강간살인죄 3명(1.8%), 현주건조물방화치사죄 1명(0.6%)]이다. 1980년대 중반까지 국가보안법과 반공법을 위반한 11명(6.6%)이 집행되었으나, 1986년 5월 23일, 3명을 집행한 이래로 공안사범에 대한 사형집행은 종식되었다.

정권별로는 전두환 정권에서 70명이 사형 집행되었는데 59명(84.3%)이 생명침해범죄자들이었고 공안사범은 11명(15.7%)이었다. 노태우 정권은 39명에게 사형을 집행했으며, 김영삼 정부에 들어서는 57명에게 사형을 집행하였다. 공식통계에 의하면 1987년 이후 사형집행은 특정범죄가중처벌법에 의한 죄질이 나쁜 강도강간범죄자 3명[(가정파괴범)1995년 1명, 1997년 2명]을 제외하고는 현주건조물방화치사죄에 해당하는 1명을 포함하여 전원이 살인죄 등 생명침해범죄자들이었다.[35)]

Ⅳ. 사형확정자의 현황

1. 사형확정자 인원의 증감

김영삼 정부의 임기 말인 1997년 12월 30일, 전국 각 교정시설별로 수감 중이던 사형확정자 가운데 23명을 선별하여 사형을 단행한 이후로 현재까지 21년 동안 사형의 집행은 중단(moratorium)되고 있다.[36)] 그러나 사형제도가 존재하는

35) 그런데 이러한 최근의 통계에 대해서도 전혀 의문이 없는 것은 아니다. 예를들어 전두환 정권 시기인 1985년 10월 29일의 경우 공식통계는 모두 11명이 집행되었는데, 살인, 강도살인, 유괴살인이 7명이고 4명은 공안사범에 대한 것이라고 한다. 그러나 당시 사형집행 사실을 전하는 신문기사에서는 우리 행형사(行刑史)에 있어서 처음으로 살인이 개입되지 않은 강도강간범죄자 5명에 대한 집행을 확인할 수 있다. 중앙일보 1985년 11월 1일자 (https://news.joins.com/article/2023226).

36) 오래 전부터 하나의 관용적 표현으로 널리 사용되어 왔던 것이 '사형수(死刑囚)'라는 단어이다. 사전적인 의미로는 사형판결을 받아 집행을 기다리는 죄수를 뜻한다고 할 수 있으며, 아직도 우리 사회에서는 즐겨 사용되고 있다. 그러나 2007년 12월 21일, 전부 개정된 형의 집행 및 수용자의 처우에 관한 법률에서는 명백히 '사형확정자'라고 정의하고 있으며, 이들은 사형의 선고를 받아 그 형이 확정되어 교정시설에 수용된 사람을 말한다(형집

〈표 2-31〉 1998년~2018년 사형확정자 인원과 감형 및 연말 미집행 인원

구분		사형확정자인원	감형인원	연말 미집행 누적인원	비고
Ⅴ	1998	4	2	41	군인 신분 1명 포함
	1999	4	5	40	
	2000	9	2	47	
	2001	8	–	55	
	2002	2	4	52	
	소계	27	18		
Ⅵ	2003	5	–	58	
	2004	2	–	60	
	2005	3	–	65	
	2006	2	–	59	
	2007	3	–	59	군인 신분 2명 포함
	소계	15	0		
Ⅶ	2008	0	6	59	
	2009	3	–	58	
	2010	2	–	60	
	2011	0	–	59	
	2012	0	–	59	
	소계	5	6		
Ⅷ	2013	1	–	60	군인 신분 3명 포함
	2014	0	–	60	
	2015	0	–	62	
	2016	1	–	61	군인 신분 4명 포함
	소계	2	0		
Ⅸ	2017	0	–	61	
	2018	0	–	61	
	소계	0	0		
합계		49	24	61	군인 신분 4명 포함

행법 제2조 제4호)고 규정하고 있다. 따라서 아래에서는 사형확정자라는 용어를 사용하도록 할 것이다.

한 새로이 사형이 확정되는 경우는 당연히 나타나게 되는데, 1998년 이후로 47명에 대하여 사형이 확정되었다. 구체적으로 살펴보면 김대중 정부에 와서 27명(57.4%), 노무현 정부에서는 15명(31.9%), 이명박 정부와 박근혜 정부에서 각 2명씩 4명(8.6%)이다<표 1-31>. 이들 가운데 43명(91.5%)은 범행당시 민간인 신분이었으며, 4명(8.5%)은 범행당시 전원 병역의무를 이행하고 있던 병사 출신의 군인들이다.

1998년 연말을 기준으로 사형확정자의 인원은 41명이었으며, 2018년 12월, 현재 사형확정자의 인원은 민간인 신분 57명(93.4%)과 군인 신분 4명(6.6%) 등 61명이다. 그런데 사형확정자가 추가적으로 발생하고 있지만 누적 인원에서 볼 때 일정한 수준이 유지되고 있는 것에는 김대중 정부와 노무현 정부에서 일부 사형확정자를 무기징역형으로 감형하는 대통령의 사면조치가 있었기 때문이다. 모두 24명이 감형되었는데, 김대중 정부에서는 2001년을 제외하고 매년 일정한 조건 아래 심사를 거쳐 18명을 감형했으며, 노무현 정부에서는 취임 첫해인 2008년에 6명을 감형하였다.

2. 사형확정자 인원의 확정

앞에서 언급했던 바와 같이 우리나라의 사형집행인원에 대하여 의문이 제기되는 것과 궤를 같이하여 현재의 생존 사형확정자 인원에도 의혹을 제기하며 신뢰하지 않는 견해가 있다. 법무당국이 공식적으로 확인해 주었고 이를 언론 등에서 사회 일반에 공표하고 있는 바에 의하면 현존하는 사형확정자는 61명이다. 그러나 국내의 사형확정자 통계가 엉터리라고 주장하는 일부 입장이 있어,[37] 그 주장사실에 대한 사실관계를 확인하고자 하였으나 이를 뒷받침할 수 있는 근거는 확인할 수 없었다. 이에 따라 제3장의 집필을 위하여 천주교인권위원회에서는 법무부에 사형확정자 인원에 대한 정보공개를 청구하여 회신을 받았다. 이에 따르면 교정시설에 수용 중인 민간인 신분의 사형확정자는 57명이며,[38] 국방부의 소관에 해당하는 군인 신분의 사형확정자 4명을 포함하면 2018년 12월, 현재 생존해 있는 국내의 사형확정자는 61명이다.

---

37) http://www.sns-justice.org/9; 해당 기사를 작성한 기자에게 관련된 의문점을 질의하고 답변을 요청하였으나 회신을 받을 수 없었다.

38) 법무부 정보공개청구 접수일: 2018. 10. 30. 접수번호: 5068593, 공개일: 2018. 11. 12.

제 3 장

미집행 사형확정자에 대한 분석

제 3 장 미집행 사형확정자에 대한 분석

Ⅰ. 분석 자료의 전제적 검토

1. 자료의 선정과 입수과정

사형이라는 형벌을 실증적으로 파악하려면 반드시 선행되어야 할 논의과제가 있다. 그것은 사형이 선고된 사건에 대하여 수사단계에서의 신문조서를 포함한 관련 증인의 증언진술과 물증, 재판과정에서의 공판조서 등을 빠짐없이 분석하는 것이다. 그러나 현실적으로는 여러 가지 어려움이 있기 때문에 차선의 선택지는 판결문에 대한 검토가 될 것이다.

이를 위해서는 사형확정자들에 대한 판결문의 입수가 필요했으며 천주교 인권위원회는 국회 법제사법위원회 소속 더불어민주당 금태섭 의원을 통하여 61명에 대한 심급별 판결문을 확보하였다. 그러나 판결문들 가운데에는 동명이인의 것이거나 심급에 따라 누락된 경우가 있어서 한편으로 법무부와 국방부에 정보공개를 청구하거나 대법원을 방문하여 사건기록을 검색한 후 그 결과를 금태섭 의원실에 의뢰하여 판결문을 보완하였다. 다른 한편으로는 수감되어 있는 사형확정자에게 직접 서신을 보내어 사건번호를 확인한 후 판결문의 흠결을 보완하기도 하였다.

2. 심급별 판결문의 분류

이에 따라 판결문은 제1심 60건, 항소심 59건, 상고심 53건 등 모두 174건이 확보되었다. 제1심의 판결문이 1건 부족한 이유는 사형확정자 가운데 성명 이외에 달리 정보를 확인할 수 없었던 두 사람이 있어 이들의 수감시설에 서신을 발송하였는데, 한 사람에게는 회신이 왔으나 다른 한 사람은 회신이 없어 재차 본인에게 서신을 전달하였다. 그러나 역시 회신이 없어 그를 담당했던 교화위원인 삼중스님을 통하여 협조를 부탁하였으나 자신의 사건이 알려지는 것을 바라지 않는다는 완곡한 거절 의사를 밝혀 부득이 그의 판결문은 여기에 포함할 수 없었다.

항소심 판결문이 59건인 이유는 사형확정자 가운데 1명이 항소를 포기하여 제1심만으로 사형이 확정되었으므로 앞의 제1심 판결문에 대한 미확인 1명을 포함하면 58건이 되어야 하지만 국군교도소에 수감 중인 사형확정자 가운데 1명이 상고심에서 원심이 파기된 후 파기환송 항소심을 거친 사례가 있어 1건의 항소심 판결문이 추가적으로 존재했기 때문이다. 상고심의 경우는 6명이 상고를 포기하여 항소심에서 사형이 확정되었으므로 53건이 된다.

3. 변호인으로부터의 조력

이들은 형사소송법 제33조 제1항 제6호(피고인이 사형, 무기 또는 단기 3년 이상의 징역이나 금고에 해당하는 사건으로 기소된 때)에 해당하는 필요적 변호(형사소송법 제282조)를 받아야 하는 피고인으로 재판에 임해야 했기 때문에 특히 자신의 사형 확정에 있어서 중요하게 작용했던 제1심 형사재판과정에서부터 변호인의 조력을 받았다. 이들 가운데 국선 변호인으로부터의 조력을 받은 사람은 45명(73.8%), 사선 변호인에 의한 경우는 15명이고, 1명은 미확인으로 분류되었다. 따라서 이들은 대체로 국선 변호인의 조력을 받았던 것으로 나타났는데, 변호인의 조력에 있어서는 국선과 사선 사이에 별다른 차이가 없다고 단언할 수 없기 때문에 재판의 결과, 사형의 선고가 과도한 결과라고 판단이 되는 경우에는 이와 같은 변호인 조력의 성격과 구체적인 변론의 정도가 사형판결에 미친 역학관계 등을 고려대상으로 검토해 볼 수도 있을 것이다.

Ⅱ. 민간법원의 사형확정자

1. 민간인 사형확정자에 대한 기초정보

인구학적인 측면에서 57명의 민간인 사형확정자 전원은 남성이며,[1] 이들의 국적은 우리 국민이 55명, 외국인이 2명인데, 외국인은 모두 중국 국적자로 한족 1명, 조선족 1명이다. 연령정보에 있어서는 따로 파악하지 않았으나 4년 전인 2015년 3월, 법무부의 연령대별 사형수 현황 자료에 따르면 이들의 평균연령이 49세였으므로 현재에는 이보다 다소 높아졌을 것으로 보인다. 다만 사형확정자의 연령에 있어서 최고령자는 80세(2010년 6월 10일 확정)로 추정되고, 최연소자는 29세(2015년 8월 27일 확정)이며, 가장 오랫동안 구금되어 있는 사형확정자의 수감기간은 27년(1993년 11월 23일 확정)이다.

2018년 12월 현재, 이들은 서울구치소(16명), 광주교도소(13명), 대구교도소(12명), 대전교도소(12명), 부산구치소(4명)에 분산 수용되어 있다.[2]

사형이 확정되었던 연도를 기준으로 구분해 보면 1994년, 2008년, 2011년부터 2014년까지와 2016년부터 2018년까지 9년의 기간에는 해당 연도의 사형확정자가 없었다<표 3-1>.

〈표 3-1〉 사형확정 연도별 (단위: 명)

1993	1	1997	5	2000	8	2003	5	2006	2	2009	3
1995	3	1998	3	2001	7	2004	2	2007	1	2010	2
1996	7	1999	2	2002	2	2005	3	2008	0	2015	1

1) 1999년까지는 2명의 여성 사형확정자가 있었으나 이들은 특별사면에 의하여 무기징역으로 감형되어 현재 청주여자교도소에 수감되어 있다.

2) 2006년 2월, 기준으로 민간인 사형확정자가 63명이었을 때 이들은 미결수용자의 신분이라는 점에서 전원이 서울구치소(30명), 부산구치소(10명), 대구구치소(8명), 대전구치소(6명), 광주구치소(8명) 등 고등검찰청이 소재한 지역의 구치소에 분산 수감되어 있었다. 그런데 전수조사를 하지는 못했지만 현재와 같이 재배치가 이루어진 배경에는 형집행법의 개정으로 일부 사형확정자 가운데 노역장에서 작업을 희망하는 경우 교도소로의 이송이 필요하기 때문에 이들의 경우는 수감장소의 변경이 있었을 것이다(형집행법 시행규칙 제150조와 제151조).

그런데 마지막 사형집행이 1997년 12월 30일에 있었던 것을 감안할 때 1993년부터 1997년 사이에 사형이 확정된 인원은 16명이고, 특히 1993년과 1995년의 4명은 마지막 집행에 의하여 교수형을 받은 사형자들의 사형 확정연도와 비교하면 당시의 집행에 포함될 수도 있었지만 이들은 그 당시 집행에서 제외되었다. 이러한 사실은 당시 사형집행대상자를 법무당국이 선별하는 과정에서 일말의 부담감을 주었을 요인이 있었을 것이라고 추정된다. 예를 들어 재심청구를 통하여 무고함을 항변한다거나 심급별 재판의 결과가 유죄에서 무죄로 혹은 무죄에서 유죄로 역전된 경우라면 사형이 확정되었다고 하더라도 선불리 집행의 구신(具申)을 할 수 없었을 것이다.[3]

현재 최장기로 수감 중인 사형확정자1은 피해자의 수가 막대했다는 점이 있지만 57명 가운데 유일하게 고의적인 생명침해범이 아니라 결과적 가중범인 현주건조물방화치사죄로 사형이 확정된 사람이다. 아울러 서울구치소에 수감되어 있는 일부 사형확정자들은 자신의 무죄를 항변하고 있는 사람도 있다고 한다.

인터넷 등에서는 이들의 실명을 공개하고 범죄 사실의 일부를 적시하고 있는 경우도 있는 것으로 보인다. 여기서도 이들의 실명공개를 고려하였으나 이들은 공식적인 사형집행의 모라토리엄 선언 없이 형집행을 대기하는 상태에 있는 수용자 신분이라는 점을 참작하여 아래에서는 무기명 처리하되 개인별 식별번호를 부여하는 방식을 취하고자 한다.[4] 이들이 거친 형사재판의 경과를 개괄적으로 소개하면 아래의 <표 3-2>와 같다.

---

3) 자유형 등에 관한 검찰집행사무규칙 제9조(사형집행구신) ① 사형을 선고한 판결이 확정된 때에는 판결선고법원에 대응하는 검찰청의 장, 소송기록이 있는 법원에 대응하는 검찰청의 장 또는 소송기록이 있는 검찰청의 장은 판결확정일로부터 4월 이내에 상급검찰청의 장을 거쳐 법무부장관에게 별지 제10호 서식에 의한 '사형집행구신서'에 의하여 사형집행을 구신하여야 한다.

4) 식별번호의 부여방식은 별단의 기준에 의한 것은 아니며 금태섭 의원으로부터 최초 제공받은 파일에 순번과 성명에 따라 1차 분류가 되어 있었기 때문에 이 파일에서 성명을 무기명으로 처리하고 군에서 사형이 확정된 4명과 이미 사망한 것으로 분류된 사형확정자를 제외한 후 개인별 식별번호로 처리한 것이다.

〈표 3-2〉 미집행 민간인 사형확정자들의 사건진행 과정

구분	1심법원	사건번호	선고일	항소법원	사건번호	선고일	사건번호	선고일
1	춘천지법 원주지원	92고합131	1993. 2. 19	서울고법	93노701	1993. 7. 21	93도2291	1993. 11. 23
2	서울 중앙지법	94고합1078	1994. 11. 4	서울고법	94노3740	1995. 4. 24	95도1179	1995. 8. 22
3	서울 중앙지법	94고합1659	1994. 12. 20	서울고법	95노260	1995. 5. 19	95도1527	1995. 8. 25
4	광주지법 순천지원	95고합116	1995. 10. 30	광주고법	95노724	1996. 2. 7	96도590	1996. 4. 26
5	부산지법 울산지원	94고합270	1994. 10. 6	부산고법	94노1501	1995. 2. 15	95도644	1995. 5. 23
6	수원지법	94고합1686	1994. 12. 28	서울고법	95노276	1995. 5. 2	95도255	1996. 7. 28
7	창원지법 밀양지원	96고합4	1996. 5. 15	부산고법	96노452	1996. 9. 18	96도2588	1996. 12. 23
8	수원지법	95고합575	1995. 11. 10	서울고법	95노3115	1996. 2. 29	96도857	1996. 6. 11
9	수원지법	95고합575	1995. 11. 10	서울고법	95노3115	1996. 2. 29	95도857	1996. 6. 11
10	수원지법	95고합575	1995. 11. 10	서울고법	95노3115	1996. 2. 29	95도857	1996. 6. 11
11	대전지법	95고합421	1996. 1. 24	대전고법	96노65	1996. 6. 28	96도1769	1996. 9. 6
12	대구지법	96고합446	1997. 1. 22	대구고법	97노34	1997. 5. 6	97도1288	1997. 7. 22
13	대구지법	97고합116	1997. 8. 20	대구고법	97노374	1997. 12. 23	×	×
14	서울지법	19고합1100	1997. 1. 30	서울고법	97노452	1997. 4. 30	×	×
15	서울지법	96고합1218	1997. 4. 10	서울고법	97노947	1997. 7. 24	×	×
16	청주지법 제천지원	96고합244	1996. 10. 18	대전고법	96노457	1997. 3. 29	97도387	1997. 5. 30
17	대구지법 안동지원	97고합58	1997. 12. 26	대구고법	98노27	1998.06. 9	98도2005	1998. 9. 4
18	대구지법	97고합697	1998. 2. 4	대구고법	98노91	1998. 5. 26	×	×
19	수원지법	99고합23	1999. 4. 30	서울고법	99노1339	1999. 7. 6	99도3165	1999. 9. 21
20	서울지법 동부지원	97고합369	1998. 6. 5	서울고법	98노1493	1998. 12. 22	99도62	1999. 2. 24
21	광주지법 순천지원	2000고합4	2000. 4. 21	광주고법	2000노279	2000. 8. 24	2000도3997	2000. 11. 28

22	서울지법 북부지원	2000고합126	2000. 6. 16	서울고법	2000노1711	2000. 12. 7	2000도5913	2000. 2. 23
23	대구지법 상주지원	99고합48	2000. 1. 7	대구고법	2000노46	2000. 5. 30	2000도2672	2000. 9. 6
24	대구지법	99고합613	1999. 12. 15	대구고법	99노757	2000. 4. 18	2000도1886	2000. 4. 18
25	창원지법	98고합402	1999. 4. 16	부산고법	99노433	1999. 9. 15	99도 4392	2000. 1. 14
26	수원지법	미확인	미확인	미확인	미확인	미확인	미확인	미확인
27	대전지법	99고합429	2000. 2. 15	대전고법	2000노106	2000.06. 16	2000도3189	2000. 10. 13
28	춘천지법 강릉지원	99고합80	1999. 12. 30	서울고법	2000노235	2000. 5. 3	2000도2230	2000. 7. 28
29	서울지법	2000고합228	2000. 5. 25	서울고법	2000노1495	2000. 11. 17	2000도5588	2001. 2. 9
30	청주지법	2000고합123	2000. 10. 10	대전고법	2000노615	2001. 2. 2	2001도873	2001. 5. 8
31	전주지법 정읍지원	2001고합2	2001. 7. 11	광주고법	2001노404	2001. 9. 27	2001도5560	2001. 12. 24
32	전주지법 군산지원	2000고합119	2000. 10. 13	광주고법	2000노668	2000. 12. 21	2001도158	2001. 4. 10
33	수원지법	2000고합505	2000. 12. 8	서울고법	2000노3456	2001. 6. 12	2001도3706	2001. 9. 14
34	서울지법 서부지원	2000고합247	2000. 12. 28	서울고법	2001노118	2001. 4. 6	2001도2667	2001. 7. 13
35[5)]	부산지법	2000고합349	2000. 7. 21	부산고법	2000노734	2000. 11. 30	×	×
36	수원지법 여주지원	2000고합22	2000. 11. 10	서울고법	2000노3140	2001. 3. 16	2001도1581	2001. 5. 29
37	인천지법 부천지원	2001고합138	2002. 1. 9	서울고법	2002노222	2002. 4. 19	2002도2254	2002. 8. 23
38	전주지법	2001고합203	2001. 12. 7	광주고법	2001노724	2002. 3. 21	2002도1631	2002. 7. 9
39	서울지법 동부지원	2002고합5	2002. 6. 7	서울고법	2002노1534	2002. 11. 1	2002도6243	2003. 2. 26
40	수원지법 평택지원	2002고합170	2003. 5. 2	서울고법	2003노1195	2003. 7. 25	2003도4770	2003. 11. 13

5) 사형확정자35는 2016년 8월 8일, 수용되어 있던 교도소를 탈출하려다가 경비중인 교도관에게 검거되어 미수에 그치는 사건으로 도주미수죄로 징역10월이 추가적으로 선고되기도 하였다(대전지법 2017. 3. 16. 선고 2016고단4007 판결 참조).

41	대전지법 천안지원	2002고합218	2003. 2. 7	대전고법	2003노126	2003. 6. 13	2003도3819	2003. 10. 9
42	수원지법 여주지원	2002고합29	2002. 11. 5	서울고법	2002노3069	2003. 3. 18	2003도1649	2003. 8. 22
43	수원지법	2002고합321	2002. 7. 26	서울고법	2002노2029	2002. 11 8	2002도6611	2003. 3. 28
44	인천지법 부천지원	2003고합93	2003. 11. 5	서울고법	2003노3061	2004. 1. 13	2004도575	2004. 6. 24
45	수원지법	2003고합391	2004. 2. 2	서울고법	2004노408	2004. 5. 24	2004도3538	2004. 9. 3
46	서울 중앙지법	2004고합972	2004. 12. 13	서울고법	2004노3393	2005. 3. 16	2005도2095	2005. 6. 9
47	광주지법 목포지원	2004고합114	2005. 3. 18	광주고법	2005노92	2005. 6. 2	2005도4178	2005. 8. 25
48	창원지법	2004고합259	2004. 12. 15	부산고법	2004노1037	2005. 5. 19	2005도3654	2005. 9. 28
49	청주지법	2005고합91	2005. 9. 27	대전고법	2005노383	2005. 12. 23	2006도354	2006. 3. 24
50	대전지법	2005고합301	2006. 2. 2	대전고법	2006노52	2006. 4. 28	2006도3220	2006. 9. 8
51	전주지법	2006고합137	2006. 11. 9	광주고법 전주부	2006노166	2007. 4. 6	2007도2900	2007. 6. 15
52	수원지법 안산지원	2009고합44	2009. 4. 22	서울고법	2009노1112	2009. 7. 23	×	×
53	서울 중앙지법	2008고합1388	2009. 5. 12	×	×	×	×	×
54	수원지법	2008고합170	2008. 6. 18	서울고법	2008노1708	2008. 10. 17	2008도9867	2009. 2. 26
55	광주지법 목포지원	2009고합82	2009. 10. 15	광주고법	2009노350	2010. 3. 25	×	×
56	광주지법 순천지원	2007고합143	2008. 2. 20	광주고법	2008노71	2010. 3. 25	2010도4347	2010. 6. 10
57	대구지법 서부지원	2014고합73	2014. 9. 18	대구고법	2014노566	2015. 4. 9	2015도5785	2015. 8. 27

2. 제1심법원

가. 토지관할 법원별 사형선고 인원

57명의 사형확정자들에게 사형을 선고한 제1심법원은 전국 57개 법원 가운데 지방법원과 그 지원을 포함하여 모두 29곳의 법원이다.

수원지법이 10명으로 가장 많았고, 서울중앙지법 7명, 대구지법 4명, 광주지법 순천지원, 대전지법 각 3명, 서울동부지법, 수원지법 여주지원, 청주지법, 창원지법, 광주지법 목포지원, 전주지법 각 2명씩을 제외하면 18곳의 법원에서는 1명씩의 사형을 선고하였다. 권역별로는 서울과 경기지역이 전체 57명 가운데 27명(47.4%)을 차지하고 있으며, 영남지역 12명(21.1%), 호남지역 9명(15.8%), 충청지역 7명(12.3%), 강원지역 2명(3.5%) 등의 순이다<표 3-3>.

〈표 3-3〉 제1심 사형선고 지방법원 (단위: 명)

서울 중앙	서울 서부	서울 동부	서울 북부	인천 지법	인천 부천	수원 지법	수원 여주	수원 평택	수원 안산
7	1	2	1	1	1	10	2	1	1
춘천 원주	춘천 강릉	청주 지법	청주 제천	대구 지법	대구 안동	대구 상주	대구 서부	부산 지법	울산 지법
1	1	2	1	4	1	1	1	1	1
창원 지법	창원 밀양	대전 지법	대전 천안	광주 순천	광주 목포	전주 지법	전주 정읍	전주 군산	합계
2	1	3	1	3	2	2	1	1	57

나. 사형이 선택된 적용 법조와 범죄명

판결문을 검토해보면 사형확정자들은 하나의 범죄가 아니라 다수의 범죄를 저지른 경우가 일반적이었으나 형사재판의 실무에서 사형을 선고하기까지의 과정상 법령 적용순서는 첫째, 범죄사실 전체에 대한 해당 법조 및 형을 선택한 후 둘째, 누범가중에 해당하는 경우에는 형법 제35조를 적용하고, 셋째, 경합범가중에 해당할 경우라면 형법 제37조 전단과 제38조 제1항 제1호 및 형법 제50조에 따라 형이 가장 무거운 범죄에서 정한 형벌인 사형으로 처벌하고 있다.

〈표 3-4〉 적용법조 (단위: 명)

형법 제250조 제1항	형법 제250조 제2항	형법 제338조	형법 제164조 제2항	특가법 제5조의2 제2항 제2호	성폭력처벌법 제10조 제1항
25	2	19	1	4	6

제1심 판결문에서 사형이 선택된 적용 법조와 범죄명을 기준으로 분류하면 살인죄(형법 제250조 제1항) 25명(43.9%), 강도살인죄(형법 제338조) 19명(33.3%), 강간살인죄 및 강제추행 살인죄(성폭력처벌법 제10조 제1항) 6명, 미성년자 약취유인 살인죄(특정범죄가중처벌법 제5조의2 제2항 제2) 4명, 존속살해죄(형법 제250조 제2항) 1명, 현주건조물방화치사죄(형법 제164조 제2항) 1명으로 파악되었다. 이들 가운데 56명(98.2%)은 고의적인 살인범죄자들이며, 1명은 살인의 고의는 없었으나 결과적 가중범에 해당하여 결과적으로 이들 전원은 생명침해범죄자들이다(<표 3-4>, <표 3-5>).

〈표 3-5〉 범죄명 (단위: 명)

살인죄	존속 살해죄	강도 살인죄	현주건조물 방화치사죄	미성년자약취 유인살인죄	강간 살인죄	강제추행 살인죄
25	2	19	1	4	5	1

현행 형법을 포함하여 21가지의 법령에, 모두 157개의 범죄구성요건에 사형이 법정형의 하나로 규정되어 있다.[6] 따라서 법리상으로만 판단하면 157개의 범죄에 대해서는 극단적으로 사형의 선고가 가능하다는 결론에 도달하게 된

6) 사형이 법정형으로 규정되어 있는 법률에는 형법(21개)과 군형법(76개)을 비롯하여 국가보안법(8개), 마약류 관리에 관한 법률(8개), 마약류 불법거래 방지에 관한 특례법(1개), 문화재보호법(1개), 보건범죄 단속에 관한 특별조치법(3개), 선박 및 해상구조 물에 대한 위해행위의 처벌 등에 관한 법률(4개), 성폭력범죄의 처벌 등에 관한 특례법(3개), 아동·청소년의 성보호에 관한 법률(2개), 원자력안전법(2개), 원자력 시설 등의 방호 및 방사능 방재대책법(2개), 장기 등 이식에 관한 법률(10개), 의무경찰대 설치 및 운영에 관한 법률(1개), 지뢰 등 특정 재래식 무기 사용 및 이전의 규제에 관한 법률(1개), 특정범죄 가중처벌 등에 관한 법률(5개), 폭력행위 등 처벌에 관한 법률(1개), 항공보안법(3개), 항공안전법(3개), 화학무기의 금지를 위한 특정화학물질·생물작용제 등의 제조·수출입 규제 등에 관한 법률(1개), 테러방지법(1개) 등이다.

다.[7] 그러나 현실의 상황을 살펴보면 57명의 사형확정자들에게 직접적으로 사형이 적용된 법조와 범죄는 형법상의 7가지 범죄유형에 국한되어 있다.[8] 과거 사형확정자들을 포함하더라도 적용된 형사법령과 범죄유형은 3분의 1 수준에도 미치지 못한다는 사실을 확인할 수 있다.

다. 피해자의 수

사형을 선택하는 과정에서 가장 중요하게 고려되는 양형요소는 결과의 중대성에 대한 문제이며, 이것은 결국 피해자의 수에 귀결된다. 사형이 선고되기까지 피해자의 수는 2명인 경우가 20명(35.1%), 3명인 경우가 15명(26.3%), 4명인 경우가 6명(10.5%), 5명인 경우가 2명(3.5%)이었으나 피해자가 1명인 경우도 9명(15.8%)이나 되었다. 대량의 피해자가 발생한 경우는 20명, 15명, 10명, 9명, 6명인 경우가 각 1명씩이었다<표 3-6>.

〈표 3-6〉 피해자의 수 (단위: 명)

1	2	3	4	5	6	9	10	15	20
9	20	15	6	2	1	1	1	1	1

라. 범행의 동기

사형확정자들의 범행 동기는 대체로 금전이 목적인 경우였으며[26명(45.6%)], 뒤를 이어 원한[13명(22.8%)]이나 보복[7명(12.3%)]을 위하여, 성적 욕구[6명(10.5%)]를 해소하고자 했던 것으로 나타났다. 이외에 전혀 범행의 동기를 확인할 수 없었던 경우도 2명이나 있었고, 노인혐오나 다른 범행을 은폐하고자 하는 의도에서, 인신매매, 왜곡된 여성관으로 인하여 범행한 경우가 각 1명씩이었다<표 3-7>.

7) 가장 최근 법정형에 사형을 추가한 법령은 2017년 10월 24일 공포되어 2018년 10월 25일부터 시행되고 있는 항공보안법이다. 이 법령 제41조의 항공시설파손죄에는 제2항에 항공시설파손치사상죄를 신설하면서 사형을 규정하고 있다.

8) 범위를 넓혀 4명의 군인 신분 사형확정자를 포함하더라도 군형법이 추가되고 2개 범죄유형(상관살해죄와 초병살해죄)이 늘어나 2가지 형사법령에 9가지 범죄유형에 국한된다.

〈표 3-7〉 범행동기 (단위: 명)

금전	원한	보복	성적 욕구	무동기	노인혐오	범행은폐	인신매매	왜곡된 여성관
26	13	7	6	2	1	1	1	1

마. 가중요소

사형이 선택되는 경우는 결과의 중대성 이외에도 다양한 가중요소가 결합된 범죄인 것으로 파악되었다. 즉 범행을 은폐하기 위하여 사체를 숨기거나 훼손하는 행위를 할 때, 범행현장에 불을 놓거나 피해자에 더하여 성범죄를 동반할 때, 그리고 미성년자를 약취 유인하여 살해한 범죄행위에 있어서는 피해자의 수가 1명이라도 사형이 회피되지 않았다.

사형이 선고되는 데에 있어서 양형상의 가중요소로는 이미 사망한 피해자의 사체에 대하여 2차적인 범죄를 가한 경우가 28명(49.1%)이고, 사건현장에 방화하는 범죄유형이 12명(21.1%), 피해자를 살해하기 전 혹은 다른 범죄피해자에 대한 성범죄를 저지른 경우가 16명(28.1%)이었다. 그런데 이들 가중요소가 한 가지만 해당하는 사형확정자도 있지만 대체로 복수의 요소가 중첩되어 있는 경우가 많았다<표 3-8>.

가중요소 가운데 첫 번째 유형은 살인을 저지른 뒤에 사체를 숨기거나 변형을 가하는 등의 범행을 한 경우로 사체은닉[11명(19.3%)]이 가장 많았으며, 사체유기[8명(14.0%)]와 사체손괴[8명(14.0%)], 사체오욕[1명(1.8%)]도 나타난다.

〈표 3-8〉 가중요소 (단위: 명)

가중요소 1				가중요소 2			
사체은닉	사체유기	사체손괴	사체오욕	현주건조물 방화치사	현주건조물 방화	현주건조물 방화미수	일반건조물방화
11	8	8	1	3	6	1	2

가중요소 3						
강도강간	강간치상	강간	준강간	미성년자 의제강간	강제추행치상	강제추행
6	1	3	1	1	2	2

두 번째 유형에서는 불을 놓는 범죄행위가 있는데, 현주건조물에 불을 지르는 행위[10명(17.5%)]와 일반건조물에 불을 지르는 행위[2명(3.5%)]에서 전자의 빈도가 높았다.

세 번째 유형인 성범죄에 있어서는 강간[12명(21.1%)]이 강제추행[4명(7.0%)]의 빈도보다 높게 나타났다.

바. 사형 양형의 이유

(1) 기본방향

57건의 제1심 판결에서 나타난 바에 따르면 사형을 선고하는 것은 피고인의 죄책이 심히 중대하고, 범행의 동기, 범행 수단과 결과, 이로 인하여 사회에 미치는 영향을 참작하면서 황금만능주의와 인간성이 상실되어 가는 우리 사회의 일부 풍조에 대하여 경종을 울릴 필요도 있다는 측면을 동시에 고려하고 있다.[9] 또한 판결문에는 범죄와 형벌의 균형이라는 관점과 일반예방적인 형벌목적에 비추어,[10] 사회의 질서 유지를 위하여,[11] 교화의 가능성이 엿보이지 아니하는[12] 피고인에게 가장 엄중한 책임을 추구하는 것이 사회정의에 부합한다는 판단이 나타난다.[13]

아울러 살해수법의 잔인성, 피해자와의 관계, 피해자의 연령, 범행 후의 정황 및 그밖에 사건기록에 나타난 모든 양형조건 등을 고려하고,[14] 피해자 유족들의 엄벌 요구뿐만 아니라 피고인에 대하여 엄중한 처단을 탄원하고 있는 제

---

9) 서울형사지법 1994. 11. 4. 선고 94고합1078 판결; 서울지법 1997. 4. 10. 선고 96고합 1218, 1258, 1373(병합) 판결; 수원지법 1999. 4. 30. 선고 99고합26 판결; 부산지법 1999. 4. 16. 선고 98고합402 판결; 춘천지법 강릉지원 1999. 12. 23. 선고 99고합80 판결; 서울지법 서부지원 2000. 12. 28. 선고 2000고합247 판결; 전주지법 2001. 2. 7. 선고 2001고합 203판결; 서울동부지법 2002. 6. 7. 선고 2002고합2 판결; 수원지법 천안지원 2003. 2. 7. 선고 2002고합218 판결; 인천지법 부천지원 2003. 11. 5. 선고 2003고합93 판결; 서울중앙지법 2004. 12. 13. 선고 2004고합972, 973, 1023(병합) 판결; 광주지법 목포지원 2005. 3. 18. 선고 2004고합 114판결.

10) 서울지법 2000. 5. 25. 선고 2000고합228 판결; 수원지법 평택지원 2003. 5. 2. 선고 2002고합170 판결.

11) 전주지법 군산지원 2000. 10. 13. 선고 2000고합119 판결.

12) 부산지법 2000. 7. 21. 선고 2000고합349 판결.

13) 수원지법 2000. 12. 8. 선고 2000고합505 판결.

14) 서울형사지법 1994. 12. 20. 선고 96고합1659 판결; 서울지법 북부지원 2000. 6. 16. 선고 2000고합126 판결.

반 사정도 검토하면서,[15] 범행의 동기가 윤리적으로 비난받아 마땅하다거나 피고인이 재판에서 보여주는 태도를 평가하여 범행을 뉘우치고 않는 점도 살피고 있다.[16] 이외에 죄질의 불량성을 평가하고,[17] 범행 준비과정의 치밀함과 조직적인 성격, 범행 대상, 방법에 있어 무차별성과 잔인성을 검토하고 피해자 측에 대한 합의 여부도 사형 선택에 있어서 참작되고 있다.[18] 특히 공범으로 저질러진 범행에 있어서는 이른바 공모공동정범으로 묶어 사형을 선택하였는데, 이때 범행 가담의 빈도보다는 범행의 결과를 수용하면서 또 다른 범행에 적극적으로 가담한 점을 토대로 사형선고의 상당성을 판단하였다.[19] 사회와 무고한 시민의 생명과 재산을 보호하려면 피고인을 사회로부터 영구히 격리시켜야 한다거나,[20] 피해의 당사자가 아니더라도 일반인들의 가정과 생명의 침해에 대한 법감정도 고려해야 한다는 점을 강조하면서,[21] 비난가능성의 정도도 검토하고 있다.[22] 아울러 사형선고를 통하여 또 다른 동종범행의 예방을 목적으로 한다는 사실을 직접 언급하기도 하였다.[23]

나아가 피고인을 스스로 공동체의 일원이기를 포기한 반인륜적 범죄자로 간주하면서 사회로부터의 영구 격리가 불가피하다거나,[24] 범행이 천리에 반하고 비인간적이고도 반인륜적 범행을 수차 자행하여 그 원한과 원성이 하늘과 땅에 가득하다는 감성적 표현을 사용하기도 하였다.[25] 사형을 선택하는 이유 가운데에는 피고인이 자유형을 선고받고 복역하다가 가석방, 사면 등으로 출감할 경

15) 부산지법 울산지원 1994. 10. 6. 선고 94고합270 판결.

16) 수원지법 1994. 12. 28. 선고 94고합1686 판결.

17) 청주지법 제천지원 1996. 10. 18. 선고 96고합24 판결; 수원지법 성남지원 1998. 6. 29. 선고 98고합28 판결; 수원지법 여주지원 2000. 11. 10. 선고 2000고합 22판결.

18) 창원지법 밀양지원 1996. 5. 15. 선고 96고합4, 5, 14, 20(병합) 판결.

19) 수원지법 1995. 11. 10. 선고 95고합575, 608, 610(병합) 판결; 그러나 항소심에서 이 피고인에 대한 사형선고는 파기되고 무기징역형이 선고되었다. 서울고법 1996. 2. 29. 선고 95노3115 판결.

20) 대구지법 1997. 8. 20. 선고 97고합116 판결.

21) 서울지법 1997. 1. 30. 선고 96고합1100 판결.

22) 서울지법 동부지원 1998. 6. 5. 선고 97고합369, 98고합18(병합) 판결.

23) 대구지법 1999. 12. 15. 선고 99고합613 판결.

24) 대구지법 1998. 2. 4. 선고 97고합697 판결; 청주지법 2000. 10. 10. 선고 2000고합123 판결; 인천지법 부천지원 202. 1. 9. 선고 2001고합138 판결; 청주지법 2005. 9. 27. 선고 2005고합91 판결.

25) 광주지법 순천지원 2000. 4. 21. 선고 2000고합4 판결.

우 유족들이 생명의 위협을 받게 됨을 호소하고 있는 점도 거론하고 있다.[26)]

(2) 2000년대 이후의 경향

그러나 이와 대조적으로 범행의 계획성을 부정하고, 비록 한 사람의 생명가치가 세상 어느 것과 비할 수 없을 만큼 중하지만 피해자의 수가 한 명인 점, 범행을 대체로 순순히 시인하면서 그 잘못을 깊이 뉘우치고 있는 점과 그밖에 피고인의 성행, 환경 등을 참작하여 생명을 박탈하는 극형을 피하는 것이 타당하다고 하는 판단이 나타나기도 하였다.[27)]

2000년대 중반에 접어들어 제1심에서는 사형을 선택하면서도 사회의 일각에서 제기되는 사형폐지와 감형이 허용되지 않는 종신형제도를 도입하자는 논의가 있음을 전제한 뒤 이를 입법화하려는 시도가 진행 중이며 사형집행이 이루어지지 않고 있다는 사실을 판결문에 담고 있다. 그러나 이러한 입장과 현실을 감안하더라도 피고인의 행위는 지극히 반문명적인 행동이며 그는 위험한 인물이기에 감형과 가석방을 통하여 또다시 세상에 나오게 하는 어리석음을 되풀이하지 않기 위하여 사형을 선고한다고 판시하고 있다.[28)]

56건의 제1심 판결들은 기본적으로 현행법에 사형이 존치되고 있는 이상 피고인들에게 엄중한 책임을 물어야 하며, 인간의 생명을 부정하는 범죄에 대한 일반예방을 위하여 피고인들을 사회로부터 영원히 격리시키는 사형의 선고는 불가피하다는 사실을 표현에 있어서 다소 차이가 있을 뿐 일관된 양형이유로 밝히고 있다.[29)]

---

26) 대구지법 상주지원 2000. 1. 7. 선고 99고합48 판결.

27) 대전지법 2000. 2. 15. 선고 99고합429, 99고합484(병합)판결; 그러나 이 사건에서 무기징역형이 선고된 공범인 두 피고인은 항소심에서 한명은 무죄가 선고되었지만 다른 한명은 그 결과가 역전되어 사형이 선고되었다. 항소심의 양형이유에서는 가석방 기간 도중에 살인죄를 저질렀고 이 살인사건 이전에 이미 강도상해죄를 저질렀을 뿐만 아니라 이 사건의 살해과정과 사체해체를 적극적으로 주도하여 실행한 점에 주목하여 죄책이 심히 중대할 뿐만 아니라 재범의 위험성이 극히 높고 교화의 가능성은 매우 낮으므로 극형이 불가피하다고 판단하였다. 대전고법 2000. 6. 16. 선고 2000노106 판결; 그런데 항소심과 상고심을 거쳐 사형이 확정된 사람은 약 9년이 경과한 2009년, 자신은 살인죄의 주범이 아니며 사형을 선고한 것은 부당하다며 재심을 청구하였다. 이에 대하여 법원은 형사소송법 제420조 제2호가 규정한 재심사유에 해당하지 않는다며 그 청구를 기각하였다. 대전고법 2010.01.08. 선고, 2009재노9 판결.

28) 창원지법 2004. 12. 15. 선고 2004고합259 판결.

29) 전주지법 2006. 11. 9. 선고 2006고합137 판결.

사. 제1심 법관에 대한 분석

56건의 사형 판결문에 서명 날인한 판사들은 모두 167명이다(사형이 선고될 수 있는 사건은 3명의 법관으로 구성된 형사합의부에서 처리되어야 하므로 서명 날인한 법관이 모두 168명이 되어야 하지만 1명은 퇴직으로 서명날인이 불능하게 되어 해당 사건의 재판장이 대신하였다).

이들 가운데 2건 이상 복수의 사건을 심리한 후 사형을 선고한 판사들은 6건 1명, 3건 2명, 2건 9명 등 12명이며, 이들을 제외한 138명은 1건에 대해서만 재판장 또는 배석판사로 사건의 심리에 관여하였다. 즉 사형을 2건 이상 선고한 12명과 1건 선고한 138명을 더하면 150명이 56건의 제1심 재판에서 사형을 선고한 판사들이다. 기준점을 잡는 것이 어려운 일이지만 이와 같은 수치는 단순히 보면 약 2,500여명의 지방법원 소속 판사들 가운데 사형선고를 경험하는 비율이 6%가 채 되지 않는다는 점을 보여준다.[30] 6건과 3건의 재판에서 사형을 선고한 판결서에 서명한 경우는 사형확정자8, 9, 10의 사건 심리를 담당한 재판장과 배석판사 등 3명인데, 이들은 하나의 사건에서 공범으로 사형이 확정된 사람들의 재판을 담당했다. 특히 이 사건의 배석판사는 사형확정자26, 사형확정자29, 사형확정자38의 재판에도 배석으로 참여하였다.

전체 제1심 56건 가운데 아래에서는 특히 사형확정자1과 사형확정자57의 제1심 판결문과 동일 재판장에 의해 심리된 사건 가운데 두 사례(사형확정자2와 사형확정자3 및 사형확정자17과 사형확정자22)를 중심으로 그 양형이유를 살펴보도록 한다.

(1) 사형확정자1에 대한 제1심의 사형 양형이유

사형확정자1: “이 사건 범행으로 인한 피해 정도가 사법사상 비슷한 사례를 찾을 수 없을 정도로 막대한 점, 피고인의 고의의 범위가 실제 피해보다 훨씬 큰 인명피해를 목표로 하고 있었고, 범행수법 또한 극히 악랄하다는 점, 피고인의 범행동기의 면에서 보더라도 도저히 합리화시킬 수 없는 것이어서 피해자들은 아무런 잘못도 없이 인명을 살상 당하게 되었다는 점, 이 사건 후 피해

30) 각급법원판사정원법 제1조와 각급 법원에 비치할 판사의 수에 관한 규칙 제2조에 따르면 2017년 9월 1일, 기준의 전국 지방법원의 판사 현원은 2,463명으로 되어 있다.

자와 망인 유족들의 피해가 어떤 방법으로든지 전혀 배상되지 아니하여 피고인에게 응분의 처벌을 원하는 피해감정이 전혀 변함이 없다는 점 등을 고려할 때 소정 형 중 사형을 선택하기로 한다."[31]

(2) 사형확정자57에 대한 제1심의 사형 양형이유

사형확정자57: "피고인의 범행 동기가 일반인의 상식으로서는 쉽게 이해할 수 없는 점, 범행의 준비과정이 구체적이고 계획적인 점, 단계적으로 한명 한명을 살해한 것은 충동적이라고 보기는 어려운 점, 살해방법이 잔인한 점, 살인범행 후의 정황도 일반인으로서는 쉽게 납득하기 어려운 점, 피해자들의 다른 유족들 또한 이 사건 각 범행으로 인하여 평생 치유될 수 없는 깊은 상처를 입게 된 점, 사형은 오판을 한 경우 그 피해를 회복할 수 없다는 점에서 위헌론의 주요 논거가 되고 있으나 이 사건의 경우 피고인이 범인이 아닐 가능성은 전무하다고 할 것이므로 오판의 문제점은 전혀 없는 점, 현행법상 가석방이나 사면 등의 가능성을 제한하는 이른바 '절대적 종신형'이 도입되어 있지 않으므로 지금의 무기징역형이 개인의 생명과 사회 안전의 방어라는 점에서 사형을 대체하기 어려운 점, 다른 무엇보다도 비교할 수 없는 존엄한 사람의 생명을 두 차례나 가볍게 여겨 앗아가고 피해자들의 딸을 유인한 후 피해자들의 목숨을 담보로 통제하여 감금한 피고인의 범행은 피해자와 가족들에게는 엄청난 고통을, 국민에게는 매우 큰 충격을 주었고 피해자와 그 가족들로부터 전혀 용서받거나 피해를 회복하지도 못한 점, 그 밖에 이 사건 기록에 나타난 여러 양형조건에 비추어 볼 때 사형선고의 기준을 엄격히 해석하더라도 현행법이 사형제도를 존치하고 있는 이상 피고인에게 엄중한 책임을 묻고 인간의 생명을 부정하는 극악한 범죄에 대한 일반예방을 위하여, 그리고 동일한 범행의 재발을 방지하기 위하여 피고인에 대한 사형의 선택은 불가피하다."[32]

(3) 사형확정자2와 사형확정자3에 대한 제1심의 사형 양형이유

사형확정자2: "피고인의 범행은 사전에 치밀하게 계획 준비되고 범행수법이 잔인하고 지능적이며 바로 피고인 자신을 낳고 길러준 부모 모두를 범행대

---

31) 춘천지법 원주지원 1993. 2. 19. 선고 92고합131 판결.

32) 대구지법 서부지원 2014. 9. 18. 선고 2014고합73 판결.

상으로 삼은데다가 범행동기마저 지극히 불순하고 범행결과 또한 참혹하며 피고인은 범행 후 이 법정에 이르러 자신의 범행을 부인하면서 타인의 범행인 양 호도하여 그 잘못을 뉘우치는 기색마저 보이지 않고 있는바 비록 피고인이 초범이고 현재 23세에 불과한 청년으로서 해외에 혼자 나가 외로움을 이기지 못하고 도박에 빠져들어 이 사건 범행에까지 이르게 되었다는 점에서 일면 연민의 정이 없는 것은 아니나, 앞서 본 이 사건 범행의 동기, 범행 수단과 결과, 이로 인하여 이 사회에 미치는 영향을 참작하고 다른 한편 황금만능주의로 기울어 가고 인간성이 상실되어 가는 이 사회의 일부 풍조에 대하여 경종을 울릴 필요도 있다는 측면을 아울러 고려하여 보면 법정최고형인 사형에 처하는 것은 피할 수 없다."[33]

사형확정자3: "그 범행동기가 사람을 살해한 이유로서는 납득키 어려운 것이고, 범행이 치밀한 계획 하에 자행되었을 뿐만 아니라 범행수법이나 범행 후 범행을 은폐하기 위하여 행한 일련의 행동들이 잔혹하며 피고인에 대한 비난가능성은 크다고 하지 않을 수 없다. 이 사건 범행의 수법이나 범행결과의 중대성, 이 사회에 끼친 해악 등을 감안하여 볼 때 피고인에 대한 양형으로서 사형을 선택하지 않을 수 없다."[34]

(4) 사형확정자17과 사형확정자22에 대한 제1심의 사형 양형이유

사형확정자17: "피고인은 술에 취하여 사물을 변별하거나 의사를 결정할 능력이 없는 상태에서 이 사건 범행을 저지른 것이라는 취지로 주장하므로 살피건대 사건 범행 당시 다소 술을 마셨다는 사실은 인정되나 그로 인하여 사물을 변별하거나 의사를 결정할 능력이 없었다거나 미약한 상태에 있었던 것으로는 보이지 아니하므로 피고인의 주장은 받아들이지 아니한다."[35]

사형확정자22: "피고인은 4명의 소중한 생명을 자신의 이해관계에 배치된다는 이유만으로 잔인한 방법으로 살해하였는바 이는 도저히 인간의 행동으로 보기 어려울 정도로 가공할만한 범행이라고 아니할 수 없다. 범행 후 사체들을

---

33) 서울지법 1994. 11. 4. 선고 94고합1078 판결.

34) 서울지법 1994. 12. 20. 선고 94고합1659 판결.

35) 대구지법 안동지원 1997. 12. 26. 선고 97고합58 판결.

인적이 드문 곳으로 옮겨 매장함으로써 사체들을 은닉하여 범행의 완벽한 은폐를 기도하기도 하는 주도면밀함을 보이기도 하였다. 범행들을 사전에 철저하게 계획 준비한 후 실행한 것으로 보이는바 경악을 금치 않을 수 없다. 기록에 나타난 모든 양형조건 등을 고려하면 피고인을 영원히 사회로부터 격리시키는 것이 상당하다."[36)]

아. 2018년, 제1심의 사형 양형이유

2018년 2월 21일, 2014년에 2명의 피고인이 제1심 법원에서 사형선고를 받은 이후 약 3여년 만에 사형이 선고되었다.[37)]

이 사건에서도 기본적으로는 사형선고에 있어서 고려사항을 형법 제51조의 규정을 중심으로 한 양형의 조건이 되는 모든 사항을 철저히 심리하여 특별한 사정이 있음을 명확히 밝힌 후 비로소 사형의 선택 여부를 결정해야 한다는 입장을 전제하고 있다. 법원은 이와 같은 양형조건들을 평면적으로 참작하는 것에서 나아가 피고인의 주관적인 양형요소를 심사할 수 있는 객관적인 자료를 확보하여 사형선택 여부를 심사해야 하는 것은 물론이고 범행의 결의와 준비 및 실행 당시 피고인의 정신상태나 심리상태의 변화에 대해서도 정신의학이나 심리학 등 관련 분야의 전문적인 의견을 들어 보는 등 깊이 있는 심리를 해 본 다음 그 결과를 종합하여 양형을 하였음을 언급하고 있다.

구체적으로 피고인의 연령, 교육, 가족관계, 직업과 경력 등을 먼저 검토하고 그의 지능, 성행, 범죄전력 등을 살핀 후 범행동기 및 범행계획과 범행의 경위, 수단 및 결과 그리고 범행 후의 정황을 설시하고 있다. 이에 따라 양형 판단에 있어서는 피고인이 저지른 범행(강제추행 살인죄)이 너무나도 잔인하며 비인간적이라는 표현을 반복하고 있으며, 판결문의 내용 자체는 과거 57명의 사형확정자들에게 제1심이 사형을 선고했던 그것들과 유사한 방식의 법률언어로 진술되어 있다. 다만 절대적 종신형이 도입되지 않았으므로 현재의 무기징역형으로는 개인의 생명과 사회안전의 방어가 어렵다는 지적이 있으며 오판의 가능성을 의식한 듯 피고인 이외의 다른 사람이 범인일 가능성은 전혀 없다고 판단했다.

아울러 현재의 상황이 비록 사형을 집행하지 않더라도 사형수로서 평생 참

36) 서울지법 북부지원 2000. 6. 16. 선고 2000고합126 판결.

37) 서울지법 북부지원 2018. 2. 21. 선고 2017고합457, 2018고합2, 16, 17, 19(병합) 판결.

회하는 시간을 가지도록 하려는 의도에서 사형을 선고한다는 사실을 판시하고 있다. 56명의 사형확정자들이 앞서 제1심에서 사형을 선고받았던 판결문들과 비교해 보면 상대적으로 판결서의 분량이 많아졌다는 사실을 제외하면 달리 변화된 내용을 발견할 수 없었다.

3. 항소심 법원

가. 항소이유

확인된 사형확정자 56명 가운데 항소를 포기한 1명을 제외하고 제1심 판결에 불복하여 항소한 55명의 항소심은 서울고법[27명(49.1%)], 광주고법[9명(16.4%)], 대전고법[7명(12.7%)], 대구고법[7명(12.7%)], 부산고법[5명(9.1%)]에서 진행되었다<표 3-9>.

〈표 3-9〉 항소심 사형선고 고등법원 (단위: 명)

서울	대구	광주	부산	대전
27	7	9	5	7

항소심에서 사형이 최종 확정된 7명의 항소이유(중복)를 살펴보면 전원이 양형부당(7명)을 주장하였고, 사실오인을 주장한 경우가 2명, 음주로 인한 심신장애를 주장한 경우는 1명이었다. 그러나 이들의 항소는 모두 받아들여지지 않은 채 기각되었다<표 3-10>.

〈표 3-10〉 항소이유 (단위: 명)

양형부당	심신장애(음주)	사실오인
7	1	2

나. 항소심의 판단

(1) 사형선택의 불가피성

항소심에서의 판단도 제1심의 경우와 별반 다르지는 않았다. 항소심의 판결문에는 사형의 선택에 있어서 범행이 사전에 계획되고 범행에 필요한 도구를 준비했으며, 그 수법이 지극히 잔인하고 지능적일 뿐만 아니라 범행 결과 또한 참혹하기에 불가피하다거나,[38] 잔인한 방법에 의한 살해와 범행이 반인륜적이라는 점, 유족과 아무런 합의도 하지 아니한 점, 그 밖에 범행의 동기와 경위, 가담정도, 수단과 방법, 피고인의 연령, 성행, 전과관계, 가정환경, 가족관계 및 피해자들과의 관계, 범행 후의 정황 등 양형의 기준이 되는 여러 사정을 종합하였음을 담고 있다.[39]

또한 사안의 중대성을 감안해야 한다거나,[40] 대법원의 기존 판례를 재확인하면서,[41] 사형의 선고는 생명을 존치시킬 수 없는 부득이한 경우에 한하여 극히 제한적으로 부과되어야 할 궁극의 형벌이지만,[42] 피고인에 대한 교화나 재사회화보다는 오히려 사회로부터 영원히 격리함으로써 사회를 보전하는 것이 마땅하다고 판단되는 경우에 허용된다는 사실을 강조한다.[43]

(2) 죄형의 균형 및 일반예방 목적 고려

1990년대 중반 이래로 최근까지 항소심에서 사형이 선고된 판결에서도 죄형의 균형이나 범죄의 일반적 예방의 견지라는 표현이 자주 등장하고 있다.[44]

2000년대 초반부터는 반성과 가책의 유무, 피해회복의 정도, 재범의 우려를 고려하고,[45] 사형선고의 양형기준을 엄격히 해석하더라도 현행법이 사형제

---

38) 서울고법 1995. 4. 24. 선고 94노3740 판결.

39) 광주고법 1996. 2. 7. 선고 95노724 판결.

40) 부산고법 1995. 2. 15. 선고 94노1501 판결.

41) 대법원 1985. 6. 11. 선고 85도926 판결; 대법원 1987. 10. 13. 선고 87도1240 판결; 대법원 1992. 8. 14. 선고 92도1086 판결; 대법원 1995. 1. 13. 선고 94도2662 판결; 대법원 1998. 5. 12. 선고 98도305 판결; 대법원 2000. 7. 6. 선고 2000도5736 판결; 대법원 2001. 3. 9. 선고 2000도5736 판결; 대법원 2002. 2. 8. 선고 2001도6425 판결; 대법원 2003. 3. 28. 선고 2002도6611 판결; 대법원 2004. 9. 3. 선고 2004도3538 판결; 대법원 2005. 8. 25. 선고 2005도4178 판결; 대법원 2006. 3. 24. 선고 2006도354 판결; 대법원 2007. 6. 15. 선고 2007도2900 판결 등.

42) 대구고법 1997. 5. 6. 선고 97노34 판결; 대전고법 1997. 3. 29. 선고 97노457 판결; 대전고법 1997. 3. 29. 선고 97노457 판결; 대구고법 1998. 6. 9. 선고 98노27 판결.

43) 서울고법 1995. 5. 2. 선고 95노276 판결.

44) 서울고법 1996. 2. 29. 선고 95노3115 판결; 대구고법 1997. 12. 23. 선고 97노374 판결; 광주고법 2000. 8. 24. 선고 2000노279 판결; 부산고법 1999. 9. 15. 선고 99노433 판결; 서울고법 2000. 11. 17. 선고 2000노1495 판결; 광주고법 전주부 2007. 4. 6. 선고 2006노166 판결; 광주고법 2010. 3. 25. 선고 2009노350 판결; 대구고법 2015. 4. 9. 선고 2014노566 판결.

45) 서울고법 2003. 7. 25. 선고 2003노1195 판결.

도를 존치하고 있는 이상,[46] 사형제도의 존폐에 관하여 논란은 있지만 헌법재판소가 적절하게 판시한 바와 같이 사형이 비례의 원칙에 따라서 최소한 동등한 가치가 있는 다른 생명 또는 이에 못지아니한 공공의 이익을 보호하기 위한 불가피성이 충족되는 예외적인 경우에만 적용된다면 그것이 비록 생명을 빼앗는 형벌이라 하더라도 헌법에 위반되지 않는다고도 하였다.[47] 또한 양형의 조건이 되는 모든 사항을 철저히 심리하여 특별한 사정이 있음을 명확하게 밝힌 후 사형의 선택 여부를 결정할 것을 언급하고 있다.[48] 이외에도 원심이 선고한 무기징역을 가볍다며 파기한 후 직접 피고인에 대한 사형의 필요성을 설시하기도 하였다.[49]

(3) 사형의 문제점 인정, 그러나 국가책무로써의 사형

2000년대 후반의 이른바 강호순사건의 항소심은 사형제도를 인류의 역사와 더불어 발생한 가장 오래된 형벌이라고 부언하면서 그것이 문명국가의 형벌제도와는 어울리지 않는다는 점에서 법이론상 많은 비판이 있고, 세계의 많은 국가들이 점차 폐지하는 추세에 있다는 사실을 인정한다. 그러나 형벌의 본질 내지 목적이 범죄자에 대한 교화 못지않게 범죄에 대한 응보 내지 죄형의 균형에 있고, 대다수 국민들의 법의식이 여전히 사형을 자명하고 필연적인 형벌로 받아들이고 있는 이상, 범죄인에게 사형을 선고하는 것은 국가의 책무라고 판단하고 있다.[50]

헌재의 제2차 합헌결정(2010년)을 인용한 판결에서는 형법 제41조 제1호 규정의 사형제도를 현행 헌법이 스스로 예상하고 있는 형벌의 한 종류로 파악하고, 생명권 제한에 있어서의 헌법 제37조 제2항에 의한 한계를 일탈한 것이 아니며 인간존엄과 가치를 규정한 헌법 제10조에도 위배되지 않는다는 사실이 강조되어 있다. 이에 더하여 국가는 때로 더 소중한 가치를 지키기 위하여 소중한 가치를 포기할 수밖에 없는 상황에 직면하게 되기도 하므로 사형제도 역시 무고한 일반국민의 생명이나 이에 준하는 중대한 공익을 지키기 위하여 불가피한 선택의 산물이라고 평가하기도 하였다.[51]

---

46) 대전고법 2001. 2. 2. 선고 2000노615 판결; 광주고법 전주부 2007. 4. 6. 선고 2006노166 판결.
47) 대전고법 2003. 6. 13. 선고 2003노126 판결.
48) 서울고법 2004. 1. 13. 선고 2003노3061 판결; 광주고법 2005. 6. 2. 선고 2005노92 판결.
49) 대전고법 2006. 4. 28. 선고 2006노52 판결.
50) 서울고법 2009. 7. 23. 선고 2009노1112 판결.
51) 광주고법 2010. 3. 25. 선고 2009노350 판결; 광주고법 2010. 3. 25. 선고 2008노71 판결.

다. 항소심 법관에 대한 분석

항소심이 사형을 선고한 55건의 판결문(미확인 사형확정자28, 항소포기 사형확정자53 등 2명 제외)에 서명 날인한 판사들은 모두 164명이다(서명 날인한 법관이 165명이 되어야 하지만 1명은 전출로 인하여 서명날인 불능이 되어 해당 사건의 재판장이 대신하였다). 이들 가운데 2건 이상 사형을 선고한 항소심 법원 판사들은 4건 1명(배석), 3건 6명(재판장 5명, 배석 1명), 2건 24명(재판장 7명, 배석 17명) 등 31명이며, 이들을 제외한 94명은 1건에 대해서만 재판장 또는 배석판사로 사건의 심리에 참여하였기에 실제 항소심에서 사형사건을 심리한 법관의 수는 125명에 달한다.

원심의 사형판결을 유지한 항소심 재판부 가운데 특히 재판장을 기준으로 3건을 담당한 경우를 살펴본다면 1심에서 같은 합의부에서 공범으로 사형이 선고된 사형확정자8, 9, 10의 사건은 항소심에서도 하나의 재판부가 병합 심리하였다. 이외에 사형확정자13, 사형확정자17, 사형확정자18의 사건, 사형확정자16, 사형확정자19, 사형확정자20의 사건, 사형확정자30, 사형확정자34, 사형확정자37의 사건, 사형확정자21, 사형확정자31, 사형확정자32의 사건은 한 사람의 재판장이 서로 다른 시기에 심리했던 항소심에서 처리된 것이다.

각급 법원에 비치할 판사의 수에 관한 규칙 제2조에 따르면 2017년 9월 1일을 기준으로 고등법원 판사 현원은 342명이다. 그런데 단순수치상 고등법원 소속 판사 가운데 55건의 사형선고 사건을 경험했던 125명을 대비하면 그 비율은 약 37%가 된다. 따라서 고등법원 소속의 판사가 되면 제1심 법원의 소속 판사일 때보다 사형이 선고될 수 있는 형사사건을 배당받는 경우가 많아지고 실제로 사형선고를 해야 하는 경우도 잦아지는 것을 알 수 있다.

아래에서는 사형확정자1과 사형확정자57의 항소심 사형 양형이유와 3건의 항소심을 담당한 재판장을 기준으로 그 양형이유를 살펴보도록 한다.

(1) 사형확정자1에 대한 항소심의 사형 양형이유

사형확정자1: “원심이 양형이유로서 거시한바 피고인의 처에 대한 개인적인 불만을 확대하여 불특정 다수 피해자들의 무고한 인명을 살상하고자 한 범행의도, 90여명이 실내집회 중인 교회의 출입문에 다량의 휘발유를 뿌리고 불을 댕긴 잔인하고도 대담한 수단방법, 15명의 무고한 인명이 질식하거나 불에 타 숨지는 엄청난 피해결과 등에 비추어 볼 때, 여러 정상을 모두 참작한다 하더라도 원심의 양형은 수긍이 가고 너무 무거워 부당하다고 보기 어렵다."[52]

(2) 사형확정자57에 대한 항소심의 사형 양형이유

사형확정자57: "인간의 생명은 국가와 사회가 보호하여야 할 가장 존엄한 가치로서 이를 침해하는 행위는 어떠한 이유로도 용납될 수 없다. 그런데 피고인은 지극히 사소한 일에 앙심을 품고 무고한 2명의 피해자를 살해하였다. 피해자들은 자신들이 왜 죽어야만 하는지 그 이유도 모른 채 극심한 고통 속에 생을 마감하였고, 유족들은 피고인을 극형에 처하는 것만이 피해자들과 유족의 억울함을 달래주는 길이라면서 그 고통을 호소하고 있으며 이 사건의 무모함과 잔혹성에 일반 국민들 또한 큰 충격에 빠졌다. 비록 사형이 인간의 생명 자체를 영원히 박탈하는 냉엄한 궁극의 형벌로서 문명국가의 이성적인 사법제도가 상정할 수 있는 극히 예외적인 형벌이라는 점과 피고인에게 다소 우리한 정상이 있음을 고려하더라도 피고인에 대한 여러 양형 조건과 죄형의 균형, 범죄에 대한 형벌의 일반예방적 견지 등을 종합하여 볼 때 원심이 선고한 사형은 그 책임에 따른 불가피한 선택이라고 판단된다."[53]

(3) 사형확정자13, 사형확정자17, 사형확정자18에 대한 항소심의 사형 양형이유

사형확정자13: "피고인의 죄책이 심히 중대하다 할 것이므로 죄형의 균형이나 범죄의 일반예방의 견지에서도 피고인을 영원히 사회에서 격리시키는 극형이 불가피하다."[54]

사형확정자17: "대법원 1985. 6. 11. 선고 85도926 판결 인용: 이러한 관점에서 살펴 보건대 피고인은 7회에 걸친 실형의 전과가 있고, 별다른 동기 없이 나이 어린 피해자 2명을 목을 조여 차례로 살해하였으며, 이 사건기록과 변론에 나타난 여러 양형조건을 종합, 검토하여 보면 피고인의 죄책이 심히 중대하여 죄형의 균형이나 범죄의 일반예방의 견지에서도 극형이 불가피한 것으로 판단

---

52) 서울고법 1993. 7. 21. 선고 93노701 판결.
53) 대구고법 2015. 4. 9. 선고 2014노71 판결.
54) 대구고법 1997.12.23. 선고 97노374 판결.

되므로 피고인에 대하여 사형을 선고한 원심의 양형이 너무 무거워 부당하다고는 보이지 아니한다."[55]

사형확정자18: "범행수법과 태양이 극히 잔인한 점, 증거인멸을 기도하고 범행의 행태가 극히 대담한 점, 범행을 뉘우친 흔적이 보이지 아니하는 점, 피해자들의 유족들과 합의도 이루어지지 않아 이들의 피해감정이 전혀 위무되지 아니한 점 등 제반 사정을 고려할 때 피고인을 이 사회로부터 영구히 격리하는 극형이 불가피하다."[56]

(4) 사형확정자16, 사형확정자19, 사형확정자20에 대한 항소심의 사형 양형이유

사형확정자16: "피고인의 죄책이 심히 중대하여 죄형의 균형이나 범죄의 일반예방의 견지에서도 극형이 불가피하다."[57]

사형확정자19: "비록 사형은 인간의 존엄한 생명을 영원히 박탈하는 극형으로 그 선택은 신중하여야 할 것이나 피고인은 강도살인의 범행을 주도한 점, 그 동기에 참작할만한 사정이 없고 범행준비과정에 매우 계획적이고 치밀한 점, 범행수법이 극히 잔인한 점, 범행 후에도 뉘우치지 않고 각종 범행을 저질러 온 점 등 제반 양형조건을 고려하면 원심의 사형선고는 부득이 한 것이다."[58]

사형확정자20: "피고인 성격의 잔혹성을 엿볼 수 있는 점, 인간의 보편적 윤리와 사회생활상의 기본적 도의에 반하는 가장 극악한 범죄에 해당하는 점, 범행동기 및 범행과정에 있어서 피고인의 범행을 합리화해주거나 피고인에 대하여 극형을 면하게 하여 줄 사유가 보이지 않을 뿐만 아니라 범행 후에도 수사기관 이래 당심 법정에 이르기까지 자신의 잘못을 뉘우치기 보다는 이를 적극적으로 은폐하려고 하고 있어 개정의 정을 보이지 않고 있고, 유족과 합의하려고 노력한 흔적도 찾아 볼 수 없는 등 그 정상에 참작할만한 사정이 전혀 엿보이지 않는 점 등을 감안하면 원심이 선고한 형량은 적정하다."[59]

---

55) 대구고법 1998. 6. 9. 선고 98노27 판결.
56) 서울고법 1998. 5. 26. 선고 98노91 판결.
57) 대전고법 1997. 3. 29. 선고 96노457 판결.
58) 서울고법 1999. 7. 6. 선고 99노1339 판결.
59) 서울고법 1998. 12. 22. 선고 98노1493 판결.

(5) 사형확정자21, 사형확정자31, 사형확정자32에 대한 항소심의 사형 양형이유

사형확정자21: “피고인은 동거녀를 살해하고 무기징역을 선고받고 징역 20년으로 감형되어 출소한 후 이 사건을 저질러 범행동기에 있어 비난가능성이 매우 높으며 범행이 사전에 치밀하게 계획되었을 뿐만 아니라 살해 범행수법 또한 잔인하기 그지없고 이 사건 범행 후 아무런 양심의 가책도 없이 범행현장을 정리하고 피해자들과 그 유족이 입은 육체적 정신적 고통이 매운 큰데도 합의가 전혀 이루어지지 아니한 점 등을 인정할 수 있는바 피고인의 죄책이 심히 중대하여 죄형의 균형이나 범죄의 일반예방의 견지에서도 극형이 불가피하다고 인정되므로 사형을 선고함이 상당하다.”[60]

사형확정자31: “피고인으로부터 무참히 살해당한 피해자들이 죽음에 이르기까지 겪었을 절망적인 고통은 물론 그 가족들과 건전한 사회생활을 영위하고 있는 대다수의 사람들에게 미친 충격 역시 매우 크다는 점 등을 종합하여 보면 피고인의 이 사건 각 범행은 그 불법의 정도가 아주 높을 뿐만 아니라 죄형의 균형이나 범죄의 일반예방적 견지에서 보더라도 원심이 선고한 형은 부득이한 것이다.”[61]

사형확정자32: “죄책이 심히 중대하고, 죄형의 균형이나 범죄의 일반예방적 견지에서도 극형이 불가피하다고 인정하여 사형을 선고한 원심의 조치는 정당하다.”[62]

(6) 사형확정자30과 사형확정자34, 사형확정자37에 대한 항소심의 사형 양형이유

사형확정자30: “끔찍한 범행들을 모두 사전에 주도면밀하게 계획하고 공범들을 범행에 끌어들이는 등 범행 전체를 지휘, 조직한 점, 제1심에서는 위증까지 서슴지 아니한 점, 범행 은폐를 목적으로 공범을 속여 촉탁 살해하고서도 끝까지 그 동기를 호도하려고 시도하는 등 추호도 뉘우치는 빛을 찾아볼 수 없는 점, 아직까지 피해자나 피해자 유족들에게 전혀 손해 배상을 하지 아니한 점 등 이 사건에 나타난 형법 제51조의 제반 양형조건들을 참작하면 이 나라에 사형

60) 광주고법 2000. 8. 24. 선고 2000노279 판결.

61) 서울고법 1993. 7. 21. 선고 93노701 판결.

62) 광주고법 2000. 12. 21. 선고 2000노668 판결.

제도가 존재하는 이상 사형을 선고할 수밖에 없다."[63]

사형확정자34: "피고인은 재산적 탐욕이 이 사건 범행의 주된 동기이며, 범행 전에 치밀한 계획을 세웠고 송금받은 금전을 마음대로 소비해버린 다음 살인을 실행하는 등 극악성을 보였다. 범행의 수단과 방법이 경악할 정도로 잔인하고 치밀하게 범행의 은폐를 시도하였으며 범행 후 피해자 유족에게 사죄하고 합의하거나 그 손해를 배상하는 등의 노력을 한 바 없다. 양형 조건들을 모두 종합하여 보건대 그 죄책이 심히 중대하고, 죄형의 균형이나 범죄의 일반예방적 견지에서도 극형이 불가피하며 사형을 선고한 원심의 양형은 적정하다."[64]

사형확정자37: "이 사건 각 범행에 이르게 된 동기를 살펴보건대 비난가능성이 높고 범행 수단과 방법에 관하여 보면 지극히 담대하고 용의주도하였으며, 치밀함과 대담함을 엿볼 수 있다. 이러한 범행방법의 잔인함과 용의주도함과 아울러 살해당한 피해자들을 야산에서 산짐승들에게 시신이 뜯어 먹히거나 자기 자신의 집에서 시신이 부패할 때까지 장기간 방치되는 등 범행의 결과가 동정의 여지가 없을 정도로 잔인하고 참혹한 점, 이로 인하여 시신을 확인하고 피해사실 및 범행방법을 알게 된 유족들이 입은 정신적, 육체적 고통은 단순히 피해자들이 사망한 것을 알게 된 것과는 비교가 되지 않고, 이를 넘어서서 여생동안 기억에서 지우기 어려울 정도로 하고 그 충격이 크며, 피해자 측 유족에게 어떠한 변상조치도 이루어지지 아니한 점 등을 고려해 볼 때, 죄책이 심히 중대하고 죄형의 균형이나 범죄의 일반예방적 견지에서도 극형이 불가피하다고 인정한 원심의 판단은 정당하다."[65]

라. 2018년, 제1심 사형선고에 대한 항소심의 결과

앞에서 살펴본 바와 같이 2018년 2월의 제1심 사형선고는 항소심절차를 거치면서 사형을 파기한 후 무기징역이 선고되었다.[66]

이 사건의 항소심법원은 피해자 부모를 비롯하여 수 많은 사람들에게 필설

63) 대전고법 2001. 2. 2. 선고 2000노615 판결.

64) 서울고법 2001. 4. 6. 선고 2001노118 판결.

65) 서울고법 2002. 4. 19. 선고 2002노222 판결.

66) 서울고법 2018. 9. 6. 선고 2018노933-1(분리) 판결.

로 다 할 수 없는 고통과 번민을 준 피고인의 범행에 대하여 응당 사형으로 처벌해야 한다는 생각이 드는 것이 당연할 수 있다고 전제하였다. 그러나 법원의 판단은 사형의 형벌로서의 특수성 및 엄격성, 다른 유사 사건에서의 양형과 형평성, 그리고 형사법의 책임주의원칙이 '이성적이고 책임감 있는 사람이 자기 행위에 관하여 결정, 선택한 것은 존중하되, 그에 대한 책임은 그 사람이 직접 부담해야 한다는 것'을 전제로 한다는 점을 강조한다. 또한 법원이 피고인에게 가장 가혹한 형벌인 사형을 선택하여 선고하고자 할 때에는 대법원 판례에서 밝히고 있는 사형의 선고가 허용되기 위한 전제조건이 충족되었는지 여부를 꼼꼼히 살펴야 한다는 점을 밝히고 있다.

이에 따라 원심(제1심) 판단을 존중하여 피고인에 대한 엄중한 형벌의 선택이 불가피한 측면이 있다고 보면서도 피고인의 범행이 전체적으로 치밀하게 준비, 계획되어 실행했다고 볼 수 없고, 살해 범행은 다소 우발적으로 이루어졌으며, 범행 직전 피고인은 극심한 정신적 불안과 성적 욕구가 복합적으로 어우러진 비정상적인 심리, 생리상태에 있었고, 범행의 경위, 수단 및 결과에 비추어 범행의 잔인함과 포악함의 정도를 달리 평가할 여지가 있는 점, 피고인에게 살인범죄의 재범의 우려가 매우 높다고 단정할 수 없는 점 등이 원심 판단과는 다르게 평가할 양형조건이라면서 양형부당을 주장하는 피고인의 항소를 받아들였다.[67]

이 사건 항소심 판결에 대한 당위성이나 정당성을 말하고자 하는 것은 아니지만 과거 55명이 제1심 사형선고에 불복한 후 항소했을 때와 현재의 항소심 법원의 재판에 어떤 온도 차이가 존재하는 것인지에 대해서는 좀 더 깊이 있는 논의가 필요해 보인다.

---

67) 이 사건에 대해 검사와 피고인 모두 상고하였는데, 2018년 11월 29일, 상고심(2018도15035)에서는 피고인이 정신질환 등으로 심신장애가 있었는지, 양형이 부당하지 않은지 여부를 살폈다. 그러나 대법원은 심신장애 주장은 적법한 상고이유가 되지 못하고, 기록을 살펴보더라도 피고인이 이 사건 범행 당시 심신장애 상태에 있었던 것으로 볼 수는 없다고 판단한 후 "피고인의 연령·지능과 환경, 피해자와의 관계, 범행 후의 정황 등을 살펴보면 무기징역을 선고한 원심의 양형이 너무 무거워 부당하다고 할 수 없다."면서 원심의 무기징역을 확정하였다.

4. 대법원

가. 상고이유

항소심절차를 거친 55명 가운데 48명(87.3%)은 판결에 불복하여 대법원에 상고했는데, 이들이 한 가지 이상 복수로 밝힌 상고이유의 내용은 두 명을 제외한 46명(95.8%)이 양형부당을, 그 뒤를 이어 사실오인 13명, 심신장애(음주) 10명, 심신장애(정신질환) 8명, 심리미진 6명, 심신장애(대마) 3명, 적법절차 위반 1명 등을 들고 있다<표 3-11>. 이들은 대체로 자신의 유죄를 인정하면서도 자신의 범죄행위에 대하여 사형은 과도하다는 점을 상고이유로 적시하고 있는데, 48건 가운데 이와 같은 주장이 받아들여진 경우는 없었다.

〈표 3-11〉 상고이유 (단위: 명)

양형부당	심신장애 (음주)	심신장애 (정신질환)	심신질환 (대마)	사실오인	심리미진	적법절차 위반
46	10	8	3	13	6	1

나. 대법원에 의한 사형선고 허용기준의 변화

1990년대까지 대법원은 사형을 선택하는 요건에 대하여 범행의 동기, 태양, 죄질, 범행의 수단, 잔악성, 결과의 중대성, 피해자의 수, 피해감정, 범인의 연령, 전과, 범행 후의 정황 등 제반 사정을 참작해야 한다는 점을 강조했으나 이들 요건이 의미하는 바에 대한 명백한 기준을 제시하지는 않았다. 그러나 2000년 이후의 판결에서는 단순 나열에 그쳤던 양형기준을 범행에 대한 책임의 정도와 형벌에 목적에 비추어 그것을 정당화할 수 있는 특별한 사정이 있는 경우로 제한하려는 태도를 취하게 되었다. 아울러 사형선택에 있어서 필수적인 양형자료와 양형심리의 방법을 명확히 하면서 특히 범행을 실행할 당시의 전후에 나타난 피고인의 정신상태나 심리상태의 변화 등 주관적 양형요소를 정신의학이나 임상심리학 등 관련 전문가의 의견을 참고하여 살필 것을 양형의 방향으로 설정하고 있다.[68]

이에 따라 피고인의 양형조건에 대해 별도로 조사나 심리를 하지 않고 수

68) 특히 이와 관련하여 대법원 1999. 6. 11. 선고 99도763 판결 참조.

사기록에 나타난 양형자료에만 의존하여 간편한 심리만으로 사형을 선고하는 것은 사형의 양정에 관한 법리를 오해하여 형의 양정에 관한 필요한 심리를 다 하지 않은 위법이 있다고 판단한 사례도 나타난다.[69]

그러나 형사실무에 있어서 대법원이 외견상 엄격한 사형선고의 허용요건을 제시한 것처럼 비쳐지지만 이러한 양형인자들에 대한 판단에 있어 하급심의 형사법관들이 전적으로 기속되는 것은 아니었으며 양형은 언제나 법관의 자유재량에 속하는, 형사법관의 주관적 판단에 일임된 영역의 문제였다.

그런데 앞의 제2장에서 살펴본 바와 같이 1998년 이후로 제1심의 사형선고가 10건 미만으로 낮추어진 것은 2002년부터의 일이다. 그러나 5건 미만으로 반감되기 시작한 시점은 2009년(6명)을 제외하면 2007년부터의 일이다. 2007년은 대법원 산하에 양형위원회가 첫 출범을 했던 시기와 공교롭게도 일치하고 있다는 점은 시사하는 부분이 있다. 양형위원회의 기준이 제시되기 이전까지는 사형의 선택에 있어서 형법에 법정형 및 처단형의 산출기준이 명시되어 있었지만 그 범위가 넓고 선고형에 있어서 하등 법적 기준 없이 형사법관의 재량에 따라 사형의 선고가 이루어졌다. 사형선고에 있어서 양형의 재량은 곧 자의적인 선고의 문제와 항상 표리관계를 이루어 왔다는 사실도 근거가 빈약한 이야기는 아닌 것이라고 할 수 있다. 요컨대 2018년 현재 시점의 양형기준으로 과거의 사건들, 여기에 나타나 있는 57명의 사형확정자들의 사례를 검토했을 때 지금에도 이들에게 사형을 선고하는 것이 타당하다고 단정할 수 있는 경우는 얼마나 될 수 있을까. 결코 쉽지 않지만 사형의 선택과 관련된 영역에서는 한 번쯤 되새겨볼 문제라고 생각된다.

다. 사형을 확정한 대법관에 대한 분석

(1) 분석 내용

(가) 대법관별 사형확정 횟수

61명의 사형확정자 가운데 상고심에 의하여 확정된 사건은 미확인 1건과 하급심에서 확정된 8건(항소 포기로 인한 1심 확정 1건, 상고 포기로 인한 항소심 확정 7건)을 제외한 52건(고등군사법원을 거친 4건을 포함)이다.

---

69) 이에 따라 원심의 사형판결을 파기한 사례로는 대법원 2003. 6. 13. 선고 2003도924 판결 참조.

〈표 3-12〉 대법관별 상고심에서의 사형확정 횟수

사형확정 횟수	대법관 성명	사형확정 횟수	대법관 성명
1	배만운, 최종영, 변재승, 김황식, 김지형, 전수안, 신영철, 안대희, 차한성, 민일영,[70] 김창석, 김소영,[71] 조희대,[72] 권순일, 박상옥, 이기택,[73] 이상훈	7	김석수, 이돈희, 신성택
2	박만호, 김용덕, 박보영, 김신, 고영환, 김영란[74]	8	정귀호, 이임수, 서성, 강신욱, 배기원
3	이용훈, 안용득, 박준서, 손지열,[75] 김능환, 김용담, 박일환, 이인복, 고현철	9	이규홍
4	김형선, 고현철,[76] 박시환, 양승태[77]	11	조무제
5	천경송, 윤재식	12	박재윤
6	지창권, 송진훈, 이강국, 유지담	14	이용우

70) 2009년 9월 15일, 대법관 후보 인사청문회에서 대법관 민일영은 사형제도 폐지가 개인적 소신이고, 가능하다면 사형판결을 자제해야 된다고 생각한다며 사형폐지를 지지하는 견해를 밝혔다.

71) 2012년 10월 29일, 대법관 후보 인사청문회에서 대법관 김소영은 “흉악한 범죄라고 해서 모두 사형에 처하면 인간의 생명권을 박탈한다는 점에서 조금 더 신중하게 보아야 한다.”고 말한 바 있다. 사형제 폐지에 대하여 판사 입장에서는 사형을 선고해야 하는 입장에서 인간의 생명을 박탈하는 형벌은 오판가능성 때문에 부담을 많이 느낀다면서 “사형제 대신에 종신형 제도를 도입하는 것이 어떨까 한다.”고 말했다. 다만 국민적인 합의가 필요하다고 덧붙였다.

72) 2014년 2월 18일, 대법관 후보 인사청문회에서 대법관 조희대는 사형제도에 대하여 “개인적으로 사형제도는 인간의 존엄성, 오판의 위험성 등에 비추어 이를 폐지하고 종신형으로 대체할 수도 있다고 생각한다.”고 밝혔다. 그는 다만 연쇄살인 등 흉악범죄나 테러 등 반인륜범죄가 여전히 존재하고 있는 현실을 들어 국민적 합의가 없는 현 단계에서 사형제를 아예 폐지하는 것은 시기상조라고 단서를 달았다.

73) 2015년 8월 27일, 대법관 후보 인사청문회에서 대법관 이기택은 종국적으로 사형이 폐지되는 것을 희망하지만 국민 여론이 변하고 사형제를 대체할 수 있는 형벌수단이 마련된다는 전제를 달았다. 그는 이 자리에서 사형에 대한 형선고를 바라는 장면들이 우리 사회에 있다는 것을 알고 있다고 밝힌 바 있다.

74) 2004년 8월 11일, 대법관 후보 인사청문회에서 대법관 김영란은 ‘사형제도는 교화를 포기하는 제도’라며 “형평의 문제가 있어서 국민의 합의가 필요하지만 궁극적으로는 폐지되어야 한다.”고 주장한 바 있다.

75) 2000년 7월 6일, 대법관 후보 인사청문회에서 대법관 손지열은 사형제도에 대하여 "생명의 가치에 대한 철학적 고려뿐 아니라 국민의 법의식 등을 종합해 국민적 합의에 의해 결정돼야 할 사안"이라며 입장 표명을 유보하였다.

76) 2003년 2월 13일, 대법관 후보 인사청문회에서 대법관 고현철은 사형제도에 대하여 “극히 예외적인 경우에 한해 사형제도가 필요하다고 본다.”고 밝혔다.

77) 2005년 2월 23일, 대법관 후보 인사청문회에서 대법관 양승태는 사형제도 존폐 문제에 대하여 “개인적으로 폐지됐으면 하지만, 국민 여론이 아직 컨센서스(합의)를 이루지 않았다

52건의 판결문에 서명 날인된 결과를 기준으로 대법관 3인이 서명날인한 5건을 제외하면 46건의 상고심에서는 4명의 대법관들이, 1건의 전원합의체 상고심에서는 대법관 13명 전원이 서명날인하였다.

제1심과 항소심에서 사형을 선고한 판사들의 성명 정보는 밝히지 않았으나, 대법관들은 2000년 7월부터 국회의 청문절차를 거쳐 임명될 때마다 후보자의 신분으로 그 절차에서 사형제도에 대한 자신의 견해를 피력한 바 있으며, 오심이나 오판의 문제를 가장 최후에 바로잡아야 할 책무가 있는 최종심이자 최고법원이라는 점을 고려하여 상고사건에 관여한 대법관들의 실명을 공개한다. 52건의 상고심 사형판결문에 1회 이상 서명날인한 대법관들을 살펴보면 위의 <표 3-12>와 같다.

(나) 대법관별 주심 관여 횟수

상고심에서는 특히 주심인 대법관이 판결문의 작성을 주도하고 있기 때문에 52건의 사형판결에 1회 이상 주심으로 관여한 대법관들이 담당한 사건을 정리해보면 아래의 <표 3-13>과 같다.

2005년, 사형제도에 대하여 대법원장을 위시한 대법관 13명 가운데 8명이 사형폐지의 견해를 가지고 있다는 언론 보도가 있었다.[78] 이에는 당시 대법원장 이용훈을 비롯하여 대법관 손지열, 김영란, 양승태, 김황식, 박시환, 김지형이 폐지의 입장을 밝혔으나 대법관 강신욱, 박재윤, 고현철, 김용담은 아직 사형을 폐지하기는 이르다는 시기상조의 입장과 반인륜적 범죄 등 극히 예외적인 경우에는 사형이 불가피하다는 신중론을 피력했다고 한다.

그러나 정작 이용훈 대법원장은 3회, 대법관 양승태와 박시환은 각 4회, 대법관 손지열은 3회, 대법관 김영란은 2회, 대법관 김황식과 김지형은 각 1회에 걸쳐 사형을 확정하기 위한 상고심에 관여한 후 판결문에 서명 날인하였으며, 이용훈 대법원장과 대법관 김영란, 박시환, 김지형은 사형판결에 주심으로 관여하기도 하였다.

고 본다."고 밝혔다.

78) https://news.naver.com/main/read.nhn?mode=LSD&mid=sec&sid1=100&oid=020&aid=0000324048.

〈표 3-13〉 대법관별 상고심에서의 사형판결 주심 횟수

주심 횟수	대법관 성명	소계
1	김형선(사형확정자3), 안용득(사형확정자11), 지창권(사형확정자12), 이용훈(사형확정자17), 유지담(사형확정자33), 이강국(사형확정자37), 배기원(사형확정자40), 고현철(사형확정자44), 김영란(사형확정자50), 박시환(사형확정자51), 김지형(사형확정자52), 김능환(사형확정자56), 안대희(사형확정자58), 민일영(사형확정자59), 고영한(사형확정자60), 박상옥(사형확정자61)	16
2	송진훈(사형확정자18, 사형확정자35), 김용담(사형확정자46. 사형확정자53)	4
3	정귀호(사형확정자1, 사형확정자7, 사형확정자13), 서성(사형확정자22, 사형확정자24, 사형확정자32), 강신욱(사형확정자23, 사형확정자47, 사형확정자48), 이규홍(사형확정자28, 사형확정자38, 사형확정자49), 박재윤(사형확정자31, 사형확정자39, 사형확정자45)	15
4	신성택(사형확정자4, 사형확정자6, 사형확정자20, 사형확정자21), 이용우(사형확정자24, 사형확정자30, 사형확정자41, 사형확정자42), 조무제(사형확정자25, 사형확정자29, 사형확정자34, 사형확정자43)	12
5	이돈희(사형확정자2, 사형확정자5, 사형확정자8, 사형확정자9, 사형확정자10)	5
합계		52

(다) 하급심에서 사형선고의 경험이 있는 대법관

대법관 김황식은 사형확정자2와 사형확정자3의 제1심 재판장이었으며, 세 차례 상고심에서 사형을 확정한 대법관 손지열은 사형확정자2와 사형확정자3의 항소심 재판장이었고, 역시 세 차례 사형을 확정한 대법관 김능환은 사형확정자6의 제1심 재판장이었다.

(라) 대법관 역임 후 헌법재판관을 역임한 경우

여섯 차례 상고심에서 사형을 확정한 대법관 이강국은 2007년 7월부터 2013년 1월까지 헌법재판소 소장을 역임하였다.[79]

79) 2000년 7월 6일, 대법관 후보 인사청문회에서 대법관 이강국은 사형제도 존속의 필요성에 대하여 "쉽게 결론을 내리기 어려운 만큼 국민적 합의에 따라 결론을 도출해야 할 것"이라는 답변을 한 바 있다. 그가 헌법재판소 소장으로 재임할 당시 사형제도에 대한 헌법소원은 합헌으로 선언되었고 그 역시 합헌의 다수의견을 지지하였다.

(2) 사형확정자1에 대한 상고심[주심(정귀호)]의 사형 양형이유

사형확정자1: "이 사건에서 피고인은 그 처에 대한 개인적인 불만을 이유로 불특정의 많은 사람이 모여 있던 교회의 좁은 출입문을 막아서서 미리 구입한 다량의 휘발유를 뿌리고 곧바로 불을 붙임으로써 15명이란 많은 사람이 피할 사이도 없이 고귀한 생명을 빼앗기고 그 범행이 계획된 것일 뿐 아니라 그 수법 또한 대담하고도 잔인하였다는 점, 이로 인한 피해(재산상 손해는 차치하더라도)가 엄청나며 사건 후 유족들의 피해가 어떤 방법으로든 전혀 배상되지 아니하고 있다는 점 등에 비추어 볼 때 피고인의 처가 '여호와의 증인'교를 믿으면서 가정생활을 소홀히 함에 의하여 이 사건 범행이 유발된 면이 있다거나 또는 피고인에게 그 밖의 정상이 있다는 점을 참작하더라도 원심의 형벌이 너무 지나치게 무거워 부당하다고는 할 수 없을 것이다."[80]

(3) 사형확정자57에 대한 상고심[주심(고영한)]의 사형 양형이유

사형확정자57: "사형은 인간의 생명을 박탈하는 냉엄한 궁극의 형벌로서 사법제도가 상정할 수 있는 극히 예외적인 형벌이라는 점을 감안할 때, 사형선고는 범행에 대한 책임의 정도와 형벌의 목적에 비추어 누구라도 그것이 정당하다고 인정할 수 있는 특별한 사정이 있는 경우에만 허용되어야 한다. 따라서 사형선고 여부를 결정함에 있어서는 형법 제51조가 규정한 사항을 중심으로 범인의 연령, 직업과 경력, 성행, 지능, 교육정도, 성장과정, 가족관계, 전과의 유무, 피해자와의 관계, 범행의 동기, 사전 계획의 유무, 준비의 정도, 수단과 방법, 잔인하고 포악한 정도, 결과의 중대성, 피해자의 수와 피해감정, 범행 후의 심정과 태도, 반성과 가책의 유무, 피해회복의 정도, 재범의 우려 등 양형의 조건이 되는 모든 사항을 철저히 심리해야 하고, 그러한 심리를 거쳐 사형선고가 정당화될 수 있는 사정이 있음이 밝혀진 경우에 한하여 비로소 사형을 선고할 수 있다(대법원 2006. 3. 24. 선고 2006도354 판결; 대법원 2010. 6. 10. 선고 2010도4347 판결 등 참조). 사형선고가 허용되는 경우 및 사형선고 여부를 결정하는 방법: 이 사건 범행이 우리 사회에 끼친 충격, 그 밖에 양형의 조건이 되는 제반 사정을 모두 참작하면, 사형을 선고할 경우의 양형 기준을 아무리 엄격하게 적

---

80) 대법원 1993. 11. 23. 선고 93도2291 판결.

용한다고 하더라도, 피고인의 이 사건 각 범행에 상응하는 책임의 정도, 범죄와 형벌 사이의 균형, 범죄에 대한 응보, 일반예방 및 사회보호의 제반 견지에서 볼 때, 이 사건은 피고인에 대한 극형의 선고가 정당화될 수 있는 특별한 사정이 있다고 봄이 타당하다. 사형제도에 관하여는, 국가가 생명의 절대적 가치를 전제로 하면서도 국가에 의한 인간의 생명의 박탈을 제도적으로 허용하여서는 안 된다거나 사형의 범죄예방효과가 크지 않고 오판의 가능성을 배제할 수 없다는 등의 이유로 이를 폐지하여야 한다는 논의가 계속되어 왔고, 우리나라에서는 1998년 이래 지금까지 장기간 사형집행이 이루어지지 않고 있어 사형선고의 실효성 자체에 대해서도 의문이 제기되고 있으며, 최근에 사형제도를 폐지하는 내용의 법안이 국회에 발의되어 있기도 하다. 그러나 사형제도의 폐지에 관한 입법자의 결단이 아직 이루어지지 아니하고 있고, 헌법재판소 또한 2010. 2. 25. 선고 2008헌가23 결정에서 사형제도가 헌법에 위반되지 아니한다고 선고한 바 있는 이상, 법을 적용하는 법원으로서는 현행 법제상 사형제도가 존치하고 그것이 합헌으로 받아들여지고 있는 한, 법정 최고형으로 사형이 규정되어 있는 범죄에 대하여 최고형을 선고함이 마땅하다고 판단되는 경우 사형을 선고하는 것이 불가피한 선택이라고 하지 않을 수 없다. 같은 취지에서 피고인에게 사형을 선고한 제1심판결을 그대로 유지한 원심의 조치에 형의 양정이 심히 부당하다고 인정할 현저한 사유가 있다고 할 수 없다."[81]

(4) 사형확정자2, 사형확정자5, 사형확정자8, 사형확정자9, 사형확정자10에 대한 대법원 상고심[주심(이돈희)]의 사형 양형이유

사형확정자2: "피고인을 이와 같이 잘못 양육한 부모의 책임이 더 크므로 피고인에게 모든 책임을 물어 극형에 처하는 것은 부당하다는 것이나 기록상 피고인 부모의 양육방법이 잘못되었다고 비난할 근거도 없을 뿐 아니라 피고인이 자신을 낳고 길러준 부모를 재산상속이라는 극히 불순한 동기로 살해하였고, 또한 이를 위하여 사전에 범행을 계획하고 범행에 필요한 도구들을 준비한 후 지극히 잔인하고 지능적인 방법으로 범행하였으므로, 범행의 결과도 극히 참혹한 점에 비추어 보면 피고인을 사형에 처한 원심의 양형이 무거워 부당하다는

81) 대법원 2015. 8. 27. 선고 2015도5785 판결.

논지는 이유 없다."[82]

사형확정자5: "이 사회가 받는 충격과 두려움은 표현할 수 없을 정도인바 비록 형사법이 지향하는 형벌의 목적이 결코 응보에만 있지 않고 피고인을 교화하여 새로운 삶을 갖게 하는데도 있는 것이지만 잔인무도한 살인범죄가 날로 격증해가는 오늘날의 사회현실에서는 인간의 생명이 귀중하다는 이유만으로 법정최고형을 선고한 제1심의 조치를 위법 부당하다고 단정할 수 없다."[83]

사형확정자8: "피해자를 범행장소로 유인하여 잔인한 방법으로 살해하여 매장한 다음, 곧이어 위 살인범행을 숨기기 위하여 위 피해자의 행방을 찾고 있던 피해자의 애인을 최초의 범행장소 부근으로 유인하여 참혹하게 살해하여 매장한 점 등 기록에 나타난 여러 양형조건 등에 비추어 보면 피고인들에 대하여 사형을 선고한 제1심을 유지한 원심의 양형이 심히 부당하다고 볼 수 없다."[84]

사형확정자9: "피해자를 범행장소로 유인하여 잔인한 방법으로 살해하여 매장한 다음, 곧이어 위 살인범행을 숨기기 위하여 위 피해자의 행방을 찾고 있던 피해자의 애인을 최초의 범행장소 부근으로 유인하여 참혹하게 살해하여 매장한 점 등 기록에 나타난 여러 양형조건 등에 비추어 보면 피고인들에 대하여 사형을 선고한 제1심을 유지한 원심의 양형이 심히 부당하다고 볼 수 없다."[85]

사형확정자10: "피해자를 범행장소로 유인하여 잔인한 방법으로 살해하여 매장한 다음, 곧이어 위 살인범행을 숨기기 위하여 위 피해자의 행방을 찾고 있던 피해자의 애인을 최초의 범행장소 부근으로 유인하여 참혹하게 살해하여 매장한 점 등 기록에 나타난 여러 양형조건 등에 비추어 보면 피고인들에 대하여 사형을 선고한 제1심을 유지한 원심의 양형이 심히 부당하다고 볼 수 없다."[86]

---

82) 대법원 1995. 8. 22. 선고 95도1179 판결.
83) 대법원 1995. 5. 23. 선고 95도644 판결.
84) 대법원 1996. 6. 11. 선고 96도857 판결.
85) 대법원 1996. 6. 11. 선고 96도857 판결.
86) 대법원 1996. 6. 11. 선고 96도857 판결.

(5) 사형확정자4, 사형확정자6, 사형확정자20 사형확정자21에 대한 대법원 상고심[주심(신성택)]의 사형 양형이유

사형확정자4: “11세에 불과한 피해자를 살해한 동기와 경위, 그 살해수법, 피고인의 가담 정도, 살해 후 사체를 유기하고 또 다른 범행을 저지른 범행 후의 정황 등 양형의 조건이 되는 여러 사정을 살펴보면 피고인이 주장하는 정상을 참작하더라도 원심의 형의 양정을 적절하다.”[87)]

사형확정자6: “범행의 수법이 잔악하고 그 죄질 또한 극히 반사회적이고 불량하다고 할 것이며, 그 밖의 범행의 동기, 피고인의 연령과 성행 및 범행 후의 정황 등 양형의 조건이 되는 여러 사유를 종합하여 볼 때 비록 피고인의 어려운 성장과정과 생활형편, 사실상의 배우자를 비롯한 가족관계 등의 사정을 모두 참작하더라도 원심의 형의 양정은 적절하다.”[88)]

사형확정자20: “피고인의 연령, 성행, 지능과 전과, 이 사건 각 범행의 동기, 수단, 살인 범행에 있어서의 잔혹성 및 사체유기의 방법과 경위, 범행 후의 정황 등 기록에 나타난 양형의 조건이 되는 여러 가지 사정을 살펴보면 피고인이 주장하는 정상을 참작하더라도 원심의 형의 양정은 적절하다고 보이며 그 형의 영정이 심히 부당하다고 인정할 현저한 사유가 있다고 볼 수 없다.”[89)]

사형확정자21: “그 범행동기에 비난가능성이 매우 높은데다가, 이 사건 범행 자체가 사전에 치밀하게 계획된 것으로서 범행에 사용할 쇠망치를 미리 구입하여 범행을 준비한 다음, 아무런 방어능력도 없이 집에 혼자 있던 고령의 피해자1을 살해하고, 살해현장을 정리하여 피해자2가 아무런 눈치를 채지 못하도록 한 후 다시 피해자2마저 살해하였고, 범행의 수법 또한 매우 잔인하여 무자비하게 살해하였으며, 피해자들의 유족들과도 전혀 합의가 이루어지지 아니한 점 등 양형의 조건이 되는 모든 사항을 종합하여 볼 때, 그 범행에 대한 책임의 정도와 형벌의 목적에 비추어 사형의 선고가 정당화될 수 있다고 보이므로 사형을 선고한 원심의 양형이 심히 부당하게 무겁다고 인정할 현저한 사유

87) 대법원 1996. 4. 26. 선고 96도590 판결.
88) 대법원 1996. 7. 28. 선고 95도255 판결.
89) 대법원 1999. 2. 24. 선고 99도62 판결.

가 없다."[90]

(6) 사형확정자24, 사형확정자30, 사형확정자41 사형확정자42에 대한 대법원 상고심[주심(이용우)]의 사형 양형이유

사형확정자24: "이 사건 범행의 중대함과 잔인함 등 기록에 의하여 인정되는 여러 양형사유에 비추어 볼 때 피고인에게 사형을 선고한 제1심을 그대로 유지한 원심의 조치가 형의 양정이 심히 부당하다고 인정할만한 현저한 사유가 있는 때에 해당한다고 볼 수 없다."[91]

사형확정자30: "범행동기와 수법 및 결과에 있어서 도저히 동정할 여지가 없는 참혹한 내용인 데다가, 범행 때마다 끌어들인 공범들을 지휘하여 범행 전반을 치밀하게 조직 실행한 점 및 마지막 범행 후에도 도피해 다니다가 체포되는 등 반성과 참회의 빛을 찾아보기 어려운 점, 기타 범행 후의 여러 정황과 피해자들에 대한 관계 등 양형의 조건이 되는 여러 정황에 비추어 보면, 원심의 양형이 심히 부당하다고 인정할 현저한 사유가 있다고는 할 수 없다."[92]

사형확정자41: "원심이 설시하고 있는 양형의 조건이 되는 사실들을 충분히 수긍할 수 있고, 양형의 조건에 비추어 보면 피고인에 대하여 사형을 선고한 제1심의 판단을 그대로 유지한 원심이 양형이 심히 부당하다고 인정할 현저한 사유가 있다고 보이지 아니한다."[93]

사형확정자42: "범행의 동기가 통상인으로서는 공감하거나 동정할 간한 것이 되지 못하고 그 수법이 참혹하며 그 결과 피해법익의 범위가 넓어서 피해자들과의 관계, 범행의 동기, 수단, 결과의 측면에서 피고인에게 참작할만한 정상을 지적하기 어렵다. 나아가 범행 후 피고인의 태도 등 그 밖의 관련 정황에서도 양형 결정에 유리한 정황은 발견되지 아니한다. 결국, 이 사건 사실관계에서는 양형의 원칙을 엄격히 적용하여 보아도 범행에 대한 책임의 정도와 형벌의 목적에 비추어 피고인에 대하여 사형을 선고할만한 특별한 사정이 있다고 본

---

90) 대법원 2000. 11. 28. 선고 2000도3997 판결.

91) 대법원 2000. 4. 18. 선고 99도757 판결.

92) 대법원 2001. 2. 2. 선고 2000도615 판결.

93) 대법원 2003. 10. 9. 선고 2003도3819 판결.

원심의 형의 양정은 수긍되며, 그 형의 양정이 심히 부당하고 인정할 현저한 사유를 찾아볼 수 없다."[94]

(7) 사형확정자25, 사형확정자29, 사형확정자34 사형확정자43에 대한 대법원 상고심[주심(조무제)]의 사형 양형이유

사형확정자25: "피고인이 당시 술에 취한 상태에서 이 사건 범행을 저질렀고 불우한 환경에서 성장하였으며 현재 기독교 신앙을 가지고 자신의 잘못을 깊이 참회하고 있다는 점 등을 감안하더라도 피고인의 죄책이 심히 중대하고 죄형의 균형이나 형법의 일반예방적 기능이란 관점에서도 피고인의 생명을 존치시킬 수 없는 부득이 한 경우에 해당하여 피고인에 대하여는 극형이 불가피하다고 할 것이므로 피고인을 사형에 처한 제1심의 양형은 적정하다고 인정되고 그것이 너무 무거워 부당하다는 항소이유는 받아들이기 어렵다고 판단하였다. 기록에 나타난 제반사정을 아울러 살펴보니 원심의 위와 같은 형의 양정이 심히 부당하다고 인정할 현저한 사유가 있다고는 판단되지 아니한다."[95]

사형확정자29: "존엄한 생명을 셋이나 빼앗는 등 그 중대함에 비추어 비록 피고인이 지금은 깊이 참회하고 있다 하더라도 원심이 유지한 극형이 심히 부당하다고 인정할 수 없다."[96]

사형확정자34: "기록에 나타난 모든 양형 조건들을 종합하여 보면 그 죄책이 심히 중대하여 죄형간의 균형과 범죄의 일반예방적 견지에서 극형의 선택이 불가피하다고 인정되므로 같은 취지에서 피고인에 대하여 사형을 선고한 제1심의 양형이 적정하다고 판단한 원심의 조치는 수긍이 가고, 달리 그 양형이 심히 부당하다고 인정할 만한 뚜렷한 사유를 찾아볼 수 없다."[97]

사형확정자43: "기록에 비추어 살펴보면 원심이 판시하고 있는 양형의 조건에 관한 사실인정을 충분히 수긍할 수 있고, 그와 같은 양형의 조건이 되는 모든 사항을 참작하여 보면 피고인에 대하여 사형을 선고한 제1심 판단을 그대

94) 대법원 2003. 8. 27. 선고 2003도1649 판결.
95) 대법원 2000. 1. 14. 선고 99도4392 판결.
96) 대법원 2001. 2. 9. 선고 2015도5588 판결.
97) 대법원 2001. 7. 13. 선고 2001도2667 판결.

로 유지한 원심의 형의 양정에 심히 부당하다고 인정할 현저한 사유가 있다고 볼 수 없다."[98]

5. 소결론

앞에서 살펴본 바를 정리하면 56명의 민간인 사형확정자들에 대한 판결은 제1심 법원에서 150명의 판사가 심리에 참여하였고, 55명의 항소심에 대한 판결에서는 125명의 판사가 심리에 참여하였다. 그리고 군인 신분의 사형확정자 4명이 포함된 52명의 상고심에 대한 판결에는 54명의 대법관이 그 심리에 관여한 사실을 확인할 수 있었다. 이 연구를 수행하기 이전에 종료된 국가인권위원회의 사형제도 폐지 및 대체형벌에 대한 실태조사에서는 전문가집단에 대한 설문이 설계되었고 여기에 판사들에 대한 부분도 포함되어 있었다. 그러나 61명에 대한 판결문을 입수하기 이전이었던 관계로 유의미한 설문대상을 확정할 수 없었다. 이 연구가 먼저 종료되었다면 아마도 61명의 미집행 사형확정자들에 대해 하급심이든 상고심이든 그 재판에 관여한 법관들을 대상으로 설문을 설계했을 것이다.

입수된 모든 판결문을 정독하는 과정에서 받게 된 소회부터 달하자면 그것이 제1심이든 항소심이든 그리고 최고법원의 단계에서이든 사법기관이 그의 권능에 근거하여 사형을 선고하면서 작성하는 판결서의 신중함이 느껴지지 않는다는 것이었다. 종이 몇 장에 수사기록을 복사한 듯 붙여두고 사실관계 역시 기록에 의존하여 작성한 뒤 종국에 사형이 선고되는 사람에게 왜 당신이 사형을 선고받아 마땅한 것인지를 납득 가능하게 설시하는 양형이유가 뒤따라야 하지만 똑같은 문장과 표현을 마치 동일한 한 사람의 법관이 적어놓은 것과 같은 내용으로 채워두고 있음을 접하면서 과연 법관이라는 존재들이 그 직분역할을 설명할 때마다 언급하는 말처럼 판결로서 말하는 사람들인지를 되묻게 된다.

6. 사형확정자들이 제기한 헌법재판

가. 개 요

대한민국의 국민이라면 누구라도 그의 기본권이 침해되었을 때 최종적으

98) 대법원 2003. 8. 28. 선고 2002도6611 판결.

로 헌법재판을 통한 구제를 요청할 수 있으므로 이를 자유로이 제기할 수 있다. 따라서 사형확정자라고 하더라도 그가 국민이라는 사실을 부인할 수 없다는 점에서 달리 헌법재판에 제한을 가할 수 없다. 이러한 사정 아래 57명의 사형확정자 가운데 일부는 심급별 재판 도중 혹은 사형확정 이후에 헌법재판을 청구한 바 있다. 청구사건의 내용을 개괄적으로 정리해 보면 <표 3-14>와 같다. 개별 사건에 대해서는 문단을 바꾸어 살펴보도록 한다.

〈표 3-14〉 사형확정자들이 제기한 헌법재판의 일람[99)]

구분	사건번호	선고일	사건명	결과
사형확정자56	2008헌가23	2010. 2. 25	살인죄 및 사형제도	합헌
사형확정자15	2018헌마905	2018. 9. 14	검정고시 응시제한행위	각하
사형확정자54	2009헌마144	2009. 3. 24	사형확정 판결의 취소	각하
	2013헌마463	2013. 5. 30	교정시설 내에서의 방송시청 제한	각하
	2016헌마74	2016. 2. 16	교정시설 내에서의 방송시청 제한	각하
	2016헌마204	2016. 4. 12	서신발송 불허처분	각하
	2018헌바237	2018. 7. 3	행정절차법	각하
	2018헌바238	2018. 7. 17	행정절차법	각하
	2016헌마330	2018. 5. 31	전자발찌 부착	기각
사형확정자20	2010헌마182	2010. 4. 6	재심기각 결정	각하
사형확정자48	2013헌바98	2016. 5. 26	집필문 발송 불허결정	합헌

99) 헌법재판에서 헌가사건은 위헌법률심판을, 헌마사건은 헌법재판소법 제68조 제1항에 의한 헌법소원을, 헌바사건은 헌법재판소법 제68조 제2항에 의한 헌법소원을 의미한다.
헌법재판소법 제68조(청구 사유) ① 공권력의 행사 또는 불행사(不行使)로 인하여 헌법상 보장된 기본권을 침해받은 자는 법원의 재판을 제외하고는 헌법재판소에 헌법소원심판을 청구할 수 있다. 다만, 다른 법률에 구제절차가 있는 경우에는 그 절차를 모두 거친 후에 청구할 수 있다.
② 제41조 제1항에 따른 법률의 위헌 여부 심판의 제청신청이 기각된 때에는 그 신청을 한 당사자는 헌법재판소에 헌법소원심판을 청구할 수 있다. 이 경우 그 당사자는 당해 사건의 소송절차에서 동일한 사유를 이유로 다시 위헌 여부 심판의 제청을 신청할 수 없다.

나. 사형확정 전 살인죄 및 사형제도를 규정한 형법조항 등에 대한 위헌 법률심판

사형확정자56은 제1심법원에서 사형을 선고받은 후 항소하여 그 재판의 계속 도중에 살인죄를 규정한 형법 제250조 제1항과 사형이라는 형벌의 법적 근거가 되는 형법 제41조 제1호 등에 대하여 위헌법률심판 제청신청을 하였고, 항소심법원은 2008년 9월 17일, 형법 제41조 가운데 '1. 사형 2. 징역' 부븐, 형법 제42조(무기금고, 유기징역, 유기금고 부분 제외), 형법 제72조 제1항(무기금고, 유기징역, 유기금고 부분 제외), 형법 제250조 제1항 가운데 '사형, 무기의 징역에 처한다.'는 부분, '성폭력범죄의 처벌 및 피해자보호 등에 관한 법률' 제10조 제1항 가운데 '사형 또는 무기징역에 처한다.'는 부분이 각 위헌이라고 의심할만한 상당한 이유가 있다며 그 심판제청의 결정을 하였다.[100)101)102)]

---

100) 헌법재판소 2010. 2. 25. 선고 2008헌가23 결정.

101) 이 결정에는 3인의 재판관이 보충의견을 제시하였다.
<u>재판관 이강국</u>의 보충의견은 "헌법 제10조에서 도출된 생명권과 헌법 제110조 제4항 단서와의 대립관계는 헌법의 통일성의 원칙이나 실제적 조화의 원칙에 따라 위 2개의 법익이 통일적으로, 그리고 실제적으로 가장 잘 조화되고 비례될 수 있도록 해석하여야 한다. 따라서 사형제는 헌법 자체가 긍정하고 있는 형(刑)이지만, 동시에 이와 충돌되는 생명권의 높은 이념적 가치 때문에 그 규범영역은 상당부분 양보·축소되어야 할 것이므로 사형의 선고는 정의와 형평에 비추어 불가피한 경우에만, 그것도 비례의 원칙과 최소 침해의 원칙에 따라 행해져야 한다고 해석하는 것이 상당하고, 이러한 해석과는 달리, 생명권의 최상위 기본권성만을 내세워 실정 헌법에서 규정하고 있는 사형제를 가볍게 위헌이라고 부정하는 것은 헌법해석의 범위를 벗어나 헌법의 개정이나 헌법의 변질에 이르게 될 수 있다."고 보았다.
<u>재판관 민형기</u>는 "현행 헌법질서 내에서의 사형제 자체의 존재 이유 및 필요성은 인정될 수 있으나, 사형의 오·남용 소지와 그에 따른 폐해를 최대한 불식시키고, 잔혹하고도 비이성적이라거나 목적 달성에 필요한 정도를 넘는 과도한 형벌이라는 지적을 면할 수 있도록, 그 적용 대상과 범위를 최소화하는 것이 필요하며, 원칙적으로 사형 대상 범죄는 인간의 생명을 고의적으로 침해하는 범죄나 생명의 침해를 수반할 개연성이 매우 높거나 흉악한 범죄로 인해 치사의 결과에 이른 범죄, 전쟁의 승패나 국가안보와 직접 관련된 범죄 등으로 한정되어야 한다. 입법자는 외국의 입법례 등을 참고하여 국민적 합의를 바탕으로 사형제 전반에 걸친 문제점을 개선하고 필요한 경우 문제가 되는 법률이나 법률조항을 폐지하는 등의 노력을 게을리 하여서는 아니 될 것이다."라고 하는 보충의견을 내었다.
<u>재판관 송두환</u>은 "인간의 존엄성 및 인간 생명의 존엄한 가치를 선명하기 위하여, 역설적으로 그 파괴자인 인간의 생명을 박탈하는 것이 불가피한 예외적 상황도 있을 수 있으므로, 반인륜적인 범죄에 대비하여 사형을 규정한 것으로 한정적으로 이해하는 한 사형제도가 헌법 제10조에 반한다고 볼 수 없고, 반인륜적인 범죄에 대한 법정형 범위에

사형을 포함시킨 것 자체를 '생명권을 공동화한 것'이라고 평가하기 어려우므로 자유와 권리의 본질적인 내용을 침해한 것으로 볼 수 없다. 근본적인 문제는 사형제도 자체에 있는 것이 아니라 사형제도의 남용 및 오용에 있으므로, 형벌조항들을 전면적으로 재검토하여 사형이 선택될 수 있는 범죄의 종류를 반인륜적으로 타인의 생명을 해치는 극악범죄로 한정하고, 사회적, 국가적 법익에만 관련된 각종 범죄의 경우 등에는 법정형에서 사형을 삭제하며, 전체 사법절차가 엄격하고 신중한 적법절차에 의하여 진행되고 '잔혹하고 이상한 형벌' 또는 인간의 존엄성을 무시하거나 해하는 형벌이 되지 않도록 수사 및 재판, 형의 집행 등 모든 절차를 세심하게 다듬고 정비해야 할 것이다."라는 보충의견을 개진하였다.

102) 그러나 재판관 4인은 위헌의견을 제시하였다. **재판관 조대현**은 "인간의 생명권은 지고(至高)의 가치를 가지는 것이므로 이를 제한하기 위한 사유도 역시 지고의 가치를 가지는 인간의 생명을 보호하거나 구원하기 위한 것이라야 하는데, 범죄에 대한 형벌로서 범죄자를 사형시키는 것은 이미 이루어진 법익침해에 대한 응보에 불과하고, 살인자를 사형시킨다고 하여 피살자의 생명이 보호되거나 구원되지 아니하므로, 사형제도는 인간의 생명을 박탈하기에 필요한 헌법 제37조 제2항의 요건을 갖추지 못하였으며, 생명권의 본질적인 내용을 침해하는 것이라고 보지 않을 수 없다. 다만, 헌법 제110조 제4항 단서가 비상계엄 하의 군사재판에서 사형을 선고하는 경우를 인정하고 있으므로, 비상계엄 하의 군사재판이라는 특수상황에서 사형을 선고하는 것은 헌법 스스로 예외적으로 허용하였다고 봄이 상당하다. 따라서 사형제도는 헌법 제110조 제4항 단서에 해당되는 경우에 적용하면 헌법에 위반된다고 할 수 없지만, 헌법 제110조 제4항 단서에 해당되지 않는 경우에 적용하면 생명권을 침해할 정당한 사유도 없이 생명권의 본질적인 내용을 침해하는 것으로서 헌법 제37조 제2항에 위반된다."는 일부 위헌의 의견을 제시하였다.

재판관 김희옥은 "(1) 헌법 제110조 제4항 단서의 규정은 그 도입 배경이나 규정의 맥락을 고려할 때, 법률상 존재하는 사형의 선고를 억제하여 최소한의 인권을 존중하기 위하여 규정된 것이므로 간접적으로도 헌법상 사형제도를 인정하는 근거 규정이라고 보기 어렵다. (2) 사형제도는 인간의 존엄과 가치를 천명하고 생명권을 보장하는 우리 헌법 체계에서는 입법목적 달성을 위한 적합한 수단으로 인정할 수 없고, 사형제도를 통하여 확보하고자 하는 형벌로서의 기능을 대체할 만한 가석방 없는 무기자유형 등의 수단을 고려할 수 있으므로 피해의 최소성 원칙에도 어긋나며, 사형 당시에는 사형을 통해 보호하려는 타인의 생명권이나 중대한 법익은 이미 그 침해가 종료되어 범죄인의 생명이나 신체를 박탈해야 할 긴급성이나 불가피성이 없고 사형을 통해 달성하려는 공익에 비하여 사형으로 인하여 침해되는 사익의 비중이 훨씬 크므로 법익의 균형성도 인정되지 아니한다. 또한 사형제도는 이미 중대 범죄가 종료되어 상당 기간이 지난 후 체포되어 수감 중인, 한 인간의 생명을 일정한 절차에 따라 빼앗는 것을 전제로 하므로, 생명에 대한 법적 평가가 필요한 예외적인 경우라고 볼 수 없어 생명권의 본질적 내용을 침해하고, 신체의 자유의 본질적 내용까지도 침해한다. (3) 사형제도는 범죄인을 사회전체의 이익 또는 다른 범죄의 예방을 위한 수단 또는 복수의 대상으로만 취급하고 한 인간으로서 자기의 책임 하에 반성과 개선을 할 최소한의 도덕적 자유조차 남겨주지 아니하는 제도이므로 헌법 제10조가 선언하는 인간의 존엄과 가치에 위배되며, 법관이나 교도관 등 직무상 사형제도의 운영에 관여하여야 하는 사람들로 하여금 인간의 생명을 계획적으로 빼앗는 과정에 참여하게 함으로써 그들을 인간으로서의 양심과 무관하게 국가목적을 위한 수단으로 전락시키고 있다는 점에서 그들의 인간으로서의 존엄과 가치 또한 침해한다."

이 사건은 1996년의 헌법재판 이후 12년 만에 제기된 것으로서 아래와 같은 내용들이 쟁점으로 검토되었으나 헌재의 입장은 위헌을 인정하는 재판관의 숫자에 변경이 있었지만 결과는 12년 전과 마찬가지로 합헌으로 마무리되었다.[103)]

고 하는 위헌의견을 내었다.

재판관 김종대는 "(1) 헌법 제37조 제2항 후단은 그 내용이 본질적인 부분과 그렇지 않은 부분의 중층적 구조로 구성된 기본권의 제한에 관한 규정이고, 성질상 본질적인 부분과 그렇지 않은 부분이 구별되지 않는 생명권과 같은 경우에는 그 적용이 없으므로, 생명권에 대해서도 헌법 제37조 제2항 전단에 따라 그 제한이 가능하고 그 제한의 정당화 여부는 비례의 원칙에 따른 심사를 통해 판단하여야 한다. (2) 형벌로서 사형을 부과할 당시에는 국가의 존립이나 피해자의 생명이 범인의 생명과 충돌하는 상황은 이미 존재하지 않으며, 국가가 범인을 교도소에 계속해서 수용하고 있는 한 개인과 사회를 보호하는 목적은 범인을 사형시켰을 때와 똑같이 달성될 수 있다. 사형제도는 범죄억제라는 형사정책적 목적을 위해 사람의 생명을 빼앗는 것으로 그 자체로 인간으로서의 존엄과 가치에 반하고, 사형제도를 통해 일반예방의 목적이 달성되는지도 불확실하다. 다만, 지금의 무기징역형은 개인의 생명과 사회 안전의 방어라는 점에서 사형의 효력을 대체할 수 없으므로, 가석방이나 사면 등의 가능성을 제한하는 최고의 자유형이 도입되는 것을 조건으로 사형제도는 폐지되어야 한다."는 위헌의견을 제시했다.

재판관 목영준은 "(1) 생명권은 개념적으로나 실질적으로나 본질적인 부분을 그렇지 않은 부분과 구분하여 상정할 수 없어 헌법상 제한이 불가능한 절대적 기본권이라고 할 수밖에 없고, 생명의 박탈은 곧 신체의 박탈도 되므로 사형제도는 생명권과 신체의 자유의 본질적 내용을 침해하는 것이다. (2) 사형제도는 사회로부터 범죄인을 영원히 배제한다는 점 이외에는 형벌의 목적에 기여하는 바가 결코 명백하다고 볼 수 없고, 우리나라는 국제인권단체로부터 사실상의 사형폐지국으로 분류되고 있어 사형제도가 실효성을 상실하여 더 이상 입법목적 달성을 위한 적절한 수단이라고 할 수 없으며, 절대적 종신형제 또는 유기징역제도의 개선 등 사형제도를 대체할 만한 수단을 고려할 수 있음에도, 생명권을 박탈하는 것은 피해의 최소성 원칙에도 어긋나고, 사형을 통해 침해되는 사익은 범죄인에게는 절대적이고 근원적인 기본권인 반면, 이를 통해 달성하고자 하는 공익은 다른 형벌에 의하여 상당 수준 달성될 수 있어 공익과 사익 간에 법익의 균형성이 갖추어졌다고 볼 수 없다. (3) 사형은 악성이 극대화된 흥분된 상태의 범죄인에 대하여 집행되는 것이 아니라 이성이 일부라도 회복된 안정된 상태의 범죄인에 대하여 생명을 박탈하는 것이므로 인간의 존엄과 가치에 위배되며, 직무상 사형제도의 운영에 관여하여야 하는 사람들로 하여금 그들의 양심과 무관하게 인간의 생명을 계획적으로 박탈하는 과정에 참여하게 함으로써, 그들의 인간으로서 가지는 존엄과 가치 또한 침해한다. (4) 사형제도가 헌법에 위반되어 폐지되어야 한다고 하더라도 이를 대신하여 흉악범을 사회로부터 영구히 격리하는 실질적 방안이 강구되어야 하는바, 가석방이 불가능한 절대적 종신형제도를 사형제도를 도입하고, 엄중한 유기징역형을 선고할 수 있도록 경합범합산 규정을 수정하고 유기징역형의 상한을 대폭 상향 조정해야 하므로, 형벌의 종류로서 사형을 열거하고 있는 형법 제41조 제1호를 위헌으로 선언함과 동시에, 무기징역형, 경합범 가중규정, 유기징역형 상한 및 가석방에 관한 현행 법규정들이 헌법에 합치되지 않음을 선언해야 한다."는 위헌의견을 덧붙였다.

(1) 사형제도의 위헌성

헌법재판소에 의하면 사형제도의 위헌 여부에 대한 문제는 성문 헌법을 비롯한 헌법의 법원을 토대로 헌법규범의 내용을 밝혀 사형제도가 그러한 헌법규범에 위반하는지 여부를 판단하는 것으로서 헌법재판소에 최종적인 결정 권한이 있는 반면, 사형제도를 법률상 존치시킬 것인지 또는 폐지할 것인지의 문제는 사형제도의 존치가 필요하거나 유용한지 또는 바람직한지에 관한 평가를 통하여 민주적 정당성을 가진 입법부가 결정할 입법정책적 문제이지 헌법재판소가 심사할 대상이 아니라고 선언하였다. 그리고 극악한 범죄 가운데 극히 일부에 대하여서라도 헌법질서 내에서 사형이 허용될 수 있다고 한다면 사형제도 자체를 위헌이라고 할 수는 없고, 사형제도 자체의 합헌성을 전제로 사형이 허용되는 범죄유형을 어느 범위까지 인정할 것인지가 문제될 뿐이며, 이는 개별 형벌조항의 위헌성 여부의 판단을 통하여 해결할 문제라고 판단하며 그 위헌성을 부인하였다.

(2) 사형제도의 헌법적 근거

사형의 헌법적 근거와 관련해서는 직접적인 근거는 없지만 헌법 제110조 제4항[104]을 간접적인 법률적 근거로 파악하고 이 조항에 따라 사형이 선고될 수 있음을 전제로 하면서 사형을 선고하는 경우에는 그것이 비상계엄하의 군사재판이라는 극단적인 상황에서라도 단심으로 할 수 없고, 사법절차를 통한 불복이 보장되어야 한다는 취지로 이해하였다.

(3) 생명권과 헌법 제37조 제2항

생명권에 대해서는 헌법이 절대적 기본권을 명문으로 인정하고 있지 아니

---

103) 2018년 11월 20일, 한국 천주교 주교회의 정의평화위원회 사형제도폐지 소위원회는 인천지법 부천지원 제1형사부에 사형제도에 대한 위헌법률심판제청을 신청했다. 이 신청은 존속살인 혐의로 구속 기소된 피고인을 지원하기 위한 것으로 사폐소위 총무를 맡고 있는 김형태 변호사가 대리했다. 피고인은 사형을 구형받고, 11월 23일, 제1심 선고를 앞두고 있었으나 재판부는 선고를 미루고 재판날짜를 다시 잡겠다는 기일추정을 한 바 있다. 사폐소위는 보도자료를 통하여 위헌법률심판제청 신청이 기각될 경우 헌법재판소에 헌법소원을 제기할 예정이라고 밝혔다.

104) 헌법 제110조 ④ 비상계엄하의 군사재판은 군인·군무원의 범죄나 군사에 관한 간첩죄의 경우와 초병·초소·유독음식물공급·포로에 관한 죄 중 법률이 정한 경우에 한하여 단심으로 할 수 있다. 다만, 사형을 선고한 경우에는 그러하지 아니하다.

하며, 헌법 제37조 제2항에서는 국민의 모든 자유와 권리는 국가안전 보장·질서유지 또는 공공복리를 위하여 필요한 경우에 한하여 법률로써 제한할 수 있도록 규정하고 있어, 비록 생명이 이념적으로 절대적 가치를 지닌 것이라 하더라도 생명에 대한 법적 평가가 예외적으로 허용될 수 있다고 할 것이므로, 생명권 역시 헌법 제37조 제2항에 의한 일반적 법률유보의 대상이 될 수밖에 없다고 해석하였다.

나아가 생명권의 경우, 다른 일반적인 기본권 제한의 구조와는 달리, 생명의 일부 박탈이라는 것을 상정할 수 없기 때문에 생명권에 대한 제한은 필연적으로 생명권의 완전한 박탈을 의미하게 되는바, 이처럼 생명권의 제한이 정당화될 수 있는 예외적인 경우에는 그 박탈이 초래된다고 하더라도 곧바로 기본권의 본질적인 내용을 침해하는 것이라 볼 수 없다는, 납득하기어 어려운 논리를 전개하고 있다.

(4) 침해의 최소성과 법익의 균형성

또한 사형은 일반 국민에 대한 심리적 위하(威嚇)[105]를 통하여 범죄의 발생을 예방하며, 극악한 범죄에 대한 정당한 응보를 통하여 정의를 실현하고, 당해 범죄인의 재범 가능성을 영구히 차단함으로써 사회를 방어하려는 것으로 그 입법목적이 정당하고, 입법목적의 달성을 위한 적합한 수단이라는 점을 강조하였다.

아울러 침해 최소성 원칙과 관련하여 무기징역형이나 가석방이 불가능한 종신형보다도 범죄자에 대한 법익침해의 정도가 큰 형벌로서, 인간의 생존본능과 죽음에 대한 근원적인 공포까지 고려하면, 다른 형벌보다 더 큰 위하력을 발휘함으로써 가장 강력한 범죄억지력을 가지고 있다고 보아야 한다고 하였다. 극악한 범죄의 경우에는 무기징역형 등 자유형의 선고만으로는 범죄자의 책임에 미치지 못하게 될 뿐만 아니라 피해자들의 가족 및 일반국민의 정의 관념에도 부합하지 못하며, 입법목적의 달성에 있어서 사형과 동일한 효과를 나타내면서도 사형보다 범죄자에 대한 법익침해 정도가 작은 다른 형벌이 명백히 존재한다고 보기 어려우므로 사형제도가 이에 어긋난다고 할 수 없다고 판단하였다.

105) '위하'라는 단어는 위협이라는 순화된 표현으로 대체할 수 있는데 우리말에서는 일상언어로 자주 사용하는 않으나 법률용어로 쓰이고 있다.

오판가능성의 문제는 사법제도의 숙명적 한계이지 사형이라는 형벌제도 자체의 문제로 볼 수는 없으며 심급제도, 재심제도 등의 제도적 장치 및 그에 대한 개선을 통하여 해결할 문제이지, 이를 이유로 사형이라는 형벌의 부과 자체가 위헌이라고 는 할 수 없다고 하여 양자의 문제를 분리하여 평가할 것을 주문하고 있다.

이에 더하여 사형제도에 의하여 달성되는 공익(범죄예방을 통한 무고한 일반국민의 생명 보호 등 중대한 공익의 보호와 정의의 실현 및 사회방위)은 사익(사형제도로 발생하는 극악한 범죄를 저지른 자의 생명권)보다 결코 작다고 볼 수 없을 뿐만 아니라, 다수의 인명을 잔혹하게 살해하는 등의 극악한 범죄에 대하여 한정적으로 부과되는 사형이 그 범죄의 잔혹함에 비하여 과도한 형벌이라고 볼 수 없다고 하면서 법익균형성 원칙에도 위배되지 않는다는 입장을 취하였다.

(5) 사형제도와 헌법 제10조

이어서 헌재는 우리 헌법이 적어도 간접적으로나마 사형을 인정하고 있을 뿐만 아니라 생명권 제한에 있어서 헌법 제37조 제2항에 의한 헌법적 한계를 일탈하였다고도 볼 수 없는 이상, 범죄자의 생명권 박탈을 내용으로 한다는 이유만으로 곧바로 인간의 존엄과 가치를 규정한 헌법 제10조에 위배된다고 할 수 없다고 보았다.

또한 형벌의 경고 기능을 무시하고 극악한 범죄를 저지른 자에 대하여 그 중한 불법 정도와 책임에 상응하는 형벌을 부과하는 것으로서 사형제도는 범죄자가 스스로 선택한 잔악무도한 범죄행위의 결과인바, 범죄자를 오로지 사회방위라는 공익 추구를 위한 객체로만 취급함으로써 범죄자의 인간으로서의 존엄과 가치를 침해한 것으로 볼 수 없다고 단정하였다. 한편 사형을 선고하거나 집행하는 법관 및 교도관 등이 인간적 자책감을 가질 수 있다는 이유만으로 사형제도가 법관 및 교도관 등의 인간으로서의 존엄과 가치를 침해하는 위헌적인 형벌제도라고 할 수는 없다고 판단하고 있다.[106)]

---

106) 그러나 헌정사 70여년에 헌법재판의 역사는 그 절반에도 미치지 못하는 30년에 불과한 현실을 감안하더라도 헌법 제10조의 해석을 이와 같은 단견의 시각으로 제한하고 있는 것은 합헌을 지지하는 재판관들의 기본적인 헌법관에 의심을 품게 한다. 나아가 이미 합헌이라는 결론을 내려두고 연역(演繹)을 추론하는 것이기에 이러한 논리는 받아들이기 어렵다. 사형이 만약 절대선(positve good)이라면 반드시 모두에게 절대선이 되어야 하

(6) 책임원칙

나아가 헌재는 절대적 종신형제도에 대하여 사형제도와는 또 다른 위헌성 문제를 야기할 수 있고, 현행 형사법령 아래에서도 가석방제도의 운영 여하에 따라 사회로부터의 영구적 격리가 가능한 절대적 종신형과 상대적 종신형의 각 취지를 살릴 수 있다는 점 등을 고려하면, 현행 무기징역형제도가 상대적 종신형 외에 절대적 종신형을 따로 두고 있지 않은 것이 형벌체계상 정당성과 균형을 상실하여 헌법 제11조의 평등원칙에 반한다거나 형벌이 죄질과 책임에 상응하도록 비례성을 갖추어야 한다는 책임원칙에 반한다고 단정하기 어렵다고 보았다.

(7) 형법상 살인죄(형법 제250조 제1항) 규정의 위헌 여부

위헌대상 조항으로 지목된 살인죄를 규정한 형법 제250조 제1항에 대하여 헌재는 이를 인간 생명을 부정하는 범죄행위의 전형으로 파악하고, 이러한 범죄에는 행위의 태양이나 결과의 중대성으로 보아 반인륜적 범죄라고 할 수 있는 극악한 유형의 것들도 포함되어 있을 수 있다고 판단한다. 이 조항에서 타인의 생명을 부정하는 범죄행위에 대하여 5년 이상의 징역 외에 사형이나 무기징역을 규정한 것은 하나의 혹은 다수의 생명을 보호하기 위하여 필요한 수단의 선택이라고 볼 수밖에 없으므로 비례의 원칙이나 평등의 원칙을 위반한 것이 아니라고 하였다.

(8) 강간살인죄[(구)성폭력범죄처벌법 제10조 제1항] 규정의 위헌 여부

또한 (구)성폭력범죄의 처벌 및 피해자보호 등에 관한 법률(1997. 8. 22. 법률 제5343호로 개정되고 2008. 6. 13. 법률 제9110호로 개정되기 전) 제10조 제1항[107]의 범죄구성요건은 살인과 성폭력범죄가 합쳐진 결합범인데, 성폭력을 저지른 범죄자가 타인의 생명까지 침해하는 행위에 이르게 될 경우 그 불법효과의 하나로서 사형이나 무기징역형을 규정한 것은 하나의 혹은 다수의 생명과 타인의

며, 실제로도 절대선이라야 한다. 그러나 사형을 통하여 고뇌와 고통 받는 사람들이 분명히 존재한다는 사실은 사형이 절대선이라는 전제가 참된 것이 아님을 명징하게 증명하는 것이므로 이러한 합헌 판단은 오류에 속한다고 할 수 있다.

107) 제10조(강간 등 살인·치사) ① 제5조부터 제8조까지, 제8조의2, 제12조(제5조부터 제8조까지 및 제8조의2의 미수범만 해당한다)의 죄 또는 형법 제297조(강간)부터 제300조(미수범)까지의 죄를 범한 자가 사람을 살해한 때에는 사형 또는 무기징역에 처한다.

성적 자기결정의 자유를 보호하기 위하여 필요한 수단의 선택이라고 볼 수 있다고 한다.

그리고 성폭력범죄로 인해 발생하는 개인의 성적자유침해라는 추가적 법익침해를 감안할 때 일반 살인죄의 법정형에서 5년 이상의 유기징역을 제외한 것을 가리켜 비례의 원칙이나 평등의 원칙에 반한다고 할 수 없다고 판단하여 위헌성을 부인하였다.

다. 사형확정 이후에 제기된 헌법소원

(1) 검정고시 응시제한행위

교정시설에서 검정고시를 준비하고 이에 응시하고자 하였던 **사형확정자**15는 자체 예비시험의 결과, 응시허용 기준점수에 미달하여 교도소장으로부터 응시제한 처분을 받게 되자 이러한 처분행위와 독학으로 검정고시에 응시할 수 있는 근거법령인 '형의 집행 및 수형자의 처우에 관한 법률 시행규칙'(이하 형집행법 시행규칙) 제107조 제2항 후문[108]이 자신의 기본권을 침해한다는 주장 아래 헌법소원을 청구하였다. 그러나 헌재는 응시제한 행위가 위헌으로 선언된다고 하더라도 당해 검정고시 시험이 이미 종료되어 그 권리구제가 불가능한 상태이므로 사형확정자15의 주관적 권리보호 이익이 이미 소멸되었고, 응시제한 행위의 위헌 여부가 객관적인 헌법질서의 수요·유지를 위하여 긴요한 사항에 해당한다 보기도 어렵다며 청구를 부적법 각하하였다.[109]

(2) 사형확정 판결의 취소

자신에 대하여 사형을 확정한 상고심의 판결이 부당하다는 취지로 **사형확정자**54는 그 취소를 구하는 헌법소원을 청구하였다. 헌재는 법원의 재판을 대상으로 하는 헌법소원은 허용되지 않는다며 그 청구를 부적법 각하하였다.[110]

(3) 교정시설 내에서의 방송시청 제한

사형확정자54는 이외에도 여러 차례 헌법소원을 제기했는데, 구치소 내에

---

108) 제107조(작업 등) ② 작업·직업훈련 수형자 등도 독학으로 검정고시·학사고시 등에 응시하게 할 수 있다. 이 경우 자체 평가시험 성적과 수형생활태도 등을 고려하여야 한다.

109) 헌법재판소 2018. 9. 14. 선고 2018헌마905 결정.

110) 헌법재판소 2009. 3. 24. 선고 2009헌마144 결정.

서 법령의 근거도 없는 '수용자 교육교화 운영지침'에 따라 남성 수용자에 의한 여성방송 시청을 제한하는 것은 자신의 알 권리를 침해하고, 남녀 수용자를 차별 취급하는 것으로서 평등권을 침해한다는 취지의 헌법소원을 청구하였다. 헌재는 이에 대하여 심판청구기간이 도과하여 부적법하다고 판단하면서도 그의 청구가 헌법소원의 대상이 되는 공권력 행사에 해당하지 않는다며 각하하였다.[111]

이로부터 3년여가 경과한 뒤에도 **사형확정자54**는 시청을 원하는 텔레비전 방송프로그램에 대한 방송시청권을 수용자에게 부여하지 않는 형집행법 시행규칙 제40조[112]가 자신의 평등권 등을 침해한다고 주장하며, 헌법소원을 청구하였다. 이 사건에 대해서도 헌재는 구체적인 기본권 침해 여부를 따지지 아니한 채 청구기간을 도과하여 부적법하다는 이유로 각하하였다.[113]

(4) 서신발송 불허처분 등

또한 자신의 재심청구와 관련한 내용이 포함된 서신을 평소에 알고있던 기자에게 발송하려 했던 **사형확정자54**는 구치소장이 '언론 취재·촬영 요청 등에 관한 업무처리 기준(2013. 1. 31. 교정기획과-767)' 등에 의거하여 그 서신의 발송을 불허하는 처분을 하고 자신을 서신검열대상자로 지정하여 관리하도록 하는 결정을 하자 이 업무처리 기준 가운데 '사형확정자에 대한 취재·인터뷰 등을 원칙적으로 허가하지 아니한다.'는 부분이 자신에게 보장된 헌법상 표현의 자유

111) 헌법재판소 2013. 5. 30. 선고 2012헌마463 결정; 사형확정자54는 수용되어 있는 구치소 내에서 소지해서는 안 되는 부정 물품을 찾아내고자 거실에 더한 검사를 하는 교도관의 처분에 항의하여 징벌위원회로부터 금치 13일의 징벌처분을 받게 되어 이를 취소해 달라는 행정소송을 청구하였으나 기각되었다(서울행정법원 2012. 12. 20. 선고 2012구합 28308 판결).

112) 제40조(방송프로그램) ① 소장은 방송법 제2조의 텔레비전방송 또는 라디오방송을 녹음·녹화하여 방송하거나 생방송할 수 있으며, 비디오테이프에 의한 영상물 또는 자체 제작한 영상물을 방송할 수 있다. ② 방송프로그램은 그 내용에 따라 다음 각 호와 같이 구분한다. 1. 교육콘텐츠: 한글·한자·외국어 교육, 보건위생 향상, 성(性)의식 개선, 약물남용 예방 등 2. 교화콘텐츠: 인간성 회복, 근로의식 함양, 가족관계 회복, 질서의식 제고, 국가관 고취 등 3. 교양콘텐츠: 다큐멘터리, 생활정보, 뉴스, 직업정보, 일반상식 등 4. 오락콘텐츠: 음악, 연예, 드라마, 스포츠 중계 등 5. 그 밖에 수용자의 정서안정에 필요한 콘텐츠 ③ 소장은 방송프로그램을 자체 편성하는 경우에는 다음 각 호의 어느 하나에 해당하는 내용이 포함되지 아니하도록 특히 유의하여야 한다. 1. 폭력조장, 음란 등 미풍양속에 반하는 내용 2. 특정 종교의 행사나 교리를 찬양하거나 비방하는 내용 3. 그 밖에 수용자의 정서안정 및 수용질서 확립에 유해하다고 판단되는 내용

113) 헌법재판소 2016. 2. 16. 선고 2016헌마74 결정.

등 기본권을 침해한다는 취지로 헌법소원을 청구하였다. 이에 대해서도 헌재는 헌법소원의 대상이 되는 공권력의 행사에 해당하지 않는다고 판단하여 부적법 각하하였다[114]

이외에도 **사형확정자**54는 구치소에서 13회에 걸쳐 기자들에게 자신의 확정판결과 관련하여 '검사가 증거를 조작하였고, 거짓말을 하여 허위자백을 유도하였다'는 등의 취지를 담은 서신들을 발송하려 하자 구치소장은 형집행법의 조항을 근거로 이러한 서신 발신을 불허하였다. 한편 구치소장은 같은 기간 10회에 걸쳐 사형확정자54를 서신검열대상자로 지정하고, 각 해당기간별로 그의 서신을 검열하였다. 이에 **사형확정자**54는 구치소장을 상대로 발신불허처분 및 서신검열대상자 지정처분 취소소송을 제기하였는데, 서울행정법원은 2017년 1월 10일, 발신불허처분 가운데 2016. 2. 11.자, 2016. 2. 15.자, 2016. 2. 16.자, 2016. 2. 18.자, 2016. 2. 22.자 등 총 5건의 발신불허처분을 취소하고, 나머지 발신불허처분과 서신검열대상자 지정처분에 대한 취소청구는 기각하였다. 이후 그는 항소와 상고를 연달아 제기하였으나 모두 기각되었다.

이에 그치지 않고 **사형확정자**54는 발신불허처분 및 서신검열대상자 지정처분 등이 위법한 불법행위라고 주장하면서 국가를 상대로 위자료의 지급을 구하는 소송도 제기하였으나, 법원은 그 청구를 기각하였다. 이 과정에서 사형확정자54는 항소심 계속 도중 행정절차법 제3조 제2항 제6호에 대해 위헌법률심판제청 신청을 하였으나, 그의 항소 및 신청은 모두 기각되었다. 나아가 행정절차법 제3조 제2항 제6호가 자신의 알 권리, 재판청구권 등을 침해한다고 주장하면서 헌법소원도 청구하였다. 헌재는 이에 대해서도 국가를 상대로 손해배상을 구하는 당해사건에서 법원이 다른 내용의 재판을 하게 된다고 볼 수 없으므로 심판대상조항의 위헌 여부는 당해사건 재판의 전제가 되지 않는다고 판단하면서 부적법 각하하였다.[115]

(5) 전자발찌 부착

사형확정자54는 중형 선고 등에 따른 심적 불안으로 수용생활에 적응하기

114) 헌법재판소 2016. 4. 12. 선고 2016헌마204 결정.

115) 헌법재판소 2018. 7. 3. 선고 2018헌바237 결정 및 헌법재판소 2018. 7. 17. 선고 2018헌바238 결정 각 참조.

곤란하다고 인정되는 수용자에 해당한다는 이유로 형집행법 시행규칙 제210조 제8호[116]에 따라 관심대상수용자로 지정되었다. 그런데 자신이 제기한 민사소송의 변론기일에 출석하는 과정에서 담당 교도관이 그가 관심대상수용자에 해당한다는 이유로 그의 발목에 전자장치를 부착하였고, 법원에서 재판을 받고 구치소로 환소할 때까지 계속 부착하도록 하였다. 이에 구치소장이 자신에게 전자장치를 부착하도록 한 행위는 재판청구권 등 자신의 기본권을 침해한다고 주장하면서 헌법소원을 청구하였으나 헌재는 이에 대해서도 심판청구를 이유 없다며 기각하였다.[117]

(6) 재심기각결정

자신의 사형확정에 전제가 되었던 제1심 재판에 대하여 재심을 청구하였다가 기각되자 그 재심기각결정에 대한 즉시항고를 한 **사형확정자20**은 이 역시 기각되어 대법원에 재항고를 하였다, 그 결과는 파기 환송되었지만 환송심인 서울고법에서 다시 재심기각결정에 대한 즉시항고가 기각되고, 대법원에서도 재심기각결정에 대한 재항고가 기각되자 각 판결의 취소를 구하는 헌법소원을 청구하였다. 헌재는 이 청구에 대하여 법원의 재판을 대상으로 하는 헌법소원의 청구는 허용되지 않는다고 판단하여 부적법 각하하였다.[118]

(7) 집필문 발송 불허결정

구치소에 수용되어 있으면서 '어느 사형수의 독백'이라는 제목의 소설을 작성한 **사형확정자48**은 이를 출판하기 위하여 구치소장에게 출판사로 발송해 줄 것을 의뢰하였다. 그러나 구치소장은 집필한 내용이 형집행법 제43조 제5항 제4호부터 제7호[119]까지에 해당한다는 이유로 발송을 불허하기로 결정하고 이를

116) 제210조(지정대상) 관심대상수용자의 지정대상은 다음 각 호와 같다. 8. 중형선고 등에 따른 심적 불안으로 수용생활에 적응하기 곤란하다고 인정되는 수용자

117) 헌법재판소 2018. 5. 31. 선고 2016헌마330 결정.

118) 헌법재판소 2010. 4. 6. 선고 2010헌마182 결정.

119) 제43조(서신수수) ⑤ 소장은 제3항 또는 제4항 단서에 따라 확인 또는 검열한 결과 수용자의 서신에 법령으로 금지된 물품이 들어 있거나 서신의 내용이 다음 각 호의 어느 하나에 해당하면 발신 또는 수신을 금지할 수 있다. 4. 수용자의 처우 또는 교정시설의 운영에 관하여 명백한 거짓사실을 포함하고 있는 때 5. 사생활의 비밀 또는 자유를 침해할 우려가 있는 때 6. 수형자의 교화 또는 건전한 사회복귀를 해칠 우려가 있는 때 7. 시설의 안전 또는 질서를 해칠 우려가 있는 때

영치하였다. 이에 대하여 그 처분의 취소를 구하는 소송을 제기하였는데, 제1심 법원은 그 처분을 취소한다는 판결을 선고하였으나 구치소장이 항소하자 항소심 법원은 제1심 판결을 취소하고 사형확정자48의 청구를 기각하였다. 이에 그는 상고하였으며, 그 소송 계속 도중에 위 법률조항에 대하여 위헌법률심판제청 신청을 하였으나 상고가 기각됨과 동시에 그 신청도 기각되어 헌법소원을 청구하였다. 그러나 헌재는 심판대상조항이 수용자의 통신의 자유를 침해하지 않으며 헌법에도 위반되지 않는다고 판시하였다.[120]

7. 사형확정자1 원언식로부터의 전언(傳言)

가. 교신의 배경

미집행 사형확정자들에 대한 심급별 판결문을 수집하고 검토하는 과정에서는 일부 판결문이 확보되지 않았거나 전혀 다른 판결문이 포함되어 이와 같은 오류를 수정해야 했다. 판결문이 파악되지 않았던 사람 가운데에는 가장 장기간에 걸쳐 수감생활을 하고 있는 **사형확정자1** 원언식의 경우도 포함되어 있었다. 개인적으로 인연이 있는 이상혁 변호사(한국사형폐지협의회 명예회장)를 통하여 원언식이 수감되어 있는 교정시설과 수감번호를 확인할 수 있었지만 회신에 대해서는 거부 의사를 드러낸 다른 사형확정자도 있어 결과를 반신반의하였다.

그러나 이러한 우려와 달리 서신을 발송한 후 일주일이 채 지나지 않아 돌아온 회신을 통하여 본인으로부터 판결문 입수에 필요한 심급별 사건번호를 확인하게 되었다. 이후 두 차례 더 서신 교환이 이루어졌다. 서신을 공개할 것인지를 놓고 고심했지만, 이 장의 앞에서 이미 분석하고 있는 생존 미집행 사형확정자들에 대한 올바른 인식과 판단을 돕기 위하여 원언식의 동의를 받아 실명을 밝히고 서신의 내용에 나타난 그의 생각을 정리하여 소개하도록 한다.

나. 첫 번째 서신

그는 수감시설 내에서 일간신문을 구독하면서 사형제도와 관련된 기사를 꼼꼼히 확인하고 있으며, 특히 자신과 관련된 기사에 관심을 가지고 있었다. 사형제도의 폐지와 함께 논의되는 대체형벌에 대해서도 어느 정도는 알고 있었으

120) 헌법재판소 2016. 5. 26. 선고 2013헌바98 결정.

며, 이에 대해 그는 조심스럽게 "지은 죄는 정말 밉지만 그래도 작은 바늘구멍이라도 있으면 생각을 바꾸고, 마음과 성품을 바꾸면서 잘살아보려고 노력을 하거든요. 또 다른 수용자들에게 죄의 값이 무겁고 무서운 것이라는 것을 보여주기도 하거든요. 그래서 상대적 종신형이 되는 것이 교정, 교화에 더 맞는다는 생각을 했습니다."라고 자신의 의견을 밝혔다. 서로 일면식도 없는 상황에서 이루어진 첫 서신 교환에서 그의 생각을 온전히 읽어내는 것은 어려운 일이었으며 어떠한 기대도 없는 것이었다.

다. 두 번째 서신

두 번째 서신은 고립무원의 공간에 놓여있는 자신에 대하여 관심을 가져줘 고맙다는 인사로 시작되었다. 그에게 재판과정에서 변호인의 조력을 받은 부분에 대해 물었는데 제1심은 지역의 변호사였고, 항소심의 경우는 자신을 대학교수로서 사형제도 존치론자지만 학술적으로 이 사건의 변호를 맡게 되었다고 소개한 변호사가 수임하였다고 밝혔다. 수사과정에서 경찰은 자신의 범행을 '방화살인죄'로 판단하였으나 검찰로 송치되는 과정에 죄명은 '현주건조물 방화치사상죄'가 되었다고 하였다. 신문 보도를 통하여 그가 간암 수술을 받았다는 사실을 알고 있었기에 회복 여부를 물었다. 그는 2005년 7월, 처음 시행된 수용자건강검진제도에 따라 '간종양 표지자'가 양성이라는 판정을 받게 되자 외부 병원에서 혈액검사와 CT 촬영 등 정밀검사를 통하여 수술조차 불가능한 정도로 암이 전이된 상태를 발견했다고 한다. 치료의 가능성은 불투명했으나 간동맥 혈관조영술을 네 차례 시술한 후 수술로 간의 일부를 절제하고 13년째 살고 있다고 답해왔다.

두 번째 서신에서 원언식은 자신의 속마음으로 조금씩 털어놓고 있다. 그는 "사실 저는 세상에서 무서운 죄를 짓고 이곳에 들어온 26년 전에 벌써 죽은 사람이 되었습니다. 언제까지 제 생명을 주실지 모르겠지만 제게 생명을 허락해 주시는 날까지는 어제는 생각하지도 말고, 내일도 생각하지도 않고 오늘 하루만 생각하면서 속죄의 삶을 살고 있을 것입니다. 왜 사람이 입이 있어도 할 말이 없다는 말이 있듯이 죽은 사람이 무슨 말을 할 수 있겠어요. 매일매일 후회되지 않으려고 오늘이 마지막인 것처럼 매일매일 열심히 살고 있습니다. 세상에서 36년을 사는 동안에도 경찰서 한 번 가 본 적이 없고 누구와 다투고 싸워 본 적도 없었고, 죄인의 신분으로 26년을 담 안에서 사형수의 신분으로 살면서도 아직 누구와 다투거나 징벌방을 가 본 적이 없는 나인데…. 어떻게 한순간에 내 인생이 천길, 만길 지옥으로 떨어져 세상에서 영원히 격리되어야 한다는 사형수의 신분이 되었는지 모르겠습니다."라며 회한이 깃든 자신의 현재 상황에 대해 말하였다.

그러나 그는 "저 때문에 생명을 잃으시고, 피해와 아픔을 당하신 여호와의 증인 모든 분에게 작은 상처도 덧나지 않게 하고, 작은 고통이라도 드릴까 봐 조심스럽지만 사실 꼭 제가 드리고 싶은 말은 마음에 있습니다. 많은 사람에게 말하고 싶고, 제가 하나님을 믿으며 간증을 하고 싶은 말은, 두 번 다시 저와 같은 죄인은 나오지 말아야 한다는 마음에서 외치고 싶은 말은, 죄의 값이 얼마나 무섭고 무거운 것인지를, 자유가 얼마나 소중한 것인지를, 지금 마음껏 자유를 누릴 때 알았으면 좋겠다고 외치며 전하고 싶습니다."라고 말하며 수감생활에서 반성과 회심(悔心)의 흔적을 표현하고 있다. 이 서신 속에서도 종신형에 대해 언급하고 있는데, 그는 유럽에서 종신형이 절대적인 형태에서 상대적인 형태로 바뀌는데 상당한 세월이 지났다는 사실을 알고 있었고, "물론 오늘이 집행 날은 아닐까, 마음 졸이며 살지는 않겠지만 그래도 지금은 바늘구멍만 한 희망의 구멍은 있잖아요. 정말 잘 살려고 열심히 노력하며 살았었는데 한순간에 이렇게 악한 마음을 가진 사형수가 된 것이 실감나지 않습니다."라고 서신을 맺었다.

라. 세 번째 서신

세 번째 서신은 세월의 무상함과 자유를 박탈당한 채로 살아가는 교정시설 안의 사정을 안쓰럽게 생각하면서 시작하였다. 두 번째 서신에서 그는 부탁한 자신의 제1심, 항소심, 상고심의 판결문 사본을 잘 받아보았다고 전하며, "판결문 사본을 보면서 그 옛날이 머릿속에 스쳐 지나가면서 마음을 아프게 했습니다. 어쩌자고 그런 무서운 죄를 져서 남의 생명을 빼앗고 가슴에 못을 박았느냐고 저 자신을 탓하면서 내가 어쩌다 이런 모습으로 살고 있느냐고 자책을 했습니다."라고 말하고 있다.

사형과 무기형에 대해서는 하늘과 땅의 차이이자 생명과 죽음의 차이라고

하면서 10년 넘게 교도소 안 공장에 출역하여 기결수 신분의 처우를 받고 있지만 자신을 처우등급도 없는 '회색인간'이라고 표현하였다. 그리고 자신이 말하고 싶은 사형과 무기징역에 대한 간극의 의미를 대신하여 서신 속에는 2017년 12월 3일자, 가톨릭평화신문의 '사형과 무기징역 바꿀까요?'[121]라는 기사를 오려서 동봉해 보내주었다.

제1심과 항소심 모두 사선 변호인의 조력을 받았는데 제1심은 충분한 변론을 받지 못하였고 형식적이었다고 기억하면서 변론의 정도는 오히려 국선보다 못하였으며 적극적이지 않은 포기한 변론이었다고 술회하였다. 항소심 역시 충분한 변론보다는 무기형이 선고될 것이라고 힘내라고는 했지만, 변호사는 법정에 모여든 300~400명 정도의 방청객에 대한 부담감을 자신에게 전해주었고 안되면 대법원에서 해보겠다는 말을 했다고 한다.

그는 서울구치소에 수용되어 있었던 15년의 기간 가운데 13년 정도를 4인실에 7~8명이 혼거하는 형태로 수감되어 있었으며, 현재 수용되어 있는 광주교도소에서는 독거 수용되어 있다고 한다. 광주교도소로 이송된 것은 교정당국의 처분이 아니라 본인이 공장에 출역해서 일하고 싶었기 때문에 작업신청을 했고, 이에 따라 2008년 5월, 광주교도소로 이송되어 와서 지금까지 쇼핑백을 접는 공장에서 일하고 있다고 한다. 한 달에 작업 장려금으로 약 10~15만원 정도가 자신에게 돌아오지만 일하는 것이, 움직일 수 있다는 것, 무엇을 할 수 있다는 것이 좋다고 전한다.

그의 하루는 오전 4시에 일어나서 하나님께 감사와 속죄, 기도하는 시간을 가지고 성경과 독서, 그리고 편지쓰기를 오전 6시까지 하는 것으로 시작된다. 이후 오전 7시 아침 식사와 설거지와 화장실 청소, 세면을 한 다음 오전 8시에 공장으로 출역하여 오후 5시 10분까지 쇼핑백을 만드는 작업을 하고 있다. 오후 5시 30분부터 오후 9시까지는 저녁 식사와 TV 시청, 편지와 신문 읽기, 성경과 서적을 탐독하고 오후 9시에 감사기도를 드린 후 취침하는 일과로 짜여 있다.

그는 인터넷에서 자신이 '여호와의 증인, 왕국회관 방화범, 한국의 사형수들 1탄' 등 여러 형태로 언급되고 있다는 사실을 알고 있었다. 그러면서도 그러한 관심이 정말 자신에 대해 생각해 주는 것인지, 그리고 그런 생각을 해주는

121) http://www.cpbc.co.kr/CMS/newspaper/view_body.php?cid=703123&path=201711.

사람이 있는지에 대하여 반문하고 있다. 간암이라는 병마 속에서도 기적처럼 현재와 같은 삶을 살아가는 의미에 대해서는 열심히 살고자 노력한다고 하면서 그것이 어떤 대상인지는 분명히 밝히지 않았으나 아마도 신앙의 대상이 되는 존재에 대하여 "저도, 제게 어떤 뜻이 있으시고 어떤 삶을 주시려고 지금껏 살려 놓으시고 있는지 기대됩니다."라고 전언하였다.

서신의 말미에는 짧지만 강하게 "제 마음을 다 꺼내 보여드릴 수는 없지만, 내가 지은 죄 때문에 생명이 있는 한, 죽어서도 속죄하는 제가 되어야겠지요." 라고 말하고 있다. 아마도 이 표현은 사건 당시인 27년 전, 15명의 생명을 앗아간 방화치사범죄자 원언식이 아니라 현재의 원언식이라는 인물을 어떻게 이해해야 하고, 고민해야 하는지에 대하여 숙의해야 할 과제를 남긴다.

Ⅲ. 군사법원에 의한 사형확정자

1. 개 요

군인의 신분으로 사형이 확정된 자에 대한 사형의 집행은 1986년이 마지막이었던 것으로 확인되고 있다. 그것은 1985년 2월 24일, 육군○사단 소속 직할부대 화학지원대에 근무하던 한 병사가 총기를 난사하여 상관 및 동료 군인 8명을 살해한 사건의 결과였으며, 이후로 약 12년간은 군사법원에서 사형이 선고되거나 그에 따라 집행된 사례는 없었다.

그러나 1997년 6월 27일, 군인 신분의 사형확정자가 다시 나타난 이래로 2016년 2월 19일까지 모두 네 명의 사형확정자가 나왔다. **군-사형확정자**1은 강원도 화천에 소재한 육군 보병○사단 소속, **군-사형확정자**2는 경기도 연천에 소재한 육군 보병○사단 소속, **군-사형확정자**3은 경기도 강화에 소재한 해병○사단 소속, **군-사형확정자**4는 강원도 고성에 소재한 육군 보병○사단 소속의 병사이며, 이들은 모두 각 군별 보통군사법원과 국방부 고등군사법원에서 제1심과 항소심을 거친 후 대법원의 상고심을 통하여 최종 사형이 확정되었다<표 3-15>.

〈표 3-15〉 군에서의 사형이 확정된 자에 대한 일람

구분	1심 군사법원	사건 번호	선고일	피해 자수	항소이유	사건 번호	선고일	상고이유	사건 번호	선고일
군1	육군 제2군단 보통	96 고179	1996. 11. 28	3	양형부당	96 노830	1997. 4. 15	양형부당	97도 1141	1997. 6. 27
군2	육군 제3군사령부 보통	2005 고11	2005. 11. 23	8	사실오인 법리오인 양형부당	2005노 265	2006. 4. 21	사실오인 법리오해	2006도 2783	2007. 12. 3
					양형부당	2007노 311	2008. 5. 7	×	×	×
군3	해병대 사령부 보통	2011고 9	2012. 1. 13	4	사실오인 법리오인 양형부당	2012노 25	2012. 7. 12	양형부당	2012도 8980	2013. 1. 24
군4	육군 제1군사령부 보통	2014 고10	2015. 2. 3	5	심신장애 양형부당	2015노 84	2015. 8. 17	심신장애 양형부당	2015도 12980	2016. 2. 19

현재, 4명 전원은 경기도 이천 장호원에 있는 국군교도소(육군·해군·공군 헌병이 합동으로 근무하는 헌병의 최상위 부대인 국방부 조사본부 소속)의 제3소대에 미결 구금되어 있는데, 군-사형확정자1의 경우 군형법 제59조의 초병살해죄[122)]와 형법 제250조 제1항이 적용되었으며, 나머지 3명은 모두 군형법 제53조 제1항의 상관살해죄와 형법 제250조 제1항의 살인죄가 적용되었다.

범행 결과의 중대성이라고 할 수 있는 살해된 피해자의 수에 있어서 민간인 사형확정자의 경우보다 상대적으로 피해자가 많은 원인은 이들이 현역 군인의 신분으로 살상의 피해를 높이는 총기와 폭발물을 쉽게 확보하여 소지할 수 있었기 때문이며, 이들의 보통군사법원과 고등군사법원의 각 판결문에 나타난 내용을 토대로 검토해 보면 공통적으로 나타나는 범행 동기에는 군대라고 하는 특수한 집단적 사회공동생활체 내에서 상급자나 동료 군인 사이에서 불거진 갈등과 군복무에 대한 부적응에서 표출되는 원한이 가장 큰 요인으로 파악된다.

122) 군형법 제59조(초병살해) ① 초병을 살해한 자는 사형 또는 무기징역에 처한다.

2. 사형확정에 논란이 있는 경우

가. 군-사형확정자2

(1) 위헌법률심판

군-사형확정자2는 군형법이 규정한 상관살해죄 등으로 기소되어 3군사령부 보통군사법원에서 사형을 선고받고 항소하였으나, 국방부 고등군사법원은 이를 기각하였다. 이에 상고하여 대법원에서의 재판을 계속하던 도중 상관살해죄에 관한 군형법 제53조 제1항[123]에 대하여 위헌법률심판제청을 신청하였고 대법원은 이를 받아들였다. 대법원은 위헌제청을 결정하게 된 이유를 군형법 제53조 제1항의 상관살해죄 규정이 인간으로서의 존엄과 가치를 보장하려는 국가의 의무(헌법 제10조) 및 헌법 제37조 제2항이 규정한 과잉입법금지의 원칙을 위반하고, 사안의 경중에 차이가 있는 다양한 행위유형에 따른 양형조건을 무시한 채 일률적으로 사형만을 선고하도록 하는 것은, 상관살해죄보다 더 중하다고 볼 수 있는 내란목적살인죄(형법 제88조)가 법정형으로 사형, 무기징역 또는 무기금고를, 반란죄 가운데 반란행위로서 살해를 한 경우에 관한 군형법 제5조 제2호가 법정형으로 사형, 무기 또는 7년 이상의 징역이나 금고를 각 규정하고 있는 것에 비추어 보더라도 형벌체계상의 정당성과 균형을 상실한 것으로서 헌법상 평등의 원칙(헌법 제11조)에도 위반한 의심이 있다는 것이다.[124]

---

123) (구)군형법(2009년 11월 2일 전문 개정 이전) 제53조(상관살해) ① 상관을 살해한 자는 사형에 처한다.

124) 그러나 당시 국방부장관은 재판의 전제성과 관련하여 해당 법조문이 위헌으로 인정된다고 하더라도 군-사형확정자2가 사형선고를 피하기는 어렵기 때문에 대법원의 상고심 재판의 결론과 주문에 영향을 줄 수 없으므로 재판의 전제성이 없다는 의견을 진술하고, 군형법에 규정된 상관살해죄의 규정은 위계에 따른 상명하복을 본질로 하는 군조직에서 상관의 신체에 대한 위해를 방지하고자 마련된 규정된 조항이기에 군조직 하에서의 상관에 대한 살인은 일반적인 살인과는 달리 일반인의 생명에 대한 침해 시에 발생하지 않는 군대 내 명령체계 및 지휘체계를 문란하게 할 우려가 농후하고, 유사시 군의 전투력에 직접적인 영향을 주어 국가방위라는 특수사명 달성에 악영향을 초래할 가능성이 있으므로 사형이라는 형벌은 적절한 것이라고 하면서 상관살해죄는 생명침해와 더불어 중요한 국가적 법익을 침해하는 범죄라는 점에서 처벌이 최소한도를 넘는 것이 아니고, 이러한 공익이 군-사형확정자2가 받게 되는 불이익과 비교하여 균형을 상실한 것이 아니라고 하였다. 또한 법정형의 종류와 형량은 그 범죄의 죄질과 보호법익의 성격에 대한 고려뿐만 아니라 그 나라의 역사와 문화, 입법당시의 시대적 상황과 국민일반의 가치관 내지 법감정 그리고 범죄예방을 위한 형사정책적 고려 등 여러 가지 면을 종합적으로 고

헌법재판소는 사형만을 유일한 법정형으로 규정하고 있는 상관살해죄의 법률 조항에 대하여 위헌선언을 할 경우 이 법률 조항은 소급하여 효력을 상실하게 되어 이 법률조항이 적용 법조가 되는 공소사실에 대하여는 적용할 수 없게 되므로 법원이 심리 중인 이 사건 재판의 주문에 영향을 미치게 되고, 군-사형확정자2에 대한 처벌조항으로 상관살해죄의 법률 조항이 아닌 다른 법률 조항, 예컨대 형법상 단순살인죄로 적용 법조를 변경하는 공소장 변경이 있는 경우에도 당해 사건의 재판 이유가 달라져 결국 법률 조항의 위헌 여부에 따라 재판의 내용은 달라질 수밖에 없으므로 재판의 전제성이 인정된다고 판단하였다.

아울러 법정형의 종류와 범위를 정하는 것이 기본적으로 입법자의 권한에 속하는 것이라고 하더라도, 형벌은 죄질과 책임에 상응하도록 적절한 비례성이 지켜져야 하는바, 군대 내 명령체계 유지 및 국가방위라는 이유만으로 가해자와 상관 사이에 명령복종관계가 있는지 여부를 불문하고 전시와 평시를 구분하지 아니한 채 다양한 동기와 행위태양의 범죄를 동일하게 평가하여 사형만을 유일한 법정형으로 규정하는 것은 범죄의 중대성 정도에 비하여 심각하게 불균형적인 과중한 형벌을 규정함으로써 죄질과 그에 따른 행위자의 책임 사이에 비례관계가 준수되지 않아 인간의 존엄과 가치를 존중하고 보호하려는 실질적 법치국가의 이념에 어긋나고 형벌체계상 정당성을 상실한 것이라는 취지로 위헌을 결정하였다.[125)]

려하여 입법부가 결정하는 것으로 기본적으로 국가의 입법정책에 속하는 문제이므로 그 내용이 형벌의 목적과 기능에 본질적으로 배치되지 않는 한 이를 쉽사리 헌법에 위배된다고 단정할 수 없다고 진술하였다. 아울러 내란목적살인죄에 관한 형법 제88조가 법정형으로 사형, 무기징역 또는 무기금고를, 반란죄 중 반란행의로서 살해한 경우에 관한 군형법 제5조 제2호가 법정형으로 사형, 무기 또는 7년 이상의 징역이나 금고를 규정하고 있는 것과 이 사건 법률조항을 평면적으로 비교해서는 안 되며, 군형법상 상관에 대한 폭행치사상죄(제52조 제1항 제1호, 제2호), 초병살해죄(제59조)가 선택적으로 사형을 규정하고 있는 것에 비추어 상관살해죄를 절대적 사형으로 규정한 것은 체계적으로 정당한 것이라고 하는 의견을 진술하였다.

125) 헌법재판소 2007. 11. 29. 선고 2006헌가13 결정; 이 결정에는 두 사람의 재판관인 별도의 의견을 개진했는데 **재판관 조대현**은"이 사건 법률조항은 군대의 지휘계통과 명령계통을 확립하여 국가방위라는 특수사명의 달성에 이바지하려는 것이므로 그 입법목적은 정당하다고 할 것이나, 피살자가 명령권을 가진 상관인 경우와 명령복종관계가 없는 상계급자나 상서열자인 경우를 구분하지 않고, 상관 살해가 적전에서 이루어진 경우와 그렇지 않은 경우를 구분하지도 아니한 채, 모두 '상관 살해'에 포괄시켜 사형으로 처벌하도록 규정하고 있는바, 이는 입법목적의 달성에 필요한 정도를 구분하지 않고 획일적으로 최

(2) 피해자 유족들에 의한 의혹 제기

이와 같이 상관살해죄 부분에 대하여 위헌의 결정이 나옴에 따라 상고심에서는 원심판결을 파기 환송하였으며, 파기환송심 고등군사법원은 형법 제250조 제1항만을 적용하여 사형을 선고하였다. 이 사건은 군과 관련된 다른 사형확정사건과 비교할 때 상대적으로 긴 기간 동안 재판이 진행되었다. 적용 법조와 관련된 문제로 공소장이 변경되어 군형법에 규정된 상관살해죄에서 일반형법의 살인죄로 대체되었으며, 이례적으로 피해자의 유족들은 북한군의 도발 가능성 및 제3자 개입 가능성의 의혹을 제기하였으나 이를 입증할 증거는 달리 없었다.[126)]

다만 파기환송심 법정에서 판결 선고 당일 사형확정자2는 당시 재판장인 군판사에게 "궁금한 것이 있습니다."라며 질문을 했고 재판장이 "무슨 질문이냐"라고 묻자 군－사형확정자2는 자신의 범행이 "말뿐이지, 증거가 없지 않습니까."라고 말한 것에 대하여 재판장은 "직접증거는 없지만, 주변 여러 가지 상황을 고려해서 판결을 한다."라고 말했다고 한다.

나. 군－사형확정자4

가장 최근에 사형이 확정된 **군-사형확정자**4는 제1심 재판을 진행하는 도중에 국민참여재판을 원하는 의사가 기재된 서면을 제출하였으나, 해당 보통군사법원에 의하여 군사재판은 '국민의 형사재판 참여에 관한 법률' 제5조 제1항에 따른 참여재판의 대상이 되지 않는다는 이유로 그 신청을 각하하였다. 이에 그

고형으로 처벌하도록 하는 것이어서, 범죄의 책임과 형벌은 비례되어야 한다는 원칙에 맞지 아니하고, 기본권의 제한은 필요한 최소한도에 그쳐야 한다는 원칙에 어긋난다."는 헌법불합치의견을 제시하였다.

재판관 김종대는 "제청법원의 제청이유 요지는 상관살해죄 자체가 위헌이라는 것이 아니고 법정형이 사형밖에 없어 사형선고를 피할 수 없다는 데 있다. 그러나 제청법원이 원심법원의 사형선고가 정당하다고 판단한다면 위헌제청한 법률이 위헌으로 결정되더라도 적용될 법률조항만을 달리하여 여전히 사형선고를 유지할 것이고, 사형선고가 부당하다고 판단한다면 법률의 위헌제청 없이도 원심판결을 파기하고 사형이 선고되지 않도록 할 수 있으므로 이 사건 위헌제청은 심판의 이익이 없어 부적법하므로 각하하여야 할 것이다."이라는 의견을 내었다.

126) 유족들은 국방부가 이 사건 직후 수사결과를 발표하는 과정에서 선임병들의 언어폭력으로 군－사형확정자2가 범행을 결심하게 되었다고 한 것은 사실을 적시하여 선임병들인 망인들의 명예를 훼손하고 그로 인하여 유족들의 명예를 훼손하는 행위에 해당한다는 취지로 손해배상을 청구하였으나 패소하였다.

는 국민참여재판법 제5조 제1항에 대하여 위헌법률심판제청을 신청하였으나 보통군사법원은 이를 기각하였다(2014초3).

그러자 다시 군－사형확정자4는 군사재판의 피고인에 대하여 참여재판을 허용하지 아니하는 국민참여재판법 제5조 제1항이 헌법에 위반된다고 주장하며 헌법소원심판을 청구하게 된다. 그러나 헌법재판소는 헌법재판소법 제68조 제2항을 근거로 헌법소원심판은 위헌 여부 심판의 제청신청을 기각하는 결정을 통지받은 날부터 30일 이내에 청구해야 하는데, ‘2014초3 결정문’ 및 ‘송달확인서’에 따르면, 보통군사법원은 위헌법률심판제청 신청을 2014년 10월 23일 기각하고 같은 날 그 결정문 등본을 송달하였으나 피고인은 그로부터 30일이 지난 2014년 11월 26일에 헌법소원심판을 청구하였으므로 청구기간을 준수하지 못하여 부적법하다는 이유로 이 심판청구를 각하하였다.[127]

3. 기 타

가. 하급심 군사법원에서 사형이 선고된 사례

육군○사단 작전 항공장교의 신분으로 1년간 9회의 강간 범행을 저질러 군사법원으로부터 징역 15년을 선고받은 후 육군교도소에 수감 도중이던 피고인은 허리통증 치료를 위해 국군수도병원 입원했다가 도주하여 1건의 강간살인죄를 범하였다.

이에 대하여 보통군사법원과 국방부 고등군사법원은 각 사형을 선고하였다.[128] 그러나 대법원은 원심의 사형을 파기 환송하였으며,[129] 이후 파기환송 고등군사법원은 피고인에게 무기징역을 선고하여 확정되었다.

원심을 파기한 이유에 대하여 대법원은 “피고인의 나이, 성장과정, 성행, 가정환경, 경력 등을 감안할 때 피고인은 아직도 교화개선의 여지가 있다.”고 판단하면서 “사형의 형벌로서의 특수성이나 다른 유사 사건에서의 일반적인 양형과의 균형 등에 비춰볼 때 원심이 피고인에게 사형을 선고한 것은 그 형의 양정이 심히 부당하다고 인정할 현저한 사유가 있는 때에 해당한다.”고 밝혔다.

---

127) 헌법재판소 2014. 12. 16. 선고 2014헌바460 결정.
128) 고등군사법원 2001. 11. 13. 선고 2001노159 판결.
129) 대법원 2002. 2. 8. 선고 2001도6425 판결.

나. 민간인에 대한 하급심 군사법원의 사형선고

군사법원이 이례적으로 민간인에 대하여 사형을 선고한 사례가 있는데, 해병대사령부 보통군사법원은 근무 중이던 초병 2명을 살해하고 총기를 탈취한 사람에 대하여 군형법 제59조를 적용하여 사형을 선고하였으나,[130] 항소심인 고등군사법원은 살인의 고의가 인정되지 않는다는 이유로 징역 15년을 선고하였고,[131] 상고심 또한 원심의 결과를 그대로 인용하여 징역 15년을 확정하였다.[132]

Ⅳ. 사라진 사형확정자들

1. 개 요

법무부에 따르면 1998년 이후로 자살하거나 병사 또는 노환 등의 이유로 교정시설 내에서 숨진 사형확정자는 모두 10명에 달한다고 하며,[133] 구체적으로는 2006년 1명, 2007명 2명, 2009년 4명, 2011년 1명, 2015년 2명 등이다.

사형확정자가 사망에 이르게 되면 교정시설의 소장은 그 사실을 즉시 해당 사형확정자의 가족(가족이 없는 경우에는 다른 친족)에게 알려야 하는데(형집행법 제127조), 이 때 사망일시와 장소 및 사유도 함께 알려야 한다(형집행법 시행규칙 제146조). 이후 가족 등이 시신 또는 유골의 인도를 청구할 경우 인도해야 하지만 인수할 사람이 없으면 임시로 가매장하거나 화장 후 봉안하도록 되어 있다(형집행법 제128조). 그러나 임시 가매장 또는 화장 후 봉안한 뒤 2년이 지나도록 시신 등을 인도받을 사람이 없으면 집단으로 매장하게 되어 있다. 사형확정자가 사망하게 되면 시신에 대한 검사가 이루어지고(형집행법 시행규칙 제147조), 교정시설 내의 의무관은 질병 사망과 자살을 구분하여 사망장에 관련 기록을

130) 해병대사령부 보통군사법원 2008. 4. 3. 선고 2008고합1 판결.

131) 고등군사법원 2008. 8. 12. 선고 2008노93 판결.

132) 대법원 2008. 12. 18. 선고 2008도7754 판결.

133) 법무부 정보공개청구 접수일: 2018. 12. 3. 접수번호: 5146079, 공개일: 2018. 12. 6; 그러나 사망한 사형확정자의 사인(死因) 정보에 대해서는 공공기관의 정보공개에 관한 법률 제9조 제1항 제6호(개인에 관한 사항으로서 공개될 경우 사생활의 비밀 또는 자유를 침해할 우려가 있다고 판단되는 정보)를 근거로 거부하였다.

남기게 되어 있다. 따라서 10명의 사망한 사형확정자들에 대해서도 이들이 어떠한 사인으로 숨지게 되었는지에 대한 구체적인 관련 기록이 남아있기 마련이다.134)

〈표 3-16〉 사망한 사형확정자에 대한 일람

구분	1심 법원	사건 번호	선고일	적용 법조	피해 자수	항소심	사건 번호	선고일	사건 번호	선고일	비고
1	대구지법	93고합 578	1993. 11. 23	형법 제383조	3	대구 고법	93노 977	1994. 4. 20	94도 1335	1994. 9. 13	자살 추정 (2011)
						대구 고법	94노 645	1995. 2. 18	95도 553	1995. 3. 10	
2	인천지법	95고합 478	1995. 10. 11	형법 제338조	2	서울 고법	95노 2956	1996. 1. 26	96도 486	1996. 4. 12	지병 사망 (2015. 3)
3	수원지법 성남지원	98고합 28	1998. 6. 29	형법 제338조	4	서울 고법	98노 1715	1998. 11. 20	98도 4392	1999. 3. 9	자살 (2015. 10. 25)
4	미상	미상	미상	형법 제250조 제1항	미상	미상	미상	미상	미상	1998. 9. 00	자살 (2007. 4. 29)
5	부산지법	98고합 1099	1999. 4. 30	형법 제250조 제1항	2	부산 고법	99노 474	1999. 9. 9	99도 4301	1999. 11 26	폐암 사망 (2006. 8. 18)
6	전주지법	2006고합 137	2006. 11. 9	형법 제338조	3	광주 고법 전주부	2006노1 66	2007. 4. 6	2007도2 900	2007. 6. 15	자살 (2009. 12. 24)
7	서울 남부지법	2006고합 180	2006. 9. 21	형법 제338조	13	서울 고법	2006노 2283	2007. 1. 11	2007도6 96	2007. 4. 12	자살 (2009. 11. 22)
8	미상	미상	미상	미상	2	미상	미상	2006. 12. 22	미상	미상	자살 (2007. 2. 12)
9	수원지법	미상	2008. 11. 12	형법 제383조	1	서울 고법	미상	2009. 4. 10	미상	2009. 6. 23	자살 (2011)
10	수원지법	미상	2008. 11. 12	형법 제383조	1	서울 고법	미상	2009. 4. 10	미상	2009. 6. 23	자살 (2012)

134) 대통령의 특별사면을 통하여 1998년 이후 무기징역형으로 감경된 사람은 김대중 정부 13명(1998년 2명, 1999년 5명, 2000년 2명, 2002년 4명), 노무현 정부 6명(2008년) 등 모두 19명이다.

2. 사망-사형확정자들의 사인(死因)

그런데 자료를 수집하는 과정에서 밝혀진 바에 의하면 법무부의 공식적인 발표와는 다소 차이가 있었다<표 3-16>. 10명의 사망 사형확정자의 사인은 자살이 8명이었고, 2명이 질병으로 사망한 것으로 파악되며 노환에 의하여 자연사로 사망한 사람은 없었다. 이들의 사망 시기와 관련해서는 2006년 폐암에 의한 사망자 1명을 시작으로 수감 도중인 2007년 자살한 2명, 2009년 자살한 2명, 2011년 자살한 2명, 2012년 자살한 1명, 2015년 지병 사망과 자살한 각 1명 등 2명 등으로 파악된다.

특히 **사망-사형확정자**1의 경우는 제1심에서 사형이 선고된 뒤 항소심에서 강도살인죄에 대해 무죄가 선고되었으나 상고심이 유죄취지의 파기환송을 하여 환송 항소심이 사형을 선고한 후 재상고심에 의하여 원심이 확정된 사례의 당사자였다.

사망-사형확정자2는 정확한 사인이 규명되지 않은 채 지병 사망한 것으로 처리되었다.

사망-사형확정자3은 사형확정 후 16년간 모범적인 수형생활을 하다가 자살하였으나 별다른 자살원인이 밝혀지지 않았다.

사망-사형확정자4는 살인죄로 사형이 확정된 후 수감되어 있다가 피부와 뼈가 썩어들어가는 무혈성 괴사로 수술을 받았으나 질병과 사형집행에 대한 불안으로 목숨을 끊었다고 한다.

사망-사형확정자5는 정부수립 이후 공식적으로 질병에 의한 첫 번째 사망 사형확정자로 인정되고 있다.

사망-사형확정자6은 유서를 남기지 않았으나 법무 당국은 본인의 신상에 대한 비관 및 심리적 불안감 등으로 자살을 기도한 것으로 추정하고 있다.

연쇄 살인죄로 13명을 살해하여 사형이 확정되었던 **사망-사형확정자**7의 경우는 3년간의 독거수용에서 생긴 무력감과 자포자기의 심정을 견디지 못해 스스로 목숨을 끊었다고 분석하고 있다.

사망-사형확정자8은 강도살인죄로 제1심과 항소심에서 각 사형을 선고받은 상태에서 수감 도중 7건의 살인 여죄에 대하여 자백한 후 조사를 위하여 이

감을 앞둔 상황에서 자살하였다.

1년의 간격으로 자살한 **사망-사형확정자9**와 **사망-사형확정자10**은 동일한 강도살인죄의 공범으로 각 제1심에서 무기징역이 선고되었으나 항소심에서 사형으로 결과가 역전된 사건의 피고인들이었다.

만일 이들이 자살하거나 병사하지 않았다면 현재의 사형확정자는 모두 71명이 되는 것이다.

3. 자살한 사망-사형확정자1의 사례

자살 사망한 것이 추정되는 **사망-사형확정자1**은 모두 2건의 강도살인 범행을 저질러 3명의 피해자가 살해된 사건으로 제1심법원에서 사형이 선고되었다. 그런데 이 사건은 제1범행과 제2범행으로 구분되어 전자의 경우는 2명이 살해되고, 후자의 경우 1명이 살해되었는데, 사망-사형확정자1은 제1심법원에서의 심리 도중 자신에게 불리한 증언이 나오자 재판 도중인 법정에서 호송 교도관을 밀쳐내고 도주하려다가 미수에 그치게 되었다.

그러나 항소심 법원은 유죄에 대한 심증을 가지고 있으면서도 이를 받쳐줄 수 있는 직접 증거가 없다는 점에 근거하여 무죄를 선고하고 도주미수죄에 대해서만 징역10월을 선고하였다. 이에 대하여 검찰이 상그하자 대법원은 간접증거만으로도 유죄를 인정할 수 있는데 원심(항소심)이 심리를 다하지 아니한 위법이 있다며 유죄취지로 파기환송을 하고 이례적으로 피고인을 구속하게 된다. 파기환송 항소심은 상고심의 취지를 따라 사형을 선고하고 제2차 항소심의 판결은 그대로 재상고심에서 확정되어 버렸다. 1995년 3월 10일, 사형이 최종적으로 확정된 뒤 사망-사형확정자1은 약 6년의 수감생활을 이어가던 도중 교정시설 내에서 2011년 사망한 것으로 처리되었는데 법무 당국은 구체적인 사인을 밝혀주지 않고 있다.

사망 당시 30대 초반에 불과했던 사망-사형확정자1은 지병이 없었으며 이 시기에는 사형확정자들이 혼거하지 않고 독거수용하고 있었던 사실에 비추어 본다면 사인을 자살 이외에 달리 판단할 수는 없다. 사망-사형확정자1을 무고하다고 단정할 수는 없으나 수사기관에서 최초에 억울함을 항변하다가 어떤 연유인지는 모르겠지만 자백과 함께 기소되었고, 형사법정에서는 일관되게 자신의 무죄를 항변했으며 상식적으로 재판 도중에 도주하려는 돌발적인 행동을 취하였다는 점은 석연치 않은 부분이다. 더욱이 항소심에서 '의심스러울 때는 피고인의 이익으로(in dubio pro reo)'라는 형사소송절차의 대원칙에 입각하여 무죄가 선고된 다음 상고심에서 판결 결과가 뒤집히고 수감생활을 하던 과정에서 극단적인 선택을 하게 되었다는 점은 여러모로 의문을 남긴다.

Ⅴ. 기타 사형과 관련된 헌법재판

1. 사형에서 감형된 무기수형자의 헌법소원

가. 형법 제73조 제1항에 대한 제1차 위헌확인

첫 번째 사건의 청구인은 1993년 7월경 사형선고를 받은 후 2002년 12월 31일, 무기징역으로 감형되어 교도소에 수감 중인 수형자로 그에 따르면 사형을 무기징역으로 감형하는 것은 실질적으로 법원의 판결과 같은 작용을 하는 것임에도 불구하고, 형법 제73조 제1항[135]이 가석방의 요건으로서 형의 집행을 경과한 기간의 계산에 있어서 판결선고 전의 구금 일수는 산입하는데 비하여 무기징역으로 감형된 사형확정자가 그 사형판결 후 구금되어 있었던 기간을 산입하는 규정을 두고 있지 않아 자신과 같이 사형에서 무기징역으로 감형된 사람의 경우 가석방요건에 있어서 차별을 받고 있으므로 이러한 규정은 헌법상 보장된 평등권 등을 침해한다는 취지로 헌법소원을 청구한 것이다.

헌재는 이 사건에 있어서 심판대상 조항(형법 제73조 제1항)에 의한 기본권 침해사유는 청구인에 대한 사형이 무기징역으로 감형된 때에 발생하였다 할 것인데 감형자에 대하여 감형장 사본 등을 첨부한 명단을 작성하여 제1심 선고법원에 대응하는 검찰청에 통보하라는 법무부장관의 2002년 12월 30일자 지시를 받은 구치소장이 청구인 등 해당 구치소에 수감된 감형대상자에 대한 감형내역을 2003년 1월 4일자로 지방검찰청에 통보하였고, 사형판결을 선고받아 확정되

135) 형법 제72조(가석방의 요건) ① 징역 또는 금고의 집행 중에 있는 자가 그 행상이 양호하여 개전의 정이 현저한 때에는 무기에 있어서는 20년, 유기에 있어서는 형기의 3분의 1을 경과한 후 행정처분으로 가석방을 할 수 있다(그런데 2010년 4월 15일 형법 일부개정 이전에는 무기에 있어서는 10년을 경과한 후 행정처분으로 가석방을 할 수 있도록 되어 있었다).

었던 청구인은 사형확정자를 수감하는 구치소에 수감되어 있다가 2002년 12월 31일자로 사형이 무기징역으로 감형됨에 따라 사형확정자의 신분에서 벗어나게 되어 구치소에서 2003년 2월 19일자로 교도소로 이송되었으므로 이에 의하면 청구인으로서는 늦어도 위 이송일에는 자신이 무기징역으로 감형된 사실을 알고 있었다고 판단하였다.[136] 그러므로 2003년 7월 3일에 청구된 이 헌법소원심판은 기본권 침해사유의 발생을 안 날로부터 90일이 경과한 후에 청구된 것으로 청구인의 주장사실에 대해서는 구체적인 검토로 나아가지 않은 채로 심판청구의 부적법성을 이유로 각하하였다.[137]

나. 형법 제73조 제1항에 대한 제2차 위헌확인

또 다른 사형감형 무기수용자의 헌법소원도 같은 사안을 다투는 것이었는데, 청구인은 1996년 12월 13일, 서울고법에서 강도살인 등의 죄로 사형판결을 선고받았고, 이 판결은 대법원의 상고기각으로 확정되었다. 그런데 이 청구인은 판결 확정으로 구치소에 사형집행 대기를 위하여 10년 9개월가량을 수용되어 있다가 2008년 1월 1일, 사면법에 따라 당시 노무현 대통령에 의하여 무기징역형으로 특별감형이 되었다. 이에 청구인은 형법 제73조 제1항이 "형기에 산입된 판결 선고 전 구금의 일수는 가석방에 있어서 집행을 경과한 기간에 산입한다." 라고만 규정하고 사형이 무기징역형으로 감형된 경우 판결 선고 '후' 구금의 일수를 산입한다는 규정을 두지 않아 10년 9개월 동안의 구금기간이 무기수형자의 가석방 형집행 요건기간인 10년에 산입되지 못한 불이익을 입었다는 취지로 헌법소원을 청구하였다.

그러나 헌재는 가석방의 형집행 요건기간에 무기징역형으로 감형된 사형확정자의 사형집행 대기기간을 산입할 것인지, 아니면 차별을 둘 것인지는 입법자가 무기수형자와 사형확정자의 형사책임에 상응하여 필요한 처벌과 교정교

---

136) 헌법재판소법 제68조(청구 사유) ① 공권력의 행사 또는 불행사(不行使)로 인하여 헌법상 보장된 기본권을 침해받은 자는 법원의 재판을 제외하고는 헌법재판소에 헌법소원심판을 청구할 수 있다. 다만, 다른 법률에 구제절차가 있는 경우에는 그 절차를 모두 거친 후에 청구할 수 있다. 헌법재판소법 제69조(청구기간) ① 제68조 제1항에 따른 헌법소원의 심판은 그 사유가 있음을 안 날부터 90일 이내에, 그 사유가 있는 날부터 1년 이내에 청구하여야 한다. 다만, 다른 법률에 따른 구제절차를 거친 헌법소원의 심판은 그 최종결정을 통지받은 날부터 30일 이내에 청구하여야 한다.

137) 헌법재판소 2004. 2. 26. 선고 2003헌마441 결정.

화의 정도, 그 교정처우의 실태와 방향의 수립, 강력범죄 발생의 추이 및 억제를 위한 형사정책적 판단, 무기수형자 또는 무기징역형으로 감형된 사형확정자의 가석방 후 재범 발생의 추이와 사회 내 처우를 통한 교화의 실태 등 여러 사정을 종합적으로 살펴 광범위한 재량을 가지고 정할 사항이며, 그 입법적인 판단은 마땅히 존중되어야 할 영역에 속한다고 보았다. 또한 사형확정자에 대한 수용시설 수용과 처우는 형의 집행이라고 할 수 없을 뿐만 아니라 사형집행 대기기간 동안에는 사형이라는 집행형의 성질상 건전한 사회복귀보다는 원만한 수용생활의 도모에 교정처우의 목적이 있으므로 가석방 대상이 되는 무기징역형 수형자에 대하여 그 형 집행의 일환으로서 행해지는 교정교화 및 가석방시 사회복귀를 위한 수용 및 처우와는 본질적인 부분까지 같은 것은 아니라고 판단하였다.

가석방의 요건으로 무기는 10년, 유기에 있어서는 형기의 3분의 1을 경과한 후를 요구하고 있는 것은 그 선고형의 가볍고 무거움에 따라 책임과 비난가능성에 상응하는 형집행의 경과에 따른 고통의 차이 및 교정교화·사회복귀 준비의 기간에 차이를 두겠다는 것이므로 사형확정자가 무기징역형으로 감형된 경우와 처음부터 무기징역형의 선고를 받은 자와 사이에 필요하고도 합리적인 범위 내에서 가석방에 필요한 구금기간의 차이를 두는 것은 허용되며, 특별감형은 범죄의 정상, 본인의 성행, 수형 중의 행장, 장래의 생계 기타 참고 될 사항을 조사하여 이루어지는 것이기에(사면법 제14조) 사형의 경우 그 집행 대기기간은 이에 참작될 요소이므로, 입법자에게 이 기간을 처음부터 무기징역형을 선고받은 경우와 동일하게 가석방의 형집행 요건기간에 다시 산입하도록 할 입법 의무는 없다고 하였다.

사형집행 대기기간이 가석방 형집행 요건기간에 산입되지 아니한 결과로 무기징역형으로 감형된 자가 그때까지 구금의 일수를 가석방 형집행 요건기간에 산입을 받지 못하는 사실상의 불이익을 입는다고 하더라도 가석방제도의 취지, 사면법에 따른 특별감형의 법적 효과, 선고형에 따라 교정시설에서 시행되어야 할 개별적 처우의 특성을 비롯한 가석방제도에 대한 입법자의 형사정책적 판단을 감안한다면 청구인에게 사실상 불이익으로 인한 차별적 결과가 발생했다고 하더라도 이를 두고 불합리한 차별 입법이라고 보기는 어려우며 청구인의

평등권을 침해하였다고 할 수 없다고 판단하면서 그 청구를 기각하였다.138)

2. 자기관련성 없는 사형 관련 헌법소원

가. 살인죄 형법규정(형법 제250조) 위헌확인

일반 시민 가운데 한 사람이 형법 제250조에서 사형을 법정형으로 규정하고 있는 것은 자신의 생명에 관한 권리를 침해하여 헌법 제10조 인간의 존엄과 가치 규정에 위반된다고 주장하면서 헌법소원을 청구한 경우가 있다. 그러나 헌법재판소는 헌법소원이란 원칙적으로 기본권을 침해당하고 있는 자만이 제기할 수 있으며, 제3자는 특별한 사정이 없는 한 기본권 침해에 직접 관련되었다고 볼 수 없다는 점을 근거로 청구인이 위 법률 조항에 의하여 기본권 침해를 당한 구체적 사실과 주장은 하지 않은 채 막연히 사형제가 위헌이라는 당위성만을 주장하고 있어서 이와 같은 주장만으로는 자기관련성을 인정할 수 없다고 하면서 심판청구가 부적법하고 그 흠결을 보정할 수 없는 경우에 해당한다고 판단하여 각하하였다.139)

나. 사형제도(형법 제41조 제1호) 위헌확인

두 번째 사건은 다소 황당한 내용의 헌법소원이다. 자신을 성령 여래라고 주장하며 성령 여래를 국교로 인정하는 국가가 많고 성령 여래의 국교는 일반적으로 승인된 국제법규라고 주장하고 우리 헌법이 국교를 부인하며 성령 여래를 국교로 인정하지 않는 것은 성령 여래인 자신의 기본적 인권을 침해하는 것이며, 형법 제41조 제1호의 사형제도에 관한 규정은 인간의 존엄과 가치, 행복추구권 등을 침해하는 것이어서 위 두 가지를 이유로 법무부에 민원을 제출하였는데, 법무부장관이 자신에게 보내온 민원회신에서 사형제를 폐지하고 국교를 인정하자는 자신의 의견을 참고하여 앞으로 실효성 있는 정책을 추진할 수 있도록 노력하겠다는 취지로 회신하였다고 한다. 이에 이 사람은 형법 제41조 제1호의 사형제도, 성령 여래를 국교로 인정하지 아니한 부작위, 그리고 법무부장관의 민원회신이 헌법에 위반하여 자신의 기본권을 침해한다고 주장하며 헌

---

138) 헌법재판소 2009. 10. 29. 선고 2008헌마230 결정.
139) 헌법재판소 2008. 3. 25. 선고 2008헌마234 결정.

법소원을 청구한 것이다.

헌재는 사형제도와 관련된 부분에 대하여 먼저 형법 제41조 제1호 부분은 형벌제도 가운데 하나인 사형제도가 헌법에 위반되었는지 여부에 관한 것으로서 청구인 자신이 사형제도와 스스로 법적으로 관련된 것이 아니므로 기본권 침해의 자기관련성을 인정하기 어렵다고 판단하고, 법무부장관의 민원회신은 민원인의 의견에 대해 이를 정부 정책이나 향후 입법에 대한 건의라고 보고 향후 참고하도록 하겠다는 내용으로 알려준 내용에 불과하여 법적인 구속력을 가지는 것이 아니므로 헌법소원의 대상이 되는 공권력 행사로 보기 어렵다며 그 청구를 부적법 각하하였다.[140)]

다. 사형 미집행 위헌확인

세 번째 사건은 교도소에 수감되어 있는 한 수형자가 청구한 것으로 국가가 사형수들에 대한 사형을 집행하지 않고 있는 행정 부작위로 인하여 국민들의 행복추구권, 인간다운 생활을 할 권리, 범죄피해자의 구조청구권 등이 침해되고 있다고 주장하면서 이와 같은 행정 부작위의 위헌확인을 구하는 헌법소원을 청구한 것이다.

헌재는 이 사건에 대하여 원칙적으로 공권력의 행사 또는 불행사의 직접적인 상대방만이 헌법소원심판을 청구할 수 있고 제3자는 특별한 사정이 없는 한 기본권 침해에 직접 관련되었다고 볼 수 없다고 전제한 후 청구인은 이 사건 행정 부작위의 직접 상대방이 아닌 제3자에 불과하고, 자신이 이러한 행정 부작위에 의하여 기본권을 직접적이고 법적으로 침해당하였다는 구체적인 주장은 하지 않은 채 막연히 국민들의 기본권 침해만을 주장하고 있을 뿐이므로 청구인에게 기본권 침해의 자기관련성이 인정되지 않는다고 판시하며 부적법 각하하였다.[141)] 헌재의 이와 같은 각하결정에도 불구하고 이 수형자는 각하결정이 부당하다는 취지의 주장을 하며 재심을 요청하였다. 그러나 헌재는 청구인이 적법한 재심사유에 관한 주장을 하고 있지 않으므로 부적법하다고 재차 이를 각하하였다.[142)]

---

140) 헌법재판소 2011. 9. 6. 선고 2011헌마420 결정.

141) 헌법재판소 2017. 7. 25. 선고 2017헌마753 결정.

142) 헌법재판소 2017. 8. 22. 선고 2017헌아406 결정.

부록

[부록 1] 민간인 사형확정자 57명에 대한 심급별 사형 양형의 이유

구분		판결의 내용(양형 이유)
1	1심	이 사건 범행으로 인한 피해 정도가 사법사상 비슷한 사례를 찾을 수 없을 정도로 막대한 점, 피고인의 고의의 범위가 실제 피해보다 훨씬 큰 인명피해를 목표로 하고 있었고, 범행수법 또한 극히 악랄하다는 점, 피고인의 범행동기의 면에서 보더라도 도저히 합리화시킬 수 없는 것이어서 피해자들은 아무런 잘못도 없이 인명을 살상 당하게 되었다는 점, 이 사건 후 피해자와 망인 유족들의 피해가 어떤 방법으로든지 전혀 배상되지 아니하여 피고인에게 응분의 처벌을 원하는 피해감정이 전혀 변함이 없다는 점 등을 고려할 때 소정 형 중 사형을 선택하기로 한다.
	항소심	원심이 양형이유로서 거시한바 피고인의 처에 대한 개인적인 불만을 확대하여 불특정 다수 피해자들의 무고한 인명을 살상하고자 한 범행의도, 90여명이 실내집회 중인 교회의 출입문에 다량의 휘발유를 뿌리고 불을 댕긴 잔인하고도 대담한 수단방법, 15명의 무고한 인명이 질식하거나 불에 타 숨지는 엄청난 피해결과 등에 비추어 볼 때, 여러 정상을 모두 참작한다 하더라도 원심의 양형은 수긍이 가고 너무 무거워 부당하다고 보기 어렵다.
	상고심	이 사건에서 피고인은 그 처에 대한 개인적인 불만을 이유로 불특정의 많은 사람이 모여 있던 교회의 좁은 출입문을 막아서서 미리 구입한 다량의 휘발유를 뿌리고 곧바로 불을 붙임으로써 15명이란 많은 사람이 피할 사이도 없이 고귀한 생명을 빼앗기고 그 범행이 계획된 것일 뿐 아니라 그 수법 또한 대담하고도 잔인하였다는 점, 이로 인한 피해(재산상 손해는 차치하더라도)가 엄청나며 사건 후 유족들의 피해가 어떤 방법으로든 전혀 배상되지 아니하고 있다는 점 등에 비추어 볼 때 피고인의 처가 '여흐와의 증인'교를 믿으면서 가정생활을 소홀히 함에 의하여 이 사건 범행이 유발된 면이 있다거나 또는 피고인에게 그 밖의 정상이 있다는 점을 참작하더라도 원심의 형벌이 너무 지나치게 무거워 부당하다고는 할 수 없을 것이다.
2	1심	피고인의 범행은 사전에 치밀하게 계획 준비되고 범행수법이 잔인하고 지능적이며 바로 피고인 자신을 낳고 길러준 부모 도두를 범행대상으로 삼은데다가 범행동기마저 지극히 불순하고 범행결과 또한 참혹하며 피고인은 범행 후 이 법정에 이르러 자신의 범행을 부인하면서 타인의 범행인 양 호도하여 그 잘못을 뉘우치는 기색마저 보이지 않고 있는바 비록 피고인이 초범이고 현재 23세에 불과한 청년으로서 해외에 혼자 나가 외로움을 이기지 못하고 도박에 빠져들어 이 사건 범행에까지 이르게 되었다는 점에서 일면 연민의 정이 없는 것은 아니나, 앞서 본 이 사건 범행의 동기, 범행 수단과 결과, 이로 인하여 이 사회에 미치는 영향을 참작하고 다른 한편 황금만능주의로 기울어 가고 인간성이 상실되어 가는 이 사회의 일부 풍조에 대하여 경종을 울릴 필요도 있다는 측면을 아울러 고려하여 보면 법정최고형인 사형에 처하는 것은 피할 수 없다.

	항소심	피고인이 고의로 부모를 살해한 행위는 그 자체만으로도 인륜의 근본을 무너뜨린 것으로서 극형을 면할 수 없다. 더욱이 피고인은 재산상속이라는 극히 불순한 동기로 아무런 잘못이 없는 부모를 살해하였고 사전에 치밀하게 범행을 계획하고 범행에 필요한 도구들을 준비하였으며, 범행의 수법이 지극히 잔인하고 지능적일 뿐만 아니라 범행의 결과 또한 참혹하기 이를 데 없는 등에 비추어 볼 때, 피고인이 비록 초범이고 아직 나이 어린 청년이라는 점을 고려하더라도 원심이 사형에 처한 것은 불가피한 선택이라고 하지 아니할 수 없다.
	상고심	피고인을 이와 같이 잘못 양육한 부모의 책임이 더 크므로 피고인에게 모든 책임을 물어 극형에 처하는 것은 부당하다는 것이나 기록상 피고인 부모의 양육방법이 잘못되었다고 비난할 근거도 없을 뿐 아니라 피고인이 자신을 낳고 길러준 부모를 재산상속이라는 극히 불순한 동기로 살해하였고, 또한 이를 위하여 사전에 범행을 계획하고 범행에 필요한 도구들을 준비한 후 지극히 잔인하고 지능적인 방법으로 범행하였으므로, 범행의 결과도 극히 참혹한 점에 비추어 보면 피고인을 사형에 처한 원심의 양형이 무거워 부당하다는 논지는 이유 없다.
3	1심	그 범행동기가 사람을 살해한 이유로서는 납득키 어려운 것이고, 범행이 치밀한 계획 하에 자행되었을 뿐만 아니라 범행 수법이나 범행 후 범행을 은폐하기 위하여 행한 일련의 행동들이 잔혹하며 피고인에 대한 비난가능성은 크다고 하지 않을 수 없다. 이 사건 범행의 수법이나 범행결과의 중대성, 이 사회에 끼친 해악 등을 감안하여 볼 때 피고인에 대한 양형으로서 사형을 선택하지 않을 수 없다.
	항소심	범행을 오래 전부터 치밀하게 계획하고 범행에 필요한 도구를 미리 준비한 점, 사체들을 참혹하게 토막 내어 유기하였으며, 범행의 참혹함과 피고인의 잔인성, 냉혹함에 비추어 볼 때 비록 피고인에 초범이라는 점을 고려하더라도 사형에 처하는 것은 불가피한 선택이다.
	상고심	피고인에 대한 양형의 조건이 되는 피고인의 연령, 성향, 지능과 환경, 피해자들에 대한 관계, 범행의 동기, 범행 후의 정황 등 모든 사항을 살펴보아도 원심이 양정한 형이 심히 부당하다고 인정할 현저한 사유가 있다고 할 수 없다.
4	1심	살해하게 된 동기, 살해수법의 잔악성, 살해 후 사체를 유기하고 반성의 기미 없음, 범행 후의 행정, 그밖에 전과 등의 사정을 참작하여 피고인에 대하여 그 죄책이 심히 중대하고 죄형의 균형과 범죄의 일반예방적 견지에서 극형이 불가피하다.
	항소심	11세에 불과한 피해자를 강간하는 등 극히 반인륜적인 범죄인 점, 그럼에도 유족과 아무런 합의도 하지 아니한 점, 그 밖에 이 사건 각 범행의 동기와 경위, 가담 정도, 수단과 방법, 그 결과, 피고인의 연령, 성행, 전과관계, 가정환경, 가족관계 및 피해자들과의 관계, 범행 후의 정황 등 이 사건에 나타난 양형의 기준이 되는 여러 사정을 종합하면 원심이 선고한 형은 적정하다.

	상고심	11세에 불과한 피해자를 살해한 동기와 경위, 그 살해수법, 피고인의 가담 정도, 살해 후 사체를 유기하고 또 다른 범행을 저지른 범행 후의 정황 등 양형의 조건이 되는 여러 사정을 살펴보면 피고인이 주장하는 정상을 참작하더라도 원심의 형의 양정을 적절하다.
5	1심	11세의 여자 어린이인 피해자를 약취하여 9회에 걸쳐 성폭력하고 급기야 자신의 범행을 은폐하기 위하여 피해자를 살해하기까지 한 이 사건은 그 비정함과 잔인함에 전율을 느끼기에 충분하다. 나아가 피고인의 범행으로 행복했던 가정이 일순간에 붕괴되어 황폐하게 되어버린 피해자의 유족들이 피고인에 대하여 엄벌을 요구하고 있을 뿐만 아니라 인근 주민들 또한 피고인에 대하여 엄중한 처벌을 탄원하고 있는 상황이다. 이러한 제반 사정을 고려할 때 법정최고형으로 처단함이 상당하다.
	항소심	비록 형사법이 지향하는 형벌의 목적이 결코 응보 만에 있는 것은 아니지만 양형의 조건이 되는 사정이 위와 같고 보면 피고인을 법정최고형으로 처단함이 온당하다 할 것이고 비록 피고인의 생명도 존귀한 것이며 피고인의 나이가 아직 젊은데다가 피고인에게 특별한 전과가 없고 피고인의 아버지가 피고인으로 하여금 수사관서에 자수토록 종용한 점 등 참작할 사정이 더러 있고 그동안 재판과정에서 자신의 잘못을 깊이 뉘우치고 있는 점 등의 사정이 있기는 하나 사안의 중대성을 감안한다면 그러한 사정이 법정최고형을 면케 할 정도의 것은 못 된다고 판단된다.
	상고심	이 사회가 받는 충격과 두려움은 표현할 수 없을 정도인바 비록 형사법이 지향하는 형벌의 목적이 결코 응보에만 있지 않고 피고인을 교화하여 새로운 삶을 갖게 하는데도 있는 것이지만 잔인무도한 살인범죄가 날로 격증해가는 오늘날의 사회현실에서는 인간의 생명이 귀중하다는 이유만으로 법정최고형을 선고한 제1심의 조치를 위법 부당하다고 단정할 수 없다.
6	1심	3천만원을 목적으로 8살 어린 나이의 피해자를 유괴 살해하는 등 그 범행의 동기가 윤리적으로 비난받아 마땅하고 그 범행의 수단과 방법이 지극히 잔혹하였으며 이 사건 재판과정에서의 태도 또한 그 범행을 뉘우치고 있는 것으로는 보이지 아니하는 점 등에 비추어 법정형 중 사형을 선택한다.
	항소심	범행의 동기와 범행수법의 잔인성 등에 비추어 이 사건 범행은 인간의 존엄성을 버리고 단지 금품을 목적으로 타인의 고귀한 생명을 가벼이 파괴하여 버리는 피고인의 잔인한 성격을 그대로 표출한 것이라고 할 것이다. 원심이 피고인에 대하여 선고한 사형은 인간존저의 근원이 되는 생명 자체를 영원히 박탈해 버리는 냉엄한 극형으로서 그 생명을 존치시킬 수 없는 부득이한 경우에 한하여 극히 제한적으로 부과되어야 할 궁극의 형벌이기는 하나 이 사건 범행에 드러난 위와 같은 피고인의 악성에 비추어 피고인의 나이, 성행, 전과관계, 가족관계, 교육정도 등 이 사건 기록에 의하여 인정되는 여러 정상을 참작하더라도 피고인에 대하여는 더 이상의 교

		화나 재사회화의 여지가 있다기보다는 오히려 피고인을 이 사회에서 영원히 격리함으로써 사회를 보전하는 것이 마땅하다고 판단되고 그 밖에 이 사건 양형의 기준이 되는 모든 사정을 기록에 의하여 검토하여 보아도 원심이 선고한 형량은 적정하다.
	상고심	범행의 수법이 잔악하고 그 죄질 또한 극히 반사회적이고 불량하다고 할 것이며, 그 밖의 범행의 동기, 피고인의 연령과 성행 및 범행 후의 정황 등 양형의 조건이 되는 여러 사유를 종합하여 볼 때 비록 피고인의 어려운 성장과정과 생활형편, 사실상의 배우자를 비롯한 가족관계 등의 사정을 모두 참작하더라도 원심의 형의 양정은 적절하다.
7	1심	범행대상, 방법에 있어서 무차별적이고 매우 잔인한 점, 피해자들 측과의 합의가 전혀 이루어지지 않은 상태로서 이 사건 범행으로 피해자들 및 그 유족이 입은 정신적 육체적 고통이 매우 큰 점, 이 사건 범행 후 도망 다니면서도 범행을 후회하거나 반성한 흔적을 찾아볼 수 없을 뿐만 아니라 오히려 공범들에게 범행과정을 조작하도록 지시하고 이 법정에 이르러서도 그 범행을 부인하는 등 아직까지도 그 잘못을 전혀 반성하고 있지 아니하는 점 등에 비추어 보면 사형에 처함이 마땅하다.
	항소심	피고인이 위 범행 전에도 수회에 걸쳐 폭력범죄를 저질러 수회 실형을 복역한 바 있음에도 개전의 정이 없이 고등학생들까지 포함된 폭력배를 모아 그 우두머리 노릇을 하면서 단지 다른 폭력배가 자신의 존재를 인정해 주지 않는다는 등의 이유만으로 범행을 저질러 그 범행동기에 있어 전혀 참작할 만한 점이 없는 점, 범행준비과정이 매우 치밀하고 조직적인 점, 범행대상, 방법에 있어 무차별적이고 매우 잔인한 점, 피해자들 및 그 유족이 입은 정신적 육체적 고통이 매우 크고 범행을 후회하거나 반성한 흔적을 찾아볼 수 없을 뿐만 아니라 오히려 다른 피고인들에게 범행과정을 조작하도록 지시하고 있는 점 등에 비추어보면 피고인에 대하여 사형을 선고한 원심의 양형이 부당하게 무겁다고는 보이지 아니하므로 이 부분 항소논지는 이유 없다.
	상고심	피고인이 이 사건 범행 전에도 수회에 걸쳐 폭력범죄를 저질러 수회 실형을 복역한 바 있음에도 개전의 정이 없이 고등학생들까지 포함된 폭력배를 모아 그 우두머리 노릇을 하면서 단지 다른 폭력배 무리가 자신의 존재를 인정해 주지 않는다는 등의 이유만으로 범행을 저질러 그 범행동기에 있어 전혀 참작할 만한 점이 없는 점, 범행 당일 오전 무렵부터 피고인들에게 칼, 야구방망이 등의 흉기를 구입하도록 지시하고, 피고인 자신은 담력을 키우기 위하여 히로뽕을 투약하는 등 그 범행 준비과정이 매우 치밀하고 조직적인 점, 피고인 등의 1차 범행으로 거의 사경에 이른 피해자를 병원에까지 찾아가 상피고인들로 하여금 재차 칼로 찔러 살해하도록 지시하고 사건조사차 출동한 경찰관들까지 무차별 폭행하도록 지시하여 반대파 2명을 살해하고 경찰관 3명을 포함한 7명에게 중·경상을 가하는

		등 그 범행대상, 방법에 있어 무차별적이고 매우 잔인한 점, 피해자들 및 그 유족이 입은 정신적·육체적 고통이 매우 크고 피해자들 측과의 합의가 이루어지지 않은 상태인 점, 범행 후 도망 다니면서도 범행을 후회하거나 반성한 흔적을 찾아볼 수 없을 뿐만 아니라 오히려 상피고인들에게 범행과정을 조작하도록 지시하고 있는 점 등의 원심이 설시하고 있는 양형의 조건이 되는 사실들을 충분히 수긍할 수 있고, 위와 같은 양형의 조건에 비추어 보면, 상고이유로 주장하는 바와 같은 사정을 참작하더라도, 피고인에 대하여 사형을 선고한 제1심의 판단을 그대로 유지한 원심의 양형이 심히 부당하게 무겁다고는 보이지 아니하므로 이 점을 다투는 상고이유도 받아들일 수 없다.
8	1심	피고인들은 이 사건 범행이 발각된 후 모두 그 범죄사실을 순순히 시인하면서 죽음으로써 속죄하겠다는 반성의 태도를 보이고 있어 이와 같이 자신의 잘못을 뉘우치고 있는 피고인들을 굳이 극형에 처해야 하는가 하는 고심이 없지 않으나 형벌은 범죄자에 대한 응보와 사회에 대한 일반예방에 그 기능 내지 목적이 있는 점에 비추어 타인의 고귀한 생명을 무참히 탈취하는 극악무도한 범행을 저지른 자는 그에 마땅한 처벌을 받아야 마땅하고 또한 그럼으로써 우리 사회의 구성원인 일반인들에게도 인간 생명의 존귀함을 알리는 경종이 될 것이라는 믿음에서 주문과 같은 형을 정한다.
	항소심	사형의 선택은 죄책이 심히 중대하고 죄형의 균형이나 범죄의 일반예방의 견지에서 극형이 불가피하다고 인정되는 경우에 한하여 허용된다 할 것인바 피고인들은 자신들의 범행 은폐 수단으로서 비인간적인 이 사건 2건의 살인범행을 택하였다는 것으로서 그 동기 면에서 용서받기 어려울 뿐만 아니라 그 범행수법이 극히 잔인하고 더구나 살인범행 후에는 사체를 매장하여 이를 은닉하고 뉘우침이 없이 각처를 돌아다니면서 수차례에 걸쳐 절도 및 강도범행을 거듭한 범행 후의 정황 등에 비추어 원심이 선고한 법정최고형인 사형은 적정하다.
	상고심	피해자를 범행장소로 유인하여 잔인한 방법으로 살해하여 매장한 다음, 곧이어 위 살인범행을 숨기기 위하여 위 피해자의 행방을 찾고 있던 피해자의 애인을 최초의 범행장소 부근으로 유인하여 참혹하게 살해하여 매장한 점 등 기록에 나타난 여러 양형조건 등에 비추어 보면 피고인들에 대하여 사형을 선고한 제1심을 유지한 원심의 양형이 심히 부당하다고 볼 수 없다.
9	1심	피고인들은 이 사건 범행이 발각된 후 모두 그 범죄사실을 순순히 시인하면서 죽음으로써 속죄하겠다는 반성의 태도를 보이고 있어 이와 같이 자신의 잘못을 뉘우치고 있는 피고인들을 굳이 극형에 처해야 하는가 하는 고심이 없지 않으나 형벌은 범죄자에 대한 응보와 사회에 대한 일반예방에 그 기능 내지 목적이 있는 점에 비추어 타인의 고귀한 생명을 무참히 탈취하는 극악무도한 범행을 저지른 자는 그에 마땅한 처벌을 받아야 마땅하고 또한 그럼으로써 우리 사회의 구성원인 일반인들에게도 인간 생명의 존귀함을 알리는 경종이 될 것이라는 믿음에서 주문과 같은 형을 정한다.

	항소심	사형의 선택은 죄책이 심히 중대하고 죄형의 균형이나 범죄의 일반예방의 견지에서 극형이 불가피하다고 인정되는 경우에 한하여 허용된다 할 것인바 피고인들은 자신들의 범행 은폐 수단으로서 비인간적인 이 사건 2건의 살인범행을 택하였다는 것으로서 그 동기 면에서 용서받기 어려울 뿐만 아니라 그 범행수법이 극히 잔인하고 더구나 살인범행 후에는 사체를 매장하여 이를 은닉하고 뉘우침이 없이 각처를 돌아다니면서 수차례에 걸쳐 절도 및 강도범행을 거듭한 범행 후의 정황 등에 비추어 원심이 선고한 법정최고형인 사형은 적정하다.
	상고심	피해자를 범행장소로 유인하여 잔인한 방법으로 살해하여 매장한 다음, 곧이어 위 살인범행을 숨기기 위하여 위 피해자의 행방을 찾고 있던 피해자의 애인을 최초의 범행장소 부근으로 유인하여 참혹하게 살해하여 매장한 점 등 기록에 나타난 여러 양형조건 등에 비추어 보면 피고인들에 대하여 사형을 선고한 제1심을 유지한 원심의 양형이 심히 부당하다고 볼 수 없다.
10	1심	피고인들은 이 사건 범행이 발각된 후 모두 그 범죄사실을 순순히 시인하면서 죽음으로써 속죄하겠다는 반성의 태도를 보이고 있어 이와 같이 자신의 잘못을 뉘우치고 있는 피고인들을 굳이 극형에 처해야 하는가 하는 고심이 없지 않으나 형벌은 범죄자에 대한 응보와 사회에 대한 일반예방에 그 기능 내지 목적이 있는 점에 비추어 타인의 고귀한 생명을 무참히 탈취하는 극악무도한 범행을 저지른 자는 그에 마땅한 처벌을 받아야 마땅하고 또한 그럼으로써 우리 사회의 구성원인 일반인들에게도 인간 생명의 존귀함을 알리는 경종이 될 것이라는 믿음에서 주문과 같은 형을 정한다.
	항소심	사형의 선택은 죄책이 심히 중대하고 죄형의 균형이나 범죄의 일반예방의 견지에서 극형이 불가피하다고 인정되는 경우에 한하여 허용된다 할 것인바 피고인들은 자신들의 범행 은폐 수단으로서 비인간적인 이 사건 2건의 살인범행을 택하였다는 것으로서 그 동기 면에서 용서받기 어려울 뿐만 아니라 그 범행수법이 극히 잔인하고 더구나 살인범행 후에는 사체를 매장하여 이를 은닉하고 뉘우침이 없이 각처를 돌아다니면서 수차례에 걸쳐 절도 및 강도범행을 거듭한 범행 후의 정황 등에 비추어 원심이 선고한 법정최고형인 사형은 적정하다.
	상고심	피해자를 범행장소로 유인하여 잔인한 방법으로 살해하여 매장한 다음, 곧이어 위 살인범행을 숨기기 위하여 위 피해자의 행방을 찾고 있던 피해자의 애인을 최초의 범행장소 부근으로 유인하여 참혹하게 살해하여 매장한 점 등 기록에 나타난 여러 양형조건 등에 비추어 보면 피고인들에 대하여 사형을 선고한 제1심을 유지한 원심의 양형이 심히 부당하다고 볼 수 없다.

11	1심	피고인에 대하여 인간적인 동정심을 가지지 않을 수 없으며, 또한 오늘날 사형제도를 폐지한 나라들이 다수 있고 우리 사회에서도 인도주의적 관점과 형벌의 목적 및 기능면에서 사형의 존재가치가 그리 크지 않다는 점을 들어 사형제도의 폐지를 주장하거나 그 적용범위를 축소해야 한다는 견해가 있는 것이 사실이다. 그러나 이 사건 범행의 동기, 태양, 결과 및 범행 후의 정황 등에 관하여 볼 때 피고인은 이미 스스로 인간의 존엄과 가치를 포기하였다고 밖에는 볼 수 없고 이 사건으로 이미 세 사람의 선의의 피해자가 무참히 살해되었을 뿐 아니라 피고인이 이 사건으로 검거되지 않았다면 또 다른 선의의 피해자가 발생하였을 가능성도 있다고 보여 피고인에게 자유형을 선고하는 경우 이 사회에 또 다른 위험과 불안요소를 남겨놓게 될 것이며, 인간생명의 존엄을 잔혹하게 유린하는 이러한 범행을 저지른 자에 대하여는 그에 상응하는 응분의 처벌을 가하는 것이 우리 사회와 현행 헌법 및 형법 그리고 더 나아가서는 정의의 요구에 부응하는 것이라 보이므로 사형에 처하는 것이 불가피하다.
	항소심	이 사건 범행의 동기, 범행수법, 범행과정, 범행의 과정, 범행 후의 정황에 있어서 어느 하나 동정을 살 여지가 없는바 피고인의 불우한 삶의 궤적과 사형은 가능한 한 억제되어야 한다는 현대 문명사회의 인도주의적 요청을 감안한다 하더라도 3명이나 되는 무고한 피해자의 생명의 존엄성을 잔혹하게 유린한 피고인을 이 사회에서 영원히 제거하는 것이 정의의 요구에 부응하는 것이라 보이므로 사형을 선고한다.
	상고심	피고인의 연령, 성행, 지능과 환경, 피해자에 대한 관계, 범행의 동기, 수단과 결과, 범행 후의 정황 등 기록에 나타난 양형의 조건이 되는 여러 가지 사정을 살펴보면 피고인과 국선변호인이 주장하는 정상을 참작하더라도 원심의 형의 양정은 적정하고 그 형의 양정이 심히 부당하다고 인정할 현저한 사유가 있다고 볼 수 없으며 소론이 지적하는 사정이 있다고 하더라도 원심판결이 헌법의 정신에 반하는 판결이라고 볼 수 없고 원심의 형의 양정은 적정하다.
12	1심	강도살인죄의 전과로 인해 그 형을 복역하다가 가석방되었음에도 종전의 자신의 잘못을 뉘우치고 새로운 삶을 살지 못하고 그 가석방기간 중에 다시 이 사건 범행을 저지른 점, 범행수법이 지극히 잔인한 점, 피해자들이 주로 20대의 처녀들로 꽃다운 젊은 나이에 피워보지도 못한 채 3명이 죽는 등 그 피해가 심히 중대하고, 피해자들의 유족과 전혀 합의가 이루어지지 않아 그들의 피해감정이 전혀 위무되지 아니한 점 등 범행의 동기, 태양, 죄질, 범행수단의 잔악성, 결과의 중대성, 피해자의 수, 피해감정, 전과, 범행 후의 정황 등 제반사정을 고려할 때 비록 위 피고인에게 살인사건의 피해자들이 다소 모욕을 하는 등 위 피고인의 범행을 유발한 측면이 있고, 살인행위 당시 약간 술에 취해 있었던 점, 피고인에게 사회적응 가능성이 보이는 점, 범행을 자백하고 이 법정에 이르기까지 순순히 자신의 범행을 시인하고 있을 뿐 아니라 자신의 잘못을 깊이 뉘우치고 있는 점 등 그 정상을

<table>
<tr><td></td><td></td><td>참작할 바가 없지 아니하며, 사형을 인간의 생명 자체를 영원히 박탈하는 냉엄한 극형으로서 그 생명을 존치시킬 수 없는 부득이한 경우에 한하여 적용되어야 할 궁극의 형벌인 점 등 제반사정을 참작, 고려한다 할지라도 그 죄책이 심히 중대하다 할 것이므로 죄형의 균형이나 범죄의 일반예방의 견지에서도 피고인을 영원히 사회에서 격리시키는 극형이 불가피하다.</td></tr>
<tr><td></td><td>항소심</td><td>피고인의 범행은 인간의 존엄성을 무참히 짓밟는 행위임은 물론 황금만능의 시대에 편승한 인명경시 풍조를 적나라하게 드러내는 행위라고 할 것이고 피고인의 이 사건 범행이 우리 사회에 던져준 엄청난 충격을 고려하면 형법이 정한 가장 무거운 형을 선택하지 아니할 수 없다.</td></tr>
<tr><td></td><td>상고심</td><td>범행의 결과가 엄청날 뿐 아니라 범행수법에 있어서도 매우 잔혹하였으며 피고인은 강도살인죄 등으로 징역 15년을 선고받고 복역하다가 가석방된 지 불과 2개월도 못되어 범행을 저질렀을 뿐 아니라 범행 후에도 전혀 뉘우치는 정상이 없는 등의, 원심이 설시하고 있는 양형의 조건에 비추어 보면 피고인에 대하여 사형을 선고한 제1심과 이를 그대로 유지한 원심의 양형이 심히 부당하게 무겁다고 보이지 않는다.</td></tr>
<tr><td rowspan="3">13</td><td>1심</td><td>피고인에게는 아무런 정상 참작의 여지가 없으며 범행으로부터 무고한 시민의 생명과 재산을 보호하고 사회를 보호하기 위하여 피고인을 사회로부터 영구히 격리시키는 것이 옳다.</td></tr>
<tr><td>항소심</td><td>피고인의 죄책이 심히 중대하다 할 것이므로 죄형의 균형이나 범죄의 일반예방의 견지에서도 피고인을 영원히 사회에서 격리시키는 극형이 불가피하다.</td></tr>
<tr><td>상고심</td><td>－－－－－－－－－－－－－－－－－－－－－－－－－－－－－－－－－－－－－</td></tr>
<tr><td rowspan="2">14</td><td>1심</td><td>이 사건 범행은 단순히 사람 3명을 살해된 것에 그치는 것이 아니라 한 가정의 구성원 중 가장을 제외한 나머지 모두가 살해된 것으로 날로 각박해지는 현대 사회에서 그 중요성이 더 해가고 있는 화목한 가정을 파괴한 것이다. 피고인이 아직 젊고 아무런 범죄경력이 없이 우발적으로 이 사건 범행을 저질렀다는 점을 감안하더라도 이 사건 죄질이 너무 나쁠 뿐만 아니라 우리 법원은 이 사건 범행으로 인하여 침해된 3명의 생명과 파기된 한 가정을 외면할 수 없고 일반 사회인들의 가정과 생명의 침해에 대한 법감정에 비추어 이를 보호하기 위한 일반예방적 효과를 고려하지 않을 수 없다.</td></tr>
<tr><td>항소심</td><td>피고인이 이 사건 범행에 이른 경위, 수단과 결과, 범행 후의 정황에 덧붙여 피고인의 나이, 성행, 지능과 환경, 건강상태, 가족관계, 피고인의 이사건 범행으로 말미암아 하루아침에 사랑하는 가족들을 한꺼번에 상실한 피해자들의 유가족과 친척들의 말로 표현할 수 없는 슬픔과 고통 등 이 사건 양형의 조건이 되는 모든 사항을 자세히 살펴보면 비록 피고인이 지금까지 아무런 처벌받은 전과가 없고, 현재 이를 뉘우치는 기색을 보이고 있다고 하더라도 원심이 선고한 양형이 너무 무거워 부당하다고는 인정되지 아니한다.</td></tr>
</table>

	상고심	------------------------------------
15	1심	피고인의 범행은 살해당한 피해자의 죽음에 이르기 까지의 절망적인 고통은 물론 건전한 사회생활을 영위하고 있는 대다수의 사람들에게 미친 충격 역시 심대하여 피고인들에 대한 비난가능성을 지극히 크다고 하지 않을 수 없다. 개전의 정이나 장차 용이하게 교화되어 건전한 사회생활에 복귀할 수 있으리라는 가능성이 보이지 않는다. 범죄로부터 사회를 방위하고 우리 사회에 만연하고 있는 황금만능주의와 인명경시풍조에 대하여도 경종을 울릴 필요성이 있다는 일반예방적 견지에서도 피고인에게 극형을 선고하지 않을 수 없다. 피고인은 출소한지 2년도 채 못 되어 이 사건 각 범행을 자행한 누범이고 또한 위 범죄단체의 수괴로서 각 범행을 주도하였으며, 또한 위 피해자를 살해한 범행에 대하여도 나머지 피고인들보다 능동적이고 주도적으로 그 범행을 자행한 것에 비추어 사형을 선고하기로 한다.
	항소심	위 피고인들은 돈 많은 사람들을 대상으로 강도 등의 범행을 하여 멋지게 살다가 죽는다는 반사회적 목적으로 범죄단체를 조직하고 미리 칼 등 범행도구를 준비하여 범행대상을 물색하다가 피해자를 범행대상으로 지목하여 납치 후 금품을 강취하고 나서 살려 달라고 애원하는 피해자를 창고로 끌고 가서 사체를 빨리 썩게 하고자 칼로 옷을 모두 찢어 알몸이 되게 한 다음 산채로 매장하여 잔인하게 살해하였는바 피고인들의 범행은 그 동기나 수법의 잔인성에 비추어 반사회적, 반인륜적 범죄성향이 극명하게 표출된 범행이라 할 것이다. 살해범행에는 그 동기에 참작할 만한 여지가 전혀 없고 그 살해방법도 피해자가 상당한 시간 죽음의 절망감에 휩싸여 고통스럽게 죽어가야 하는 잔인한 방법을 택하였으며, 피해자의 유족들과 합의도 되지 아니한 점과 그밖에 이 사건이 우리 국민 전체에게 엄청난 충격과 불안감을 가져다주었고 황금만능주의와 인명경시현상이 만연하여 가는 현대에서 사회를 방위하기 위해서는 이 사건과 같이 반인륜적이고 흉악한 범죄에 대하여는 경종을 울리지 않을 수 없다는 점 등을 함께 고려하여 본다면 정상을 참작하더라도 피고인들에게는 강도살인죄에 정한 법정형 중에서 그 처단형을 정하지 않을 수 없다. 특히 피고인1은 실형을 선고받고 복역한 후 그 누범기간 중에 이 사건 각 범행을 저질렀고 위 조직의 수괴로서 강도살인죄의 범행을 주도하였으며, 그 범행 이후에도 잘못을 뉘우치지 아니한 채 또 다른 범행을 위하여 조직의 확대를 꾀하여 왔을 뿐만 아니라 나아가 일부의 조직원들과 함께 이 사건 특수강도등의 범행을 반복하여 왔던 점에 비추어 보면 위 피고인에 대하여는 법정최고형에 처할 수밖에 없다. 원심이 적법하게 조사한 양형의 조건이 되는 여러 가지 사항을 참작하면 원심이 위 피고인들에게 선고한 각 형은 적정하고 너무 무겁거나 너무 가벼워서 부당하다고는 인정되지 아니한다
	상고심	------------------------------------

16	1심	피고인은 이 사건 범행을 주도적으로 계획하고 범행의 도구를 사전에 준비하여 아무런 원한이 없는 선량한 부녀자를 2-3일 사이에 연속하여 잔혹한 방법으로 살해하고도 이어 추가 살인 범행을 예비하는 등 그 죄질이 극히 불량하고 결과가 대단히 중하여 주문과 같은 형을 선고한다.
	항소심	피고인의 죄책이 심히 중대하여 죄형의 균형이나 범죄의 일반예방의 견지에서도 극형이 불가피하다.
	상고심	양형조건인 피고인의 이 사건 범행의 동기, 수단과 결과, 범행 후의 정황 등은 충분히 인정되고 그러한 여러 가지 사항을 두루 참작하여 볼 때 양형이 부당하다고 하기는 어렵다.
17	1심	피고인은 술에 취하여 사물을 변별하거나 의사를 결정할 능력이 없는 상태에서 이 사건 범행을 저지른 것이라는 취지로 주장하므로 살피건대 사건 범행 당시 다소 술을 마셨다는 사실은 인정되나 그로 인하여 사물을 변별하거나 의사를 결정할 능력이 없었다거나 미약한 상태에 있었던 것으로는 보이지 아니하므로 피고인의 주장은 받아들이지 아니한다.
	항소심	대법원 1985. 6. 11. 선고 85도926 판결 인용: 이러한 관점에서 살펴 보건대 피고인은 7회에 걸친 실형의 전과가 있고, 별다른 동기 없이 나이 어린 피해자 2명을 목을 조여 차례로 살해하였으며, 이 사건 기록과 변론에 나타난 여러 양형조건을 종합, 검토하여 보면 피고인의 죄책이 심히 중대하여 죄형의 균형이나 범죄의 일반예방의 견지에서도 극형이 불가피한 것으로 판단되므로 피고인에 대하여 사형을 선고한 원심의 양형이 너무 무거워 부당하다고는 보이지 아니한다.
	상고심	원심이 적절히 판시한 바와 같이 피고인이 뚜렷한 동기도 없이 7세 내지 16세의 나이어린 피해자 3명을 목 졸라 살해하는 등 그 범행의 수단과 결과의 중대성 및 인명경시의 성향에다가 범행을 전후한 피고인의 전과관계, 성행, 생활환경, 범행 후의 정황 등 양형의 조건이 되는 모든 사정을 종합해 보면 피고인의 죄책이 극히 중대하여 죄와 형벌과의 균형 및 범죄예방의 견지에서 극형의 선택이 불가치하다고 판단되므로 같은 취지에서 나온 원심의 양형은 적정하고 그 형의 양정이 심히 부당하다고 인정할만한 뚜렷한 사유를 찾아볼 수 없다.
18	1심	미리 칼을 준비하여 범행에 임한 점에 비추어 사전에 증거인멸을 위하여 피해자의 살해에 대하여 적어도 미필적인 결의는 있었던 것으로 보이는 점, 범행의 준비과정이 대단히 치밀하고 대담한 점, 범행수법이 지극히 잔인한 점, 피고인의 이 사건 범행은 오로지 금품을 강취할 목적으로 이무런 원한관계 없는 피해자들을 무참히 살해함으로써 스스로 공동체의 일원이기를 포기한 반인륜적 범죄로 볼 수밖에 없어 그 죄책이 극히 무겁다 할 것이므로 형사법 본연의 존재의의라 할 응보 및 일반예방의 견지에서 사회로부터 영구히 격리하는 극형이 불가피하다.

	항소심	범행수법과 태양이 극히 잔인한 점, 증거인멸을 기도하고 범행의 행태가 극히 대담한 점, 범행을 뉘우친 흔적이 보이지 아니하는 점, 피해자들의 유족들과 합의도 이루어지지 않아 이들의 피해감정이 전혀 위무되지 아니한 점 등 제반 사정을 고려할 때 피고인을 이 사회로부터 영구히 격리하는 극형이 불가피하다.
	상고심	–––––––––––––––––––––––––––––––––
19	1심	범행결과의 중대성, 범행동기의 불량성, 범행과정의 치밀성, 범헝수법의 잔혹성, 범행 후의 정황 등 양형 조건이 되는 여러 사정, 그리고 이와 같은 범죄로부터 사회를 방위하고 우리 사회에 만연하고 있는 황금만능주의와 인명경시풍조에 대하여도 경종을 울릴 필요가 있다는 점에서도 극형을 선고하지 않을 수 없다.
	항소심	비록 사형은 인간의 존엄한 생명을 영원히 박탈하는 극형으로 그 선택은 신중하여야 할 것이나 피고인은 강도살인의 범행을 주도한 점, 그 동기에 참작할만한 사정이 없고 범행준비과정에 매우 계획적이고 치밀한 점, 범행수법이 극히 잔인한 점, 범행 후에도 뉘우치지 않고 각종 범행을 저질러 온 점 등 제반 양형조건을 고려하면 원심의 사형선고는 부득이 한 것이다.
	상고심	피고인의 연령, 성행, 지능, 환경과 전과관계, 강도살인 및 강간 등의 피해자들과의 관계, 강도살인에 있어서의 범행의 동기, 수법, 결과와 가담정도, 그 후의 다른 범행의 죄질과 횟수 등 기록에 나타난 양형의 조건이 되는 여러 가지 사정을 살펴보면 원심의 형의 양정은 적절하다.
20	1심	피고인의 이 사건 범행은 도저히 용서할 수 없고 그 비난가능성이 지극히 크다고 하지 않을 수 없는 바 이 사건 범행의 동기와 그 집요함, 범행결과의 중대성, 범행과정의 계획성, 범행수법의 교묘함과 잔혹성, 범행 후의 정황, 이 사건 범행이 사회에 미친 악영향 등 양형의 조건이 되는 제반 사정에 비추어 피고인에 대하여 법정최고형인 사형을 선고하지 않을 수 없다.
	항소심	피고인 성격의 잔혹성을 엿볼 수 있는 점, 인간의 보편적 윤리와 사회생활상의 기본적 도의에 반하는 가장 극악한 범죄에 해당하는 점, 범헝동기 및 범행과정에 있어서 피고인의 범행을 합리화해주거나 피고인에 대하여 극형을 면하게 하여 줄 사유가 보이지 않을 뿐만 아니라 범행 후에도 수사기관 이래 당심 법정에 이르기까지 자신의 잘못을 뉘우치기 보다는 이를 적극적으로 은폐하려고 하고 있어 개정의 정을 보이지 않고 있고, 유족과 합의하려고 노력한 흔적도 찾아 볼 수 없는 등 그 정상에 참작할만한 사정이 전혀 엿보이지 않는 점 등을 감안하면 원심이 선고한 형량은 적정하다.
	상고심	피고인의 연령, 성행, 지능과 전과, 이 사건 각 범행의 동기, 수단, 살인 범행에 있어서의 잔혹성 및 사체유기의 방법과 경위, 범행 후의 정황 등 기록에 나타난 양형의 조건이 되는 여러 가지 사정을 살펴보면 피고인이 주장하는 정상을 참작하더라도 원심의 형의 양정은 적절하다고 보이며 그 형의 영정이 심히 부당하다고 인정할 현저한 사유가 있다고 볼 수 없다.

21	1심	피고인은 범죄전력이 8회 더 있는 자로서 교도소에서 출소한 후 단기간 내에 이 사건 범행을 저질렀고 범행동기에 있어 참작할 만한 사정이 없으며 범행을 사전에 치밀하게 계획하였고 범행수법이 극악무도하여 악마의 그것일 뿐 아니라 사체오욕의 점을 계속 부인하고 있는 점 등 범행을 진심으로 후회하거나 반성한 흔적을 찾아 볼 수 없는 점, 피해자들과 그 유족이 입은 정신적 육체적 고통이 매우 큰데도 피해자들과 합의가 이루어지지 아니한 점 등을 인정할 수 있다. 피고인의 살인 등 범죄전력, 이 사건 범행동기와 경위 및 그 수법과 대상, 범행 후의 정황 등 여러 가지 사정에 비추어 볼 때 천리에 반하고 비인간적이고도 반인륜적 범행을 수차 자행하여 그 원한과 원성이 하늘과 땅에 가득케 한 피고인에게 법이 허용하는 최극형인 사형을 선고함이 상당하다.
	항소심	피고인은 동거녀를 살해하고 무기징역을 선고받고 징역 20년으로 감형되어 출소한 후 이 사건을 저질러 범행동기에 있어 비난가능성이 매우 높으며 범행이 사전에 치밀하게 계획되었을 뿐만 아니라 살해 범행수법 또한 잔인하기 그지없고 이 사건 범행 후 아무런 양심의 가책도 없이 범행현장을 정리하고 피해자들과 그 유족이 입은 육체적 정신적 고통이 매운 큰데도 합의가 전혀 이루어지지 아니한 점 등을 인정할 수 있는바 피고인의 죄책이 심히 중대하여 죄형의 균형이나 범죄의 일반예방의 견지에서도 극형이 불가피하다고 인정되므로 사형을 선고함이 상당하다.
	상고심	그 범행동기에 비난가능성이 매우 높은데다가, 이 사건 범행 자체가 사전에 치밀하게 계획된 것으로서 범행에 사용할 쇠망치를 미리 구입하여 범행을 준비한 다음, 아무런 방어능력도 없이 집에 혼자 있던 고령의 피해자1을 살해하고, 살해현장을 정리하여 피해자2가 아무런 눈치를 채지 못하도록 한 후 다시 피해자2 마저 살해하였고, 범행의 수법 또한 매우 잔인하여 무자비하게 살해하였으며, 피해자들의 유족들과도 전혀 합의가 이루어지지 아니한 점 등 양형의 조건이 되는 모든 사항을 종합하여 볼 때, 그 범행에 대한 책임의 정도와 형벌의 목적에 비추어 사형의 선고가 정당화될 수 있다고 보이므로 사형을 선고한 원심의 양형이 심히 부당하게 무겁다고 인정할 현저한 사유가 없다.
22	1심	피고인은 4명의 소중한 생명을 자신의 이해관계에 배치된다는 이유만으로 잔인한 방법으로 살해하였는바 이는 도저히 인간의 행동으로 보기 어려울 정도로 가공할만한 범행이라고 아니할 수 없다. 범행 후 사체들을 인적이 드문 곳으로 옮겨 매장함으로써 사체들을 은닉하여 범행의 완벽한 은폐를 기도하기도 하는 주도면밀함을 보이기도 하였다. 범행들을 사전에 철저하게 계획 준비한 후 실행한 것으로 보이는바 경악을 금치 않을 수 없다. 기록에 나타난 모든 양형조건 등을 고려하면 피고인을 영원히 사회로부터 격리시키는 것이 상당하다.

	항소심	피고인이 이 사건 각 범행에 이르게 된 동기, 범행의 수단, 범행 후의 정황 및 범행을 저지른 횟수, 그리고 피해자1을 살해한 범행을 제외한 나머지 범행들이 사전에 철저하게 계획, 준비한 후 실행된 것인 점 등 기록에 나타난 형법 제51조에 정해진 제반 양형 조건을 살펴보면 원심이 피고인에게 선고한 형이 결코 무겁다고는 여겨지지 않으므로 이를 기각한다.
	상고심	기록에 나타난 제반 양형 조건을 살펴보면 피고인에게 사형을 선고한 제1심의 형량이 결코 무겁다고는 여겨지지 않는다고 판단하였는바 기록에 나타난 양형의 조건이 되는 여러 가지 사정을 검토하여 보면 피고인에 대하여 사형을 선고한 제1심의 판단을 그대로 유지한 원심의 양형이 심히 부당하다고 인정할 현저한 사유가 있는 경우에 해당한다고 볼 수 없다.
23	1심	범행동기에 참작할 점이 없고 범행수법이 매우 잔악하고 결과가 중하고 반인륜적이며 범행의 의지가 완고하여 우발적 요소를 찾아 볼 수 없다. 범행 이후에도 범행을 뉘우치는 기색이 전혀 없고 이 법정에 이르기까지 범행을 전면 부인하고 있을뿐더러 피해자의 유족들이 자신을 모함하고 있는 것이라는 취지로 주장하고 있다. 대저 용서는 응보를 뛰어 넘는 숭고한 가치의 실현이라 할 수도 있겠으나 참된 용서에는 진실한 참회가 선행하여야 한다. 살해된 피해자들은 다름 아닌 피고인의 외삼촌, 외숙도였을 뿐더러 평소 가족들과 이웃으로부터 깊은 사랑을 받아오던 선량하고 무고한 사람들이어서 유족과 이웃주민들의 분노, 슬픔, 피해감정이 극어 이르러 있고 무엇보다 피고인이 사건 범행에 이르게 된 경위, 성격, 범행 후의 뉘우침 없는 태도, 유족들은 피고인이 자유형을 선고받고 복역하다가 가석방, 사면 등으로 출감할 경우 당당 생명의 위협을 받게 됨을 호소하고 있다. … 피고인의 죄책이 심히 중대하여 죄형의 균형이나 범죄의 일반예방의 견지에서도 극형이 불가피하다.
	항소심	현재까지 자신의 범행을 부인하고 오히려 피해자의 유족들과 주위 사람들에게 원한과 악의를 표시하는 등 개전의 정이 전혀 없으므로 죄형의 균형이나 범죄의 일반예방의 견지에서 피고인에게 극형을 선고한 원심의 판단은 정당하다.
	상고심	이 사건에서는 범행에 대한 책임의 정도와 형벌의 목적에 비추어 사형의 선고가 정당화될 수 있다고 보이므로 피고인에게 사형을 선고한 제1심 판결을 유지한 원심의 양형이 심히 부당하게 무겁다고 인정할 현저한 사유가 없다.
24	1심	양형 이유에서 강도의 계획성, 살인 동기의 반인륜성, 살인 범의의 확정성 및 살인 수법의 잔혹성을 지적하고 강도살인 후 정황의 파렴치성을 판단하면서 피고인은 이미 인간이기를 포기하였다고 보지 않을 수 없다고 판시하고 있다. 또한 사형 선택의 불가피성에 대하여 이 사건 범행은 그 동기, 수법 및 범행 후의 정황이 듣는 이로 하여금 전율을 느끼고 공분을 누

		르지 못할 정도로 잔인무도하다고 보았다. 최근 우리나라에서 사형폐지론이 대두되고 있는 점을 충분히 감안하더라도 피고인을 응징하고 나아가 우리 사회에 갈수록 심화되어 가는 인명경시, 황금만능 풍조를 타고 앞으로도 일어날 수 있는 제2, 제3의 동종범행을 예방하기 위한 차원에서 극형인 사형에 처하는 이외에는 대안이 없다.
	항소심	피고인의 죄책이 심히 중대하고 죄형의 균형이나 범죄의 일반예방의 견지에서도 극형이 불가피하다고 인정되므로 같은 취지의 양형이유를 설시하여 피고인에 대하여 사형을 선고한 원심의 형의 양정이 무거워 부당하다고는 보이지 아니한다.
	상고심	이 사건 범행의 중대함과 잔인함 등 기록에 의하여 인정되는 여러 양형사유에 비추어 볼 때 피고인에게 사형을 선고한 제1심을 그대로 유지한 원심의 조치가 형의 양정이 심히 부당하다고 인정할만한 현저한 사유가 있는 때에 해당한다고 볼 수 없다.
25	1심	범행결과의 중대성, 범행동기의 불순함, 범행수법의 잔인함, 범행 후의 정황, 이 사건이 사회에 미친 충격과 불안감 등 양형의 조건이 되는 여러 가지 사정과 이와 같은 범죄로부터 사회를 방위하고 우리 사회에 만연하고 있는 황금만능주의와 인명경시 풍조에 대하여도 경종을 울릴 필요성이 있다는 일반예방적 견지에서도 피고인에게는 극형을 선고하지 않을 수 없다.
	항소심	피고인의 죄책이 심히 중대하고 죄형의 균형이나 범죄의 일반예방이란 관점에서도 피고인의 생명을 존치시킬 수 없는 부득이한 경우에 해당하여 피고인에 대하여는 극형이 불가피하다고 할 것이므로 피고인을 사형에 처한 원심의 양형은 적정하다.
	상고심	피고인이 당시 술에 취한 상태에서 이 사건 범행을 저질렀고 불우한 환경에서 성장하였으며 현재 기독교신앙을 가지고 자신의 잘못을 깊이 참회하고 있다는 점 등을 감안하더라도 피고인의 죄책이 심히 중대하고 죄형의 균형이나 형법의 일반예방적 기능이란 관점에서도 피고인의 생명을 존치시킬 수 없는 부득이 한 경우에 해당하여 피고인에 대하여는 극형이 불가피하다고 할 것이므로 피고인을 사형에 처한 제1심의 양형은 적정하다고 인정되고 그것이 너무 무거워 부당하다는 항소이유는 받아들이기 어렵다고 판단하였다. 기록에 나타난 제반사정을 아울러 살펴보니 원심의 위와 같은 형의 양정이 심히 부당하다고 인정할 현저한 사유가 있다고는 판단되지 아니한다.
26	1심	미확인
	항소심	미확인
	상고심	미확인

<table>
<tr><td rowspan="3">27</td><td>1심</td><td>피고인은 살인죄로 이미 한번 처벌받은 전과가 있고 더욱이 그 사건으로 인한 가석방 기간 중에 이 사건 범행을 저지른 점 등을 참작하여 볼 때 극형을 선고하여도 마땅하다고 보인다. 그러나 피고인들이 이 사건 범행을 저지르게 된 경위에 비추어 보아 그 범행이 치밀한 계획 하에 이루어진 것으로 보기 어려운 점, 비록 한 사람의 생명의 가치가 세상 어느 것과도 비할 수 없을 만큼 중하기는 하나 피해자의 수가 한 명인 점, 피고인들 모두 범행을 대체로 순순히 시인하면서 그 잘못을 깊이 뉘우치고 있는 점, 그 밖에 피고인들의 성행, 환경 등 피고인들에게 유리한 모든 정상을 아울러 참작하여 볼 때 피고인들에게 그 생명을 박탈하는 극형을 선고하는 것은 피하는 것이 타당하다고 판단되므로 무기징역을 선고한다.</td></tr>
<tr><td>항소심</td><td>피고인이 비록 잘못을 반성하고 있다고는 하나 이미 어려서부터 특수절도죄 등을 저질러 소년원에서 교화를 받았으나 오히려 그곳에서 만난 다른 피고인들과 어울려 다니며 1989년 살인죄를 범하고 징역 12년을 선고받아 복역하다가 1999년 5월 27일, 가석방되었는데 그 기간이 채 끝나기도 전에 또 다시 이건 살인죄를 저질렀고 이 살인 사건 이전에 이미 강도상해죄를 저질렀을 뿐 아니라 이 사건 살해과정과 사체해체를 적극적으로 주도하여 실행한 점 등에 비추어 보면 그 죄책이 심히 중대할 뿐 아니라 재범의 위험성이 극히 높고 교화의 가능성은 매우 낮으며, 죄형의 균형과 인명경시 범죄에 대한 경고라는 일반예방적 견지에서도 극형이 불가피하다고 인정된다. 따라서 피고인에 대한 원심의 형량은 너무 가벼워 부당하다고 인정되므로 검사의 항소논지는 이유 있다. 피고인에 대한 원심을 파기하고 사형에 처한다.</td></tr>
<tr><td>상고심</td><td>피해자를 살해한 후 피해자의 신원이 파악되지 않도록 사체를 수백 개로 토막 내어 숲속에 암매장하였고 범행에 대한 비밀을 유지하고 공범들 상호간의 결속을 강화한다는 의미로 사체에서 간을 꺼내어 나누어 먹는 엽기적인 행위를 한 점, 피고인이 각 범행을 적극적으로 주도하여 실행한 점, 이 사건 각 범행의 피해자에게 현재까지 아무런 보상이 이루어지지 않고 있는 점, 피고인은 검찰에 검거된 후에도 원심 법정에 이르기까지 수차례에 걸쳐 진술을 번복하는 등 그다지 반성하는 태도를 보이지 않고 있는 점, 피고인 등의 위와 같은 야만적이고 엽기적인 범행으로 인하여 사회에 큰 충격을 준 점 등 기록에 나타난 여러 양형조건에 비추어보면 비록 이 사건 살인 범행이 사전에 치밀하게 계획된 범행이 아니고 피고인이 다소 반성하는 태도를 보이고 있다는 점을 고려한다고 하더라도 사형을 선고한 원심의 양형이 심히 부당하다고 볼 수 없다.
사형제도가 위헌이라는 점: 헌법 제12조 제1항은 모든 국민은...법률과 적법절차에 의하지 아니하고는 처벌, 보안처분 또는 강제노역을 받지 아니한다고 규정하여 처벌의 종류를 제한하지 않고 있는 한편, 헌법 제110조 제4항은 비상계엄 하의 군사재판은 법률이 정하는 경우에 한하여 단심으로 할 수 있다. 다만, 사형을 선고하는 경우에는 그러하지 아니하다고 규정함으로써 적어도 문언상의 해석상으로는 간접적이나마 법률에 의하여</td></tr>
</table>

		사형이 형벌로서 정해지고 또 적용될 수 있음을 인정하고 있으며, 현재 우리나라의 실정과 국민의 도덕적 감정 등을 고려하여 보면, 사형이 비례의 원칙에 따라서 최소한 동등한 가치가 있는 다른 생명 또는 그에 못지아니한 공공의 이익을 보호하기 위한 불가피성이 충족되는 예외적인 경우에만 적용되는 한 국가가 형사정책으로 사형이라는 처벌의 종류를 규정하였다 하여 이것이 헌법에 위반된다고 볼 수 없으므로, 형법 제250조 제1항이 살인죄에 대한 법정형으로 사형을 규정하고 있는 것이 헌법에 위반된다고는 볼 수 없다(헌재 1996. 11. 28.자 95헌바1 결정 참조).
	재심	재심청구인은 살인죄의 주범이 아닌데도 주범으로 인정되어 재심대상사건에서 사형을 선고받았다. 그러나 재심대상판결의 확정 후 공범들이 사실확인서 등을 통하여 재신청구인이 살인죄의 주범이 아님을 밝히고 있다는 것이 그 주장의 요지이다. 형사소송법 제420조 제2호는 재심이유의 하나로 "원판결의 증거된 증언, 감정, 통역 또는 번역이 확정판결에 의하여 허위인 것이 증명된 때"를 규정하고 있다. 재심청구인의 주장에 의하더라도 원판결의 증거된 증언이 확정판결에 의하여 허위인 것이 증명된 때에 해당하지 않고, 달리 이를 인정할 아무런 자료가 없다. 재심대상판결에 형사소송법 제420조 제2호에 정한 재심이유가 있다고 볼 수 없다. 형사소송법 제420조 제5호는 재심이유의 하나로 "유죄의 선고를 받은 자에 대하여 무죄 또는 면소를, 형의 선고를 받은 자에 대하여 형의 면제 또는 원판결이 인정한 죄보다 경한 죄를 인정할 명백한 증거가 새로이 발견된 때"를 규정하고 있는바, 여기서 '원판결이 인정한 죄보다 경한 죄'라 함은 원판결이 인정한 죄와는 별개의 죄로서 그 법정형이 가벼운 죄를 말하는 것이므로 필요적이건 임의적이건 형의 감경사유를 주장하는 것은 포함하지 않는다고 할 것이다(대법원 2007.07.12. 선고 2007도3496 판결 참조). 재심청구인의 주장과 같이 재심청구인이 살인죄의 공동정범이 아니라 종범이라고 하더라도 이는 형법 제32조 제2항의 규정에 의한 형의 필요적 감경사유에 불과하다. 재심대상판결에 형사소송법 제420조 제5호에 정한 재심이유가 있다고 볼 수 없으므로 기각한다.
28	1심	이 사건 범행이 충동적 우발적으로 이루어졌고 피고인이 검거된 이후 범행 일체를 자백하고 뉘우치고 있기는 하나 범행의 동기 및 수법, 결과 그리고 피고인이 보여준 사람의 생명, 신체에 대한 경시 성향 등을 참작하면 이 사회를 보호하기 위하여 피고인을 영원히 사회로부터 격리시키는 방법을 택하지 않을 수 없다.
	항소심	범행 동기에 참작할 점이 없고 범행수단과 방법이 잔악무도하며 범행 후 6개월 가까이 피해 다니다가 수사관의 끈질긴 추적으로 검거되었고 피해자 내지 피해자들의 유족들과 아무런 합의가 이루어지지 않은 점 등 사건기록에 나타난 양형의 조건이 되는 여러 사정을 종합적으로 검토하여 보면 원심이 피고인에게 선고한 형은 적정하고 너무 무거워 부당하다고 인정되지 아니한다.

	상고심	범행의 동기로서 사회통념상 공감할만한 것이 발견되지 아니함에 비하여 살해방법이 잔혹하였다는 점과 중대한 범행의 결과를 고려하고 나아가 피고인의 연령, 성행, 지능과 환경, 피해자와의 관계, 범행 후의 정황 등 기록에 나타난 양형의 조건이 되는 여러 가지 사정을 살펴보니 피고인이 주장하는 정상을 참작하더라도 원심의 형의 양정이 심히 부당하다고 인정할 현저한 사유를 발견하기 어렵다.
29	1심	계획적 범행, 범행대상이나 방법에 있어 무차별적이고 잔인무도한 점, 반성과 회오의 태도가 부족하다고 보이는 점, 피해자들 및 그 유족들에 대한 배상이 전혀 이루어지지 않는 점 등 여러 가지 사정을 종합하여 보면 범죄와 형벌의 균형이라는 관점에서나 일반예방적인 형벌목적에 비추어 피고인의 생명 자체를 박탈시켜 사회에서 영원히 격리시키는 극형에 처함이 마땅하다.
	항소심	피고인은 그 죄질이 극히 불량하고 범행의 대상이 무차별적이며 그 방법이 잔인무도하고 그 동기나 경위에 있어서 정상에 참작할 만 한 점을 전혀 찾아 볼 수 없다. 사건을 은폐하기 위하여 지능적이고 치밀한 수법을 사용하고 있으며, 결국은 증거를 인멸하기 위하여 다시 범행연장으로 찾아가 피해자들의 시체에 불을 질러 태운 점에 비추어 보면 피고인은 그 범행을 행함에 있어 대담할 뿐만 아니라 범행 후에도 지능적이고 치밀하게 범행을 은폐하는 등 대연자약하게 행동함으로써 악마적인 침착성을 보여주고 있다. 피해자들 3명 모두 이제 스무 살을 갓 넘긴 꽃다운 나이로서 제대로 펴보지도 못하고 피고인의 성욕의 노리개로 전략하였을 뿐만 아니라 피고인의 범행으로 말미암아 아무런 이유 없이 마침내 생을 마감하는 결과를 초래하였고, 피해자들의 부모들은 사랑하는 딸들을 비명에 잃은 아픔을 영원히 가슴에 안고 살아가야 하는 고통을 받았음에도 피고인은 피해자들 및 그 유족들에 대한 어떠한 배려도 하지 않고 있다. 범죄와 형벌의 균형이라는 관점에서나 일반 및 특별예방적인 형벌목적에 비추어 보아도 피고인의 무자비한 각 범행에 대하여는 피고인의 생명 자체를 박탈하여 사회에서 영원히 격리시키는 극형에 처함이 마땅하다고 생각되므로 원심이 선고한 형은 적정하다.
	상고심	존엄한 생명을 셋이나 빼앗는 등 그 중대함에 비추어 비록 피고인이 지금은 깊이 참회하고 있다 하더라도 원심이 유지한 극형이 심히 부당하다고 인정할 수 없다.
30	1심	피고인은 단지 약간의 돈을 얻기 위해서 인간의 생명이나 인간관계에서의 기본적인 신뢰와 사랑이 얼마든지 희생될 수 있고 별다른 의미도 없다는 지극히 물질중심적인 사고에 경도되어 있음을 알 수 있는데다가 그 범행의 준비 및 실행에 있어서의 치밀함, 범행 후의 정황을 함께 놓고 볼 대 과연 피고인에게 교화가능성을 기대할 수 있을지 심히 의심이 들고, 제3자들의 잠재적인 범행의지를 부추겨 그들을 자신이 계획한 범죄에 끌어들여 이용한 범행과정에서의 피고인의 역할과 보험질서를 교란하되 그 방법이 거듭하여 인간의 생명을 이용하는 것이라는 이 사건 범행 결과의 중대성, 범행으로

		인한 직접적인 피해자 내지 피해자 유족들의 피해감정은 물론 사회 일반구성원으로서 범행 대상의 우연성이 가져다주는 불안감 등을 감안할 때, 이 법원으로서는 주어진 권능에 의해 법정 최고형을 선고하지 않을 수 없다.
	항소심	끔찍한 범행들을 모두 사전에 주도면밀하게 계획하고 공범들을 범행에 끌어들이는 등 범행 전체를 지휘, 조직한 점, 제1심에서는 위증까지 서슴지 아니한 점, 범행 은폐를 목적으로 공범을 속여 촉탁 살해하고서도 끝까지 그 동기를 호도하려고 시도하는 등 추호도 뉘우치는 빛을 찾아볼 수 없는 점, 아직까지 피해자나 피해자 유족들에게 전혀 손해 배상을 하지 아니한 점 등 이 사건에 나타난 형법 제51조의 제반 양형조건들을 참작하면 이 나라에 사형제도가 존재하는 이상 사형을 선고할 수밖에 없다.
	상고심	범행 동기와 수법 및 결과에 있어서 도저히 동정할 여지가 없는 참혹한 내용인 데다가, 범행 때마다 끌어들인 공범들을 지휘하여 범행 전반을 치밀하게 조직 실행한 점 및 마지막 범행 후에도 도피해 다니다가 체포되는 등 반성과 참회의 빛을 찾아보기 어려운 점, 기타 범행 후의 여러 정황과 피해자들에 대한 관계 등 양형의 조건이 되는 여러 정황에 비추어 보면, 원심의 양형이 심히 부당하다고 인정할 현저한 사유가 있다고는 할 수 없다.
31	1심	피고인은 인간의 생명을 경시하고 인간의 존엄성을 무참하게 짓밟았을 뿐만 아니라 스스로의 인간성마저 포기한 것으로 볼 수 있는바 이 사건 범행에 나타난 피고인의 반사회적 악성, 피해의 중대함, 피해자와 그 가족들의 고통 그리고 인명경시풍조에 따른 포악한 범죄가 빈번한 오늘날의 사회현상에 대하여 경종을 울릴 필요가 있는 점을 고려할 때 법정 최고형을 선고하지 않을 수 없다.
	항소심	피고인으로부터 무참히 살해당한 피해자들이 죽음에 이르기까지 겪었을 절망적인 고통은 물론 그 가족들과 건전한 사회생활을 영위하고 있는 대다수의 사람들에게 미친 충격 역시 매우 크다는 점 등을 종합하여 보면 피고인의 이 사건 각 범행은 그 불법의 정도가 아주 높을 뿐만 아니라 죄형의 균형이나 범죄의 일반예방적 견지에서 보더라도 원심이 선고한 형은 부득이한 것이다.
	상고심	피고인이 자신의 성적 욕구 충족을 위하여 나이 어린 학생들을 대상으로 잔혹한 범죄를 저질렀고 남매를 살해한 범행은 계획적으로 이루어졌으며, 범행의 수단과 방법이 매우 잔인하고 피해 회복도 전혀 이루어지지 아니한 점 등을 참작할 때 사형을 선고한 원심판결은 정당하다.
32	1심	피고인이 금원을 강취할 목적으로 단기간 내에 무고한 시민을 3명이나 전혀 주저함 없이 잔인한 방법으로 살해하고, 여러 명의 피해자 및 그 유족들에게 말로 형언할 수 없는 충격과 피해를 주고, 다른 일반시민들로 하여금 연속적으로 발생하는 엽기적인 범행으로 인하여 극도의 불안감에 떨도록 만들어 사회를 혼란케 한 점 등에 비추어 볼 때 피고인을 이 사회에서 영원히 배제시키는 것이 더 이상의 피해를 방지하고 사회질서를 유지하기 위하여 불가피하다.

	항소심	죄책이 심히 중대하고, 죄형의 균형이나 범죄의 일반예방적 견지에서도 극형이 불가피하다고 인정하여 사형을 선고한 원심의 조치는 정당하다.
	상고심	피고인의 이 사건 범행당시 술에 취하여 심신장애상태에 있었다는 주장을 받아들이지 아니한 원심의 조치는 옳은 것으로 판단되고 심리미진으로 음주량에 대한 사실오인이나 심신장애에 관한 법리오해의 위법이 없다.
33	1심	이 사건 범행은 피고인 개인의 탐욕 및 성적 호기심을 충족시키기 위하여 무고한 부녀자들의 생명과 안전을 잔혹하게 짓밟은 것으로서, 피해자들 및 그 유족들에게 회복할 수 없는 정신적, 육체적 고통과 충격을 가함과 아울러 일반시민들까지도 불안케 하는 사회공공의 안전과 질서 유지에 심각한 위험을 초래하였는바 범행의 동기 및 방법이 인간성을 찾아볼 수 없을 정도로 매우 비열하고 잔인한데다가, 그 결과 또한 비할 수 없이 중대한 점, 그리고 피고인은 범행 후 피해자들이나 유족들을 위로할 수 있는 아무런 조치도 취하지 아니한 점 등에 비추어 볼 때, 피고인에게 가장 엄중한 책임을 추궁하는 것이 사회정의에 부합한다는 판단에서 법이 허용하는 최고형을 선고하기로 한다.
	항소심	이 사건 각 범행은 피고인이 불법체류자로서 직장을 얻지 못하여 경제적 형편이 어렵게 되자 심야에 혼자 지나가는 불특정 여성들을 상대로 소액의 금원 등을 강취하기 위하여 2달간의 짧은 기간 내에 10회에 걸쳐 대부분 아무런 인기척 없이 피해자들의 뒤로 접근하여 쇠망치나 돌로 피해자들의 머리나 얼굴을 강타하고 금원 등을 강취한 것으로 범행의 동기나 죄질이 극히 좋지 않고, 범행방법과 범행 직후의 피고인의 행위가 상상할 수 없을 정도로 무자비하고 잔인하며, 안산 지역의 일반시민들에게도 정신적 충격과 강한 불안감을 주는 등으로 그 결과가 심히 중대할 뿐 아니라 범행 이후 피해자들 또는 그 유족들에게 피해를 보상할만한 아무런 조치를 취하지 아니하고 있는 점을 종합하면 피고인에게 사형을 선고한 원심의 양형은 적정하다고 인정되고 그것이 너무 무거워 부당하다고 할 수 없다.
	상고심	원심은 이 사건 양형에 관하여 피고인이 2달의 기간에 10회에 걸쳐 피해자들의 뒤로 몰래 접근하여 방어할 겨를도 없이 쇠망치나 돌로 머리 부분을 강타하고 살해하려는 방법으로 돈과 금품을 강취한 것으로 그 중 2명이 살해됨으로써 피해자들, 그의 유족들 및 그 범행지역 주민들에게 회복할 수 없는 정신적 신체적 피해를 주는 결과에 이르고도 피해보상의 조치는 전혀 이루어지지 않은 사정 등을 종합하여 피고인에 대한 제1심의 선고형인 사형은 무거워 부당하지 않다는 요지로 판단하였다. 기록에 드러난 양형 조건이 되는 여러 사정을 고려하면서 피고인에게 유리한 정상을 아울러 참작하더라도 원심의 그 판단은 수긍되고 그 판단에서 제1심의 양형이 심히 부당하다고 볼 현저한 사유를 찾을 수 없다.

34	1심	사형이 인간의 존엄과 가치의 전제가 되는 생명 자체를 영원히 박탈하는 냉엄한 극형으로서 부득이한 경우에 한하여 예외적으로 적용되어야 하는 궁극의 형벌이긴 하나, 피고인의 전과 및 범행 동기, 사전의 치밀한 계획성, 범행 수단과 방법의 잔혹함, 결과의 중대성, 범행 후의 정황 등 여러 사정을 종합하여 보면 그 죄책이 공분을 억제하지 못한 정도로 심히 중대하다 할 것이고, 범죄의 일반예방적 측면을 고려하더라도 법정 최고형인 사형을 선고하지 않을 수 없다.
	항소심	피고인은 재산적 탐욕이 이 사건 범행의 주된 동기이며, 범행 전에 치밀한 계획을 세웠고 8천만 원을 송금 받아 이를 마음대로 소비해버린 다음 살인을 실행하는 등 극악성을 보였다. 범행의 수단과 방법이 경악할 정도로 잔인하고 치밀하게 범행의 은폐를 시도하였으며 범행 후 피해자 유족에게 사죄하고 합의하거나 그 손해를 배상하는 등의 노력을 한 바 없다. 양형 조건들을 모두 종합하여 보건대 그 죄책이 심히 중대하고, 죄형의 균형이나 범죄의 일반예방적 견지에서도 극형이 불가피하며 사형을 선고한 원심의 양형은 적정하다.
	상고심	기록에 나타난 모든 양형 조건들을 종합하여 보면 그 죄책이 심히 중대하여 죄형간의 균형과 범죄의 일반예방적 견지에서 극형의 선택이 불가피하다고 인정되므로 같은 취지에서 피고인에 대하여 사형을 선고한 제1심의 양형이 적정하다고 판단한 원심의 조치는 수긍이 가고, 달리 그 양형이 심히 부당하다고 인정할 만한 뚜렷한 사유를 찾아볼 수 없다.
35	1심	피고인은 1986년경 방범대원을 칼로 찔러 살해하고 살인죄 등으로 12년을 복역하다가 1998년 6월경에 출소한 이래로 위와 같은 범행을 다시 반복하여 저지른 점 등에 비추어 판단해 볼 때 피고인에게는 교화의 가능성이 엿보이지 아니하고 위와 같은 극악한 범죄로부터 국민의 생명과 재산을 보호하며 사회의 안전을 방위하기 위해서는 피고인과 같은 악성 범죄자를 이 사회로부터 영원히 격리시켜야 할 것인바 극형을 피할 수 없다고 할 것이므로 사형에 처한다.
	항소심	피고인의 이 사건 범행은 경보기가 설치되어 있는 부유한 집만을 골라 낮 시간에는 주로 부녀자들만이 집에 있다는 점을 이용하여 집안에 사람이 있는지 여부와 관계없이 침입하여 강도 살인만 하다라도 그 회수가 5회나 되고 그로 인하여 목숨을 잃은 피해자는 9명이나 되어, 그 범행 대상이 무차별적이고 수법이 매우 잔인하며 결과 또한 너무나 중한 점, 그리고 피고인은 지능적, 계획적으로 범행을 저지른 점, 피고인의 진술과 같은 범행 동기를 참작할 여지도 전혀 없는 점, 이 사건의 피해자들 및 그 유족이 입은 정신적, 육체적 고통은 말로 형용할 수조차 없을 정도로 매우 큰 점 등 이 사건에 나타난 제반 양형의 조건을 살펴보면 피고인의 불우한 성장과정을 등을 참작하더라도 피고인에게는 교화의 가능성을 기대할 수 없고 극악한 범죄로부터 일반국민의 생명과 재산을 보호하고 사회의 안

		전을 방위하기 위해서는 피고인을 영원히 사회로부터 격리시키는 것이 타당하다고 판단되므로 원심이 위와 같은 사정을 들어 사형을 선고한 것이 죄형의 균형을 잃을 정도로 심히 부당하게 무겁다고 비난할 수는 없을 것이다.
	상고심	------------------------------------
36	1심	피고인은 인간 생명의 존엄성과 가치에 관하여 충분히 인식할 수 있는 자임에도 불구하고 연쇄적인 살인을 저질렀으며, 일련의 범행과정이 극히 잔인하고 악랄한 점, 무엇과도 바꿀 수 없는 인간의 고귀한 생명을 둘씩이나 앗아감으로써 그 피해 또한 중대하고, 현재 피해자들이나 그 유족과 합의도 되지 아니한 점, 범행에 사용된 칼을 체포될 때까지 소지하고 있어 재범의 위험성도 엿보이며, 일부 범행에 대하여는 이를 부인하고 있어 그 잘못을 뉘우치고 있지도 않는 점 등 이 사건 기록에 나타난 양형의 기준이 되는 모든 사정을 참작하면 피고인의 이 사건 범행은 스스로 사회공동체의 일원이기를 포기한 반인륜적 범죄로서 그 죄책이 심히 중대하고 죄형의 균형이나 일반적 예방의 견지에서 극형이 불가피하다고 보이므로, 피고인을 사회로부터 영원히 격리시키고 범죄로부터 우리 사회와 법질서를 보호하기 위하여 사형에 처한다.
	항소심	일련의 범행과정이 잔혹하고 자신의 사회에 대한 불만이나 피해의식을 이유로 다른 사람의 생명을 하찮게 여기는 피고인의 반사회적 악성을 극명하게 드러내고 있고, 그 범행 후에도 피해자들에 대한 죄책감이나 개전의 정을 보이지 않고 자신의 범행을 축소하여 부인하는 등 책임을 회피하기에 급급하고, 이 사건 범행의 동기, 계획성, 범행수단과 결과, 피고인의 성행 등에 비추어 피고인의 재범의 위험성도 큰 점, 그 밖에 이 사건 양형의 조건이 되는 제반사정들을 살펴보면 이 사건에서 그 범행에 대한 책임의 정도와 형벌의 목적에 비추어 볼 때 피고인 스스로 사회공동체의 일원이기를 포기한 반인륜적 범죄로서 그 죄책이 심히 중대하고 범죄의 일반적 예방의 견지에서 극형이 불가피하다고 보이므로 사형을 선고한다.
	상고심	비록 상고이유로 주장하는 바와 같이 피고인의 성장과정과 생활환경에 관한 딱한 사정이 있고, 최초의 범행동기에 일부 참작할 만한 점이 있는 점을 고려하더라도 피고인에 대하여 사형을 선고한 원심의 양형이 심히 부당하다고 인정할 현저한 사유가 있다고 볼 수 없다.
37	1심	이 사건은 비열한 범행동기 및 수단, 극히 대담하고 지능적인 범행태도를 보이는 점, 강도 살인 범행 이후에도 거듭 강도 범행을 저지른 점 등 그 일련의 범행 동기와 수법 및 결과가 동정의 여지가 없을 정도로 잔인하고 참혹한 점, 피해자들 및 그 유족이 입은 정신적 육체적 고통이 매우 크고 피해자 유족 측에게 어떠한 변상조치도 이루어지지 아니한 점 등을 고려하여 볼 때 그 죄책이 심히 중대하고, 죄형의 균형이나 범죄의 일반 예방적 견지에서도 극형이 불가피하다고 인정되므로 사형을 선고한다.

	항소심	이 사건 각 범행에 이르게 된 동기를 살펴 보건대 비난가능성이 높고 범행 수단과 방법에 관하여 보면 지극히 담대하고 용의주도하였으며, 치밀함과 대담함을 엿볼 수 있다. 이러한 범행방법의 잔인함과 용의주도함과 아울러 살해당한 피해자들을 야산에서 산짐승들에게 시신이 뜯어 먹히거나 자기 자신의 집에서 시신이 부패할 때까지 장기간 방치되는 등 범행의 결과가 동정의 여지가 없을 정도로 잔인하고 참혹한 점, 이로 인하여 시신을 확인하고 피해사실 및 범행방법을 알게 된 유족들이 입은 정신적, 육체적 고통은 단순히 피해자들이 사망한 것을 알게 된 것과는 비교가 되지 않고, 이를 넘어서서 여생 동안 기억에서 지우기 어려울 정도로 하고 그 충격이 크며, 피해자 측 유족에게 어떠한 변상조치도 이루어지지 아니한 점 등을 고려해 볼 때, 죄책이 심히 중대하고 죄형의 균형이나 범죄의 일반 예방적 견지에서도 극형이 불가피하다고 인정한 원심의 판단은 정당하다.
	상고심	기록에 비추어 살펴보면 원심이 설시하고 있는 양형의 조건이 되는 사실들을 충분히 수긍할 수 있고, 위와 같은 양형조건에 비추어 보면 피고인에 대하여 사형을 선고한 제1심 판단을 그대로 유지한 원심의 형의 양정은 심히 부당하다고 인정할 현저한 사유가 있다고는 보이지 아니한다.
38	1심	피고인은 이 사건 각 범행을 통해 사람을 죽이는 것을 재미로 알았고 인간의 생명을 경시하고 인간의 존엄성을 무참하게 짓밟았을 뿐만 아니라 스스로의 인간성마저 포기한 것으로 볼 수 있는바, 이 사건 범행에 나타난 피고인의 반사회적 악성, 피해자들과 그 가족들이 당한 고통 그리고 인명경시풍조에 따른 포악한 범죄가 빈번한 오늘날의 사회현상에 대하여 경종을 울릴 필요가 있다는 점 등을 고려할 때 사형을 선고하지 아니할 수 없다.
	항소심	피고인은 집에 혼자 있는 여자노인 3명을 살해한 점, 그 중 일부는 살해 후 범행을 은폐하기 위하여 주택에 방화를 하여 사체를 손괴한 점 등을 비롯하여 그 밖에 피고인의 연령, 전과 및 성행, 환경, 가족관계, 직업, 피해자와의 관계, 이 사건 범행의 동기 및 수단과 결과, 범행 후의 정황 등 기록에 나타난 양형의 조건이 되는 여러 가지 사정을 종합하여 볼 때, 피고인에 대하여 선고된 원심의 형량은 적정하다.
	상고심	피고인의 범행내용이 단순히 금품을 강취하여 여관비 등을 마련한다는 동기만으로 세 차례에 걸쳐 혼자 있는 고령의 여자를 손쉽게 살해하고 금품을 강취하였고, 그 외에도 네 차례의 주거침입절도를 하였으며 그 중 강도살인 1회와 절도 3회의 범행 직후에는 범행장소에 불을 놓기까지 하여 건물을 불태워버리고 사체도 손괴가 되게 하였던 점, 체포되어 조사를 받는 과정에서도 뉘우치는 기색이 희박하였던 점, 그리고 피고인의 연령, 전과, 지능, 환경 등 양형의 기준이 되는 모든 사정을 종합할 때, 원심의 형의 양정이 부당하다고 볼 현저한 사유가 있다고는 보이지 아니한다.

39	1심	피고인의 삐뚤어진 적개심과 보복심이 이 사건 범행의 근본적인 동기이고 범행의 수단과 방법은 잔인하기 짝이 없으며, 피고인의 악성은 극히 위험하고 불량한 것이다. 피고인은 우리 사회가 용인할 수 있는 한계를 넘는 패륜을 자행하였고 살해된 피해자가 4명이나 되고 그 중 3명은 채 펴보지도 못한 어린 생명이라는 점에서 범행의 결과도 극히 중대하다고 할 것이다. 이 사건 범행은 그 죄질과 범정이 극악하다고 아니할 수 없고 이 사건 범행에 나타난 피고인의 반인륜적 악성, 억울하게 죽음을 당한 피해자들의 한, 그리고 인명경시 풍조에 따른 포악한 범죄가 빈번한 오늘날의 사회현상에 대하여 경종을 울릴 필요가 있는 점 등을 고려할 때 극형을 선고하지 않을 수 없다.
	항소심	이 사건 범행으로 인하여 살해된 피해자가 4명이나 되고 그 중 3명은 채 피어보지도 못한 어린 생명이라는 점에서 이 사건 범행의 결과도 동정의 여지가 없을 정도로 참혹하다고 할 것이다. 또한 피고인은 재판과정에서 자신의 일가족을 살해한 잘못을 깊이 뉘우치는 태도를 보이면서도 다른 한편에서는 피해자를 성추행한 잘못을 뉘우치기보다는 오히려 처와 의붓딸이 짜고 피고인을 집에서 몰아내기 위하여 피고인을 무고한 것이라고 여전히 강변하고 있고 특정한 인물을 죽여야 했는데 그러지 못했다고 진술하고 있는 등 진정으로 자신의 잘못을 반성하고 회개하는 태도를 보이고 있다고 보기도 어렵다. 이 사건 범행의 동기나 수단, 방법 및 결과 등에 비추어 이 사건 범행은 그 죄질과 범정이 극악하다고 아니할 수 없고, 이 사건 범행에 나타난 피고인의 반인륜적 악성, 억울하게 죽음을 당한 피해자들의 한 그리고 죄형의 균형이나 범죄의 일반예방적 견지에서도 피고인을 영원히 사회로부터 격리시키는 극형의 선고가 불가피하다고 인정한 원심의 판단은 정당하다.
	상고심	원심의 사실인정과 판단은 이를 수긍할 수 있고, 거기에 양형에 관한 법리를 오해한 위법이 있다고 할 수 없다.
40	1심	이 사건 범행의 동기나 수단, 방법과 결과, 범행 후의 정황 등에 비추어 이 사건 범행은 그 죄질 및 법정이 극악하다고 아니할 수 없는 점, 이 사건 범행에 나타난 피고인의 악성과 반인륜적인 범행으로 인하여 사회에 큰 충격과 경악을 준 점, 그리고 죄형의 균형이나 범죄의 일반예방적 견지에서 볼 때 극형의 선고가 불가피하다.
	항소심	거액의 돈을 목적으로 힘없는 고령의 노인 3명의 고귀한 생명을 무참히 빼앗은 점, 그 범행방법 역시 몹시 잔인하고 포악한 점, 이 사건 범행으로 인하여 피해자들의 유족들이 겪었을 극심한 정신적, 육체적 고통과 이 사건 범행에 나타난 피고인의 악성과 반인륜성으로 인하여 건전한 생활을 영위하고 있는 대다수의 사람들에게 미친 충격 역시 매우 큰 점 등을 종하여 보면 이 사건의 범행은 그 죄책이 심히 중대하고 죄형의 균형이나 범죄의 일반예방적 견지에서도 보더라도 극형의 선고가 불가피하다고 인정한 원심의 판단은 정당하다.

	상고심	기록에 비추어 살펴보면 피고인은 현금 3억 원을 빼앗기 위하여 피해자와 그 가족들을 살해하는 이 사건 범행에 이르게 된 점, 치밀하게 사전준비를 하고 계획적으로 이 사건 범행을 저지른 점, 범행수법이 지극히 잔인하고 범행결과 역시 참혹한 점, 나아가 범행을 은폐하기 위하여 준비하여 간 신나로 방화까지 시도한 점 등 원심이 설시하고 있는 양형의 조건이 되는 사실들을 충분히 수긍할 수 있고, 여기에다가 피고인의 나이와 성행, 지능과 환경, 피해자에 대한 관계, 범행 후의 정황 등 기록에 나타나는 모든 사정을 종합해 보면 원심의 형의 양정이 부당하다고 볼 현저한 사유가 있다고는 보이지 아니한다.
41	1심	범행동기의 불량성, 범행과정의 잔혹성과 대담성, 범행 결과의 중대성, 범행 후의 정황, 이 사건 범행으로 인한 사회적 충격과 불안감 등 피고인에 대한 양형의 조건이 되는 여러 사정 및 이와 같은 범죄로부터 사회를 방위하고 우리 사회에 만연하고 있는 황금만능주의와 인명경시 풍조에 대하여도 경종을 울릴 필요성이 있는 점 등 피고인의 범죄에 대한 응보뿐만 아니라 일반예방, 사회보호의 필요성까지 함께 고려한다면 피고인을 사회로부터 영원히 격리하는 사형을 선고하지 않을 수 없다.
	항소심	범행수법이 지극히 잔혹하고 반인륜적이며 엽기적일 뿐만 아니라 죄질 또한 극히 반사회적이고 불량한 점, 범행으로 말미암아 피해자들의 시신조차 수습하기 어렵게 됨으로써 유족들에게 영원히 치유될 수 없는 상처를 남긴 점, 당심 변론종결에 이르도록 피해회복 노력을 보이지 아니하여 피해자 측이 피고인들의 엄벌을 호소하고 있는 점 등 이 사건 양형의 조건이 되는 제반 사정들을 종합하여 보면, 피고인들에 대하여는 적어도 무기징역 이상의 극형에 처함이 상당하다. 원심은 피고인에 대하여 사형을 선고하였는바, 사형제도의 존폐에 관하여는 많은 논란이 있지만 헌법재판소가 적절하게 판시한 바와 같이 사형이 비례의 원칙에 따라서 최소한 동등한 가치가 있는 다른 생명 또는 이에 못지아니한 공공의 이익을 보호하기 위한 불가피성이 충족되는 예외적인 경우에만 적용되는 한 그것이 비록 생명을 빼앗는 형법이라 하더라도 헌법에 위반된다고 볼 수 없다 할 것이다. 피고인은 이 사건 범행을 처음부터 끝까지 주도하였고 두 사람을 죽인데서 그치지 아니하고 그 사체마저 태워 없애버림으로써 인간의 존엄과 가치를 근본적으로 부정하였으며, 범행 후에도 뉘우치지 않고 피해자의 유족을 속여 돈을 받아내는 등 그 범행의 대담성과 잔혹성으로 인하여 우리 사회로 하여금 인간의 존엄성에 대하여 회의를 느끼게 함과 동시에 흉악한 범죄에 대한 두려움으로 떨게 만들었다. 이 같은 피고인의 범행은 생명 그 자체를 침해한 범죄일 분만 아니라 더 이상 극악해질 수 없을 정도로 죄질이 무거우므로 피고인에 대해 사형이라는 극형을 선고하지 않는다면 그 어떠한 범죄에 대해 사형을 선고할 수 있을지 상상이 되지 아니한다. 따라서 피고인에 대한 원심의 양형은 정당하다.

	상고심	원심이 설시하고 있는 양형의 조건이 되는 사실들을 충분히 수긍할 수 있고, 양형의 조건에 비추어 보면 피고인에 대하여 사형을 선고한 제1심의 판단을 그대로 유지한 원심이 양형이 심히 부당하다고 인정할 현저한 사유가 있다고 보이지 아니한다.
42	1심	범행의 중대성과 관련하여 피고인은 사기범행의 끝에 이르러 자신의 행적을 감추고자 치밀한 계획 하에 사기 피해자의 일가를 외딴곳으로 유인하여 몰살하고 그 증거를 인멸하고자 사체까지 완전히 소훼시켜 버렸다. 이러한 피고인의 범행은 우리 사회에서 두 번 발생하기 어려운 가장 끔찍하고도 잔혹한 범행이라 하지 않을 수 없다. 범행 후의 정황에 있어서 피고인은 살인범행 후 범행을 은폐하기 위하여 피해자들의 시신을 태우고 사건현장을 완전히 소각시켜 일가족 자살로 위장하려 하였고, 살인범행을 목격한 사람이 없다는 등 직접증거가 없다는 이유로 이 법정에서도 범행을 부인하며 참회하는 모습을 전혀 보이지 않고 있고, 억울하게 죽음을 당한 피해자들 및 그 유족이 입은 정신적, 육체적 고통이 매우 큼에도 불구하고 피해자 측 유족에게 어떠한 변상조치도 이루어지지 아니하였다. 이러한 모든 사정으로 인하여 이 사건 살인 등의 범형을 저지른 피고인에 대하여는 형법이 정한 가장 중한 형으로 처벌하는 것이 불가피하다.
	항소심	피고인은 사기 범행이 탄로 날 것을 우려하여 피해자를 살해하기로 하여 치밀하게 사전계획을 세운 다음(살인 범죄 후 증거인멸을 위해 방화까지 계획하였다) 피해자와 그 부인, 아이들까지 휴양림으로 유인하여 일가족 4명을 무참히 살해하고 증거를 인멸하기 위해 사체를 태워버렸다. 그 이후 서울을 거쳐 강원도까지 먼 길을 다니면서 다른 사람으로 위장하거나 여러 증거물들을 태우고 버려 자신의 행적을 은폐하고자 하였을 뿐만 아니라 이 법정에서도 참회하는 모습을 전려 보이지 아니하고 다른 사람에게 책임을 전가하고 있고, 이 사건 살인 범행으로 억울하게 죽음을 당한 피해자들 및 그 유족들이 입은 정신적, 육체적 고통이 매우 큼에도 불구하고 피해자 측 유족에게 어떠한 조치도 이루어지지 아니하였다. 1심 판결을 인용하며 양형의 여러 조건들을 고려하여 볼 때 피고인에 대하여 형법이 정한 가장 중한 형으로 선고한 원심의 판단은 정당하다.
	상고심	범행의 동기가 통상인으로서는 공감하거나 동정할 만한 것이 되지 못하고 그 수법이 참혹하며 그 결과 피해법익의 범위가 넓어서 피해자들과의 관계, 범행의 동기, 수단, 결과의 측면에서 피고인에게 참작할간한 정상을 지적하기 어렵다. 나아가 범행 후 피고인의 태도 등 그 밖의 관련 정황에서도 양형 결정에 유리한 정황은 발견되지 아니한다. 결국 이 사건 사실관계에서는 양형의 원칙을 엄격히 적용하여 보아도 범행에 대한 책임의 정도와 형벌의 목적에 비추어 피고인에 대하여 사형을 선고할만한 특별한 사정이 있다고 본 원심의 형의 양정은 수긍되며, 그 형의 양정이 심히 부당하고 인정할 현저한 사유를 찾아볼 수 없다.

43	1심	이 사건 범행은 그리 절박하지 않은 금전적 이유에서 비롯된 것으로 사전에 치밀하게 계획되고 준비되었고, 구 수단과 방법도 잔인하고 포악하며, 그 결과 피고인과 아무런 관련이 없는 무고한 여성 6명이 불과 10여일 사이에 생명을 잃게 된 점과 피해회복이 되지 아니한 점 등을 참작하면 앞서의 피고인의 전과관계나 반성의 정도를 참작하더라도 피고인에 대하여는 극형의 선고가 불가피하다.
	항소심	이 사건 범행의 동기나 수단, 방법 및 결과 등에 비추어 그 죄질과 범정이 극악하다고 아니할 수 없고, 이 사건 범행에 나타난 피고인의 악성, 억울하게 죽음을 당한 피해자들의 한, 피고인의 위와 같은 반인륜적이고 엽기적인 범행으로 인하여 사회에 큰 충격과 경악을 준 점, 그리고 죄형의 균형과 범죄의 일반예방적인 견지에도 피고인을 영원히 사회로부터 격리하는 극형의 선고가 불가피하다고 인정한 원심의 판단은 정당하다.
	상고심	기록에 비추어 살펴보면 원심이 판시하고 있는 양형의 조건에 관한 사실인정을 충분히 수긍할 수 있고, 그와 같은 양형의 조건이 되는 모든 사항을 참작하여 보면 피고인에 대하여 사형을 선고한 제1심 판단을 그대로 유지한 원심의 형의 양정에 심히 부당하다고 인정할 현저한 시유가 있다고 볼 수 없다.
44	1심	이 사건 범행의 동기나 수단, 방법 및 결과에 비추어 그 죄질과 범정이 동정의 여지가 없을 정도로 참혹하고 극악하다고 아니할 수 없고, 피고인의 악성, 억울하게 죽음을 당한 피해자들의 한, 피고인의 이와 같은 반인륜적인 범행으로 인하여 사회에 큰 충격과 경악을 준 점, 그리고 죄형의 균형과 범죄의 일반예방적인 견지에 비추어 볼 때, 피고인을 영원히 사회로부터 격리시키는 극형의 선고는 불가피한 선택이라고 하지 아니할 수 없다.
	항소심	범행에 대한 책임의 정도와 형벌의 목적에 비추어 피고인에 대하여 사형을 선고할만한 특별한 사정이 있다고 본 원심의 형의 양정은 수긍될 수밖에 없으며 그 형의 양정이 심히 부당하다고 인정할 사유를 찾아볼 수 없다.
	상고심	피고인의 연령, 지능, 성행, 환경 및 범행의 동기, 수법, 결과, 범행 후의 정황 등에 비추어 살펴보면 원심의 판단은 수긍할 수 있고 달리 원심이 한 형의 양정이 심히 부당하다고 인정할 현저한 사유가 있다고 하기는 어렵다.
45	1심	사형이 인간의 생명 자체를 영원히 박탈하는 궁극의 형벌로서 극히 예외적인 형벌이라는 점을 감안하더라도 범행에 대한 책임의 정도와 죄형의 균형, 사회방위 및 범죄의 일반예방적 견지에서 피고인을 영원히 이 사회로부터 격리시키지 않을 수 없어 극형의 선고가 불가피하다.
	항소심	기소된 살인범행의 피해자만 하더라도 무려 6명이나 되는 점, 이 사건 범행의 피해자 유족들이 피해자들의 사망 여부를 모른 채 10여 년간 피해자들을 찾아 헤매고 결국 피해자들의 사망사실을 확인하고도 암매장으로 인해 대부분의 피해자들의 사체도 찾지 못한 채 극심한 정신적 충격과 고통

		을 받고 있으며, 아무런 피해보상도 이루어지지 않은 점, 종교적인 이유로 살인까지 서슴지 않은 이 사건 범행이 사회에 큰 충격과 경악을 준 점 등을 종합하면 비록 사형이 인간의 생명 자체를 영원히 박탈하는 극히 예외적인 형벌이라 하더라도 사형의 선고는 불가피하다.
	상고심	범행에 대한 책임의 정도와 형벌의 목적에 비추어 볼 때 피고인에 대하여 사형을 선고한 원심의 형의 양정은 수긍되고 그 형의 양정이 심히 부당하다고 인정할 사유를 찾아볼 수 없다.
46	1심	이 사건 범행은 그 살인의 피해자가 20명이고 그 대상도 대부분 연약한 노인이거나 여성으로서 우리나라 범죄사에 있어서도 그 유례를 찾아보기 어려운 가장 중한 범죄에 해당한다고 할 것이고 위에서 본 바와 같이 모든 양형 요인을 종합하여 보면 그 죄질과 범정이 극히 무겁다고 아니할 수 없으며, 이 사건 범행에 나타난 피고인의 반사회적인 악성, 억울하게 죽음을 당한 피해자들과 그 유족들이 겪었거나 겪고 있는 육체적 정신적인 고통의 정도, 피고인의 반인륜적이고 엽기적인 범행으로 인하여 사회에 큰 충격과 경악을 준 점 및 형벌의 균형이나 범죄의 일반예방적인 견지에서도 피고인을 영원히 사회로부터 격리시키는 형의 선고가 불가피하다.
	항소심	항소심은 1심에서의 공소사실 가운데 무죄로 선고된 피해자 1인에 대하여 검사가 제기한 것이다. 이에 대해 형사재판에서 공소사실에 대한 입증책임은 검사에게 있고, 유죄의 인정은 법관으로 하여금 합리적 의심을 할 여지가 없을 정도로 공소사실이 진실한 것이라는 확신을 가지게 하는 증명력을 가진 증거에 의하여야 하므로, 그와 같은 증거가 없다면 설령 피고인에게 유죄의 의심이 간다 하더라도 피고인의 이익으로 판단할 수밖에 없다 할 것인바 이 사건 공소사실을 유죄로 인정하기에는 피고인의 검찰 및 원심법정에서의 자백에서 본 바와 같은 여러 가지 의문점들이 있어 그 신빙성을 인정하기 어렵고 달리 이러한 의문점들을 합리적으로 해명할 수 있거나 피고인의 이 사건 범행사실을 단정할 만한 증거가 없는 이상, 결국 이 사건 공소사실은 범죄의 증명이 없는 때에 해당한다 할 것이다. 따라서 원심판결은 정당하고 검사의 사건 항소는 이유 없다.
	상고심	항소심 판결을 인용하며 원심의 사실인정 및 판단은 정당한 것으로 수긍이 가고 거기에 상고이유에서 주장하는 바와 같은 채증법칙 위배로 인한 사실오인 등의 위법이 있다고 할 수 없다.
47	1심	계획적이고 치밀한 사전준비를 마친 점, 범행수법이 지극히 잔혹하고 대담할 뿐만 아니라 죄질 또한 극히 반사회적이고 불량하다고 보이는 점, 마지못해 범행을 자백한 점, 피해자들의 유족들에게 영원히 치유될 수 없는 상처를 남겼을 뿐만 아니라 피해 회복 노력을 전혀 보이지 아니하였고 피해자 측도 피고인들의 엄벌을 호소하고 있는 점, 이와 같은 범죄로부터 사회를 방위하고 우리 사회에 만연하고 있는 황금만능주의와 인명경시 풍조에 대하여도 경종을 울릴 필요성이 있는 점 등 피고인들의 범죄에 대한 응

		보뿐만 아니라 일반예방, 사회보호의 필요성까지 함께 고려한다면 피고인들을 사회로부터 영원히 격리시키는 사형을 선고하지 않을 수 없다.
	항소심	원심이 양형이유에서 들고 있는 여러 조건들, 특히 피고인이 주도적으로 이 사건 범행들을 실행하거나 나머지 피고인들에게 지시, 명령하여 실행한 점, 이 사건 범행이 치밀하고 계획적으로 준비되었고 피해자들의 살해 방법 및 과정 또한 지극히 잔혹하고 대담한 점, 일반인보다 지능이 떨어지는 사회적 약자인 피해자1을 범죄에 이용하고서 자신의 범죄 발각이 우려된다는 이유로 무참히 살해한 점, 피고인은 피해자2를 살해하기 전 강간까지 하는 등 그 죄질 또한 반사회적이고 불량한 점, 피고인은 범행을 완강히 부인하다가 다른 피고인이 범행 일체를 자백하여 변명이 통하지 않게 되어서야 마지못해 범행을 자백한 점, 피해회복을 위한 아무런 노력도 보이지 아니하고 있고, 피해자들의 유족들이 피고인의 엄벌을 호소하고 있는 점, 이러한 범죄로부터 사회를 보호하고 우리 사회에 만연한 황금만능주의와 인명경시풍조에 대하여도 경종을 울릴 필요성이 있는 점 등도 인정되는바 이러한 사정들을 종합하여 볼 때 피고인에 대한 형의 양정에는 사형을 선고하여야 할 특별한 사정이 있다 할 것이므로 피고인의 양형부당의 주장은 이유 없다.
	상고심	사형선고의 양형기준(대법원 2004. 9. 3. 선고 2004도3538 판결; 2003. 6. 13. 선고 2003도9224 판결 참조)을 아무리 엄격히 적용하여 보아도 범행의 책임의 정도와 형벌의 목적에 비추어 볼 때 피고인에 대하여 사형을 선고한 제1심을 그대로 유지한 원심의 형량이 너무 무거워 현저히 부당한 것으로는 인정되지 아니하므로 피고인의 양형부당의 상고이유는 이를 받아들이지 아니한다.
48	1심	피고인이 이 사건 각 범행을 자백하고 뉘우치고 있다고 하여 개선, 교화의 가능성이 있다고 보기 어렵고, 다른 무엇과도 비교할 수 없이 존엄한 사람의 생명을 세 차례나 가볍게 여겨 앗아간 피고인의 행위, 범행의 동기, 목적, 방법, 결과의 중대성, 피해감정, 범행 후의 정황 등을 고려한다면 앞서 본 사형선고의 양형기준을 엄격하게 적용하고 피고인에게 유리한 정상을 참작하더라도 이 사건 각 범행에 대한 책임의 정도, 죄형의 균형, 범죄의 일반예방적 견지에서 볼 때 피고인을 영원히 사회로부터 격리시키는 극형의 선고는 불가피한 선택이라고 하지 아니할 수 없다.
	항소심	원심이 자세히 밝히고 있는 제반 양형조건을 종합하여 보면 우리 법제도상 사형제도가 존치하고 있는 이상, 위에서 본 사형선고의 양형기준을 아무리 엄격하게 적용한다 하더라도 응보적인 관점에서나 일반예방적인 관점에서나 피고인에 대하여는 극형의 선고가 불가피하다고 할 것이다. 같은 취지에서 피고인에 대하여 사형을 선고한 원심의 형량이 너무 무거워서 부당하다고는 인정되지 않는다.

	상고심	항소심 판결을 그대로 인용하면서 피고인에 대하여 사형을 선고한 제1심을 그대로 유지한 원심의 형량이 너무 무거워 현저히 부당한 것으로는 인정되지 아니하므로 피고인의 양형부당의 상고이유는 이를 받아들이지 아니한다.
49	1심	사형선고의 양형기준(대법원 2005.08.25. 선고 2005도4178 판결, 2004.09.03. 선고 2004도3538 판결 등 참조): 이 사건 각 살인 범행은 자신과 불륜관계를 맺은 유부녀들과 자신을 따르는 아동을 용이하게 살해한 것으로 피해자1, 피해자2의 경우 자신에게 약간의 망신을 주었다는 너무나 가벼운 동기에서, 피해자3의 경우 범행 은폐 목적의 동기에서 비롯된 것으로서 그 범행 간격이 짧은 점 등에 비추어 피고인의 심각한 생명 경시 성향으로 인한 재범의 위험성이 매우 크다고 할 것이며, 특히 피해자2를 살해한 방법이 매우 잔혹한 점, 피해자1 살해 후 그 사체와 3일간을 함께 지나다가 야산에 매장하여 은닉하였고 피해자3을 살해한 직후 그 사체도 야산에 매장하여 은닉한 후 태연하게 그의 아버지를 찾아가 함께 피해자3을 찾아주는 척하고 함께 술을 마시는 등 파렴치한 행태를 보여 건전한 사회생활을 영위하는 대다수의 사람들에게 충격을 주었을 뿐만 아니라 피고인이 1989년 경부터 약 16년여 동안 네 차례나 실형을 선고받아 11년 이상을 교도소에서 복역하였음에도 교화되지 아니하고 다시 이 사건 범행을 저지른 점 등에 비추어 피고인이 이 사건 각 범행을 자백하고 뉘우치고 있다고 하여 개선 교화의 가능성이 있다고 보기 어렵고 다른 무엇과도 비교할 수 없이 존엄한 사람의 생명을 세 차례나 가볍게 여겨 앗아간 피고인의 행위, 범행의 동기, 목적, 방법, 결과의 중대성, 범행 후의 정황 등을 고려한다면 앞서 본 사형선고의 양형기준을 엄격하게 적용하고 피고인에게 유리한 정상을 참작하더라도 이 사건 각 범행에 대한 책임의 정도, 죄형의 균형, 범죄의 일반예방적 견지에서 볼 때 피고인을 영원히 사회로부터 격리시키는 극형의 선고는 불가피한 선택이다.
	항소심	피고인의 이 사건 각 범행으로 말미암아 피해자들의 유족들에게 영원히 치유될 수 없는 고통을 가하였음에도 피고인이나 피고인의 가족이 피해회복을 위한 아무런 노력을 기울이지 않고 있으며, 피해자들의 유족들이 피고인에 대한 엄벌을 호소하고 있는 점 등을 비롯하여 원심이 자세히 밝히고 있는 제반 양형조건을 종합하여 보면 우리 법제도상 사형제도가 존치하는 이상, 위에서 본 사형선고의 양형기준을 아무리 엄격하게 적용한다 하더라도 응보적인 관점에서나 일반예방적인 관점에서나 피고인에 대하여는 극형의 선고가 불가피하다고 할 것이다. 같은 취지에서 피고인에 대하여 사형을 선고한 원심의 형량이 너무 무거워서 부당하다고는 인정되지 않는다.
	상고심	기록에 나타난 이 사건 범행의 내용과 피해의 정도, 범행의 동기와 수단, 범행 후의 정황, 피고인과 피해자들의 관계, 피고인의 연령과 환경, 성행

		등 여러 양형 조건을 참작하면, 위에서 본 사형선고의 양형기준을 아무리 엄격히 적용하여 보아도 범행의 책임의 정도와 형벌의 목적에 비추어 볼 때, 피고인에 대하여 사형을 선고한 제1심을 그대로 유지한 원심의 형량이 너무 무거워 현저히 부당한 것으로는 인정되지 아니하므로, 피고인의 양형부당의 상고이유는 이를 받아들이지 아니한다.
50	1심	수사기관에서 자신의 범행이 밝혀진 이후에는 자신의 범행을 모두 자백하고 자신의 잘못을 반성하고 있으며 특히 이 법원에서 실시한 정신감정 이후에는 자신의 그릇된 생각과 행동에 대하여 뼈저리게 후회하고 있는 것처럼 보이는 점, 이 사건 이전에는 도로교통법위반죄로 벌금 100만원을 선고받은 이외에 다른 전과가 없이 성실하게 생활하였던 점에 비추어 앞으로 수형생활을 통한 교정으로 개선, 교화의 가능성이 충분히 보이는 점 등을 참작하여 피고인에게 교화와 개선의 기회를 부여한다는 의미에서 인간의 생명 자체를 영원히 박탈하는 냉엄한 궁극의 형벌로서 문명국가의 이성적인 사법제도가 상정할 수 있는 극히 예외적인 형벌인 사형만은 면하도록 하여 주문과 같은 무기징역형을 선고하기로 한다.
	항소심	피고인에 대한 사형의 필요성: 피고인은 자신의 목적을 달성하기 위하여 가장 소중한 가족을 너무나 가볍게 버릴 수 있는 극히 이기적인 성격의 소유자이다. 그리고 피고인이 이 사건 범행을 준비하는 과정에서 보인 치밀성과 대담성, 이 사건 범행을 실행하는 과정에서의 주저 없는 결단성과 냉혹성, 범행 후의 태연성 등을 살펴보면 보통 사람으로서는 상상하기 어려운 수준으로 몸서리쳐질 정도이다. 이와 같은 피고인에게 문명사회의 일원으로서 교화, 개선될 여지가 과연 있는지 강한 의심이 든다. 또 피고인의 이 사건 범죄는 이 세상 무엇과도 바꿀 수 없는 자신의 처와 순진무구한 아이들 3명의 생명을 잔혹하고도 무참하게 빼앗은 것으로서 사회적으로 커다란 충격과 반향을 불러 일으켰으며 같은 시대를 살아가는 많은 선량한 사람들에게 슬픔과 분노를 일으켰다. 피고인의 범행은 사회적으로 큰 문제가 되고 있는 황금만능과 인명경시의 풍조를 그대로 반영하고 있다. 이와 같은 피고인의 범행은 형법상 살인죄가 예상하고 있는 가장 중한 유형에 속하고 유리 형법은 가장 중한 유형의 살인죄에 대하여는 그 법정형을 사형으로 정하고 있다. 또 진심으로 그 잘못을 뉘우치고 있다고 보기 어려운 피고인에게 개선, 교화의 기회를 부여하는 것은 누구보다 믿고 의지하던 남편과 아버지에게 그 목숨을 빼앗긴 피해자들의 고통과 배신감, 사회구성원 전체가 받은 충격, 유사한 유형의 범죄 발생을 막기 위한 일반예방의 필요성 등을 종합적으로 고려할 때 적절하지 아니하다고 판단된다. 그렇다면 원심의 선고형량은 너무 가벼워서 부당하다. 따라서 피고인에게는 법이 허용하는 가장 엄한 처벌을 함이 마땅하다.
	상고심	무엇보다도 다른 일반 살인죄와 달리 이 사건은 피해자가 피고인의 처와 세 아들들로서 가장 가까운 가족을 무참히 살해하였다는 점과 청산가리가

		들어 있는 물을 마시지 않고 옆에 서 있던 막내아들까지 그 목을 졸라 살해한 점 등을 앞서 본 법리에 비추어 살펴보면 원심의 판단은 수긍할 수 있고, 달리 원심이 한 형의 양정이 심히 부당하다고 인정할 현저한 사유가 있다고 하기는 어렵다.
51	1심	잔인한 방법으로 살해한 점, 유가족에게 평생 씻을 수 없는 큰 정신적 고통을 준 점, 인간의 보편적 정서에 심각히 반할 정도로 포악한 범행을 저지른 점, 그 흉포함에 비추어 자칫 더 많은 피해자가 살해당할 수 있었다고 보이는 점, 피해자 3명을 잔인하게 살해하는 등 개선 및 교화의 가능성이 있다고 보기 어려운 점, 다른 무엇보다도 비교할 수 없이 존엄한 사람의 생명을 세 차례나 가볍게 앗아간 피고인들의 범행으로 유가족들에게는 엄청난 고통을, 전 국민에게는 매우 큰 충격을 주었고 비탄하고 있는 피해자들의 유가족으로부터 전혀 용서받지 못한 점, 그 밖에 이 사건 기록에 나타난 여러 양형조건에 비추어 보면 사형선고의 기준을 엄격히 해석하더라도 현행법에 사형제도가 존치하고 있는 이상, 이 사건 각 범행에 대하여 피고인들에게 엄중한 책임을 묻고 인간의 생명을 부정하는 등의 범죄에 대한 일반예방을 위하여 피고인을 사회로부터 영원히 격리시키는 사형의 선고는 불가피하다고 판단된다.
	항소심	사형선고의 양형기준(대법원 2006.03.24. 선고 2006도354 판결 등 참조) 이 사건기록에 나타난 여러 양형조건에 비추어 보면 사형선고의 기준을 엄격히 해석하더라도 현행법에 사형제도가 존치하고 있는 이상, 이 사건 각 범행에 대하여 피고인들에게 엄중한 책임을 묻고 인간의 생명을 부정하는 등의 범죄에 대한 일반예방을 위하여 피고인들을 사회로부터 영원히 격리시키는 사형의 선고는 불가피하다고 판단된다.
	상고심	피고인에 대한 양형 조건이 되는 제반 사항들을 기록에 비추어 살펴보면 원심이 위와 같은 제반 조건 및 사유들을 참작하여 한 양형은 정당한 것으로 수긍이 가고, 거기에 피고인의 주관적 양형요소에 관한 심리를 다하지 아니한 위법이 있거나 원심의 양형이 심히 부당하고 인정할 현저한 사유가 있다고 할 수 없다.
52	1심	사형선고의 양형기준(대법원 2007.06.15. 선고 2007도2900 판결, 대법원 2006.03.24. 선고 2006도354 판결 등 참조). 이 사건 각 범행은 오로지 자신의 재물 욕이나 성적 욕구 내지 물안감 해소를 위하여 또는 강간범행을 은폐하기 위하여 가차 없이 살해해 버린 것으로서 지극히 반사회적인 점, 특히 현주건조물방화치사 및 존속살해 범행의 수법은 피고인의 계획적인 사전 계산 아래 이루어졌고, 그 결과가 참혹한 점, 그 뒤의 강간살인 등의 범행 역시 범행을 거듭할수록 대담해지면서 살인 자체를 즐긴 것으로 보이는 점, 각 범행으로 무려 10명의 피해자들이 극도의 공포와 분노 속에서 그 무엇과도 비교할 수 없는 고귀한 생명을 잃었고 유족들 또한 평생 치유

		하기 힘든 상처를 받았음에도, 진솔한 참회나 피해회복을 위한 노력은 외면한 채 자신이 체포된 것을 불운으로 돌리는 등 건전한 사회생활을 영위하는 대다수 사람들의 상식으로는 도저히 이해하기 힘든 행태를 보여 온 점 등에 비추어 보면 피고인의 인명 경시 성향이 얼마나 심각한지를 가늠하기란 어렵지 않을 뿐만 아니라 그로 인한 재범의 위험성 또한 매우 크다고 할 것인 반면, 피고인에게서 개선, 교화의 가능성을 찾기란 쉽지 않아 보인다. 이 사건 각 범행에 대한 책임의 정도, 범죄와 형벌 사이의 균형, 범죄에 대한 응보, 일반예방 및 사회보호의 제반 견지에서 볼 때 피고인을 영원히 사회로부터 격리시키는 극형의 선고는 불가피한 선택이다.
	항소심	사형제도는 인류의 역사와 더불어 발생한 가장 오래된 형벌이나 오늘날 형벌의 본질 내지 목적을 범죄인에 대한 교화에 있는 것으로 보는 문명국가의 형벌제도와는 어울리지 않는다는 점에서 법이론상 많은 비판을 받고 있고, 세계의 많은 국가들이 사형제도를 점차 폐지하는 추세에 있는 것이 사실이다. 그러나 형벌의 본질 내지 목적은 범죄자에 대한 교화 못지않게 범죄에 대한 응보 내지 죄형의 균형에 있다고 할 것이고, 또한 대다수 국민들의 법의식이 여전히 사형을 자명하고 필연적인 형벌로 받아들이고 있는 이상, 범죄인에 대한 사인의 사적인 복수를 금지함으로써 국가가 형벌권을 독점하는 현대의 문명국가에서도 다수의 무고한 시민들의 생명을 아주 이기적인 동기에서 잔인하고 참혹하게 빼앗아가는 연쇄살인범 등 극악무도한 흉악범에게는 마땅히 그에 상응하는 죗값을 치를 수 있도록 사형을 선고하는 것이 피해자 및 그 유족들, 나아가 잠재적인 피해자인 국민에 대한 국가의 책무라 할 것이고, 이러한 정의의 실현에 의하여 사회의 질서가 궁극적으로 유지되는 것이다. 따라서 사형은 죽음에 대한 인간의 본능적 공포심과 범죄에 대한 응보 욕구가 서로 맞물려 고안된 필요악으로서 불가피하게 선택된 것이고 비례원칙에 따라 최소한 동등한 가치가 있는 다른 생명 또는 그에 못지않은 공공의 이익을 보호하기 위한 불가피성이 충족되는 예외적인 경우에만 남용됨이 없이 한정적으로 적용되는 한 합헌적인 제도(헌법재판소 1996.11.28.자 95헌바1 결정 등 참조)라고 할 것이다. 다만 문명국가의 이성적인 사법제도가 상정할 수 있는 극히 예외적인 형벌이라는 점을 감안할 때 그것이 정당화될 수 있는 특별한 사정이 있다고 누구라도 인정할 만한 객관적인 사정이 분명히 있는 경우에만 허용되어야 하고 사형을 선고함에 있어서는 형법 제51조가 규정한 사항을 중심으로 양형의 조건이 되는 모든 사항을 철저히 심리하여 특별한 사정이 있음을 명확하게 밝힌 후 사형의 선택 여부를 결정하여야 할 것이다(대법원 2007.06.15. 선고 2007도2900 판결 등). 인간의 생명은 그 개개인에 있어서는 하나의 우주이고 지구보다 무거운 것이기에 이 사건에 있어서도 피고인의 생명을 법의 이름으로 박탈하는 것이 옳은 것인지 여부를 진지하게 고민하지 않을 수 없다. 그러나 피고인은 사형을 선고할 경우의 양형기준을 아무리 엄격하게 적용하고 유리한

		정상을 충분히 참작해 본다고 하더라도 이 사건 각 범행에 대한 책임의 정도, 범죄와 형벌 사이의 균형, 범죄에 대한 응보, 일반예방 및 사회보호의 제반 견지에서 볼 때 피고인을 영원히 사회로부터 격리시키는 극형의 선고는 불가피한 선택이라고 하지 않을 수 없으므로 피고인을 사형에 처한 원심의 양형은 적정하고 그것이 너무 무거워서 부당하다고 인정되지 않는다.
	상고심	------------------------------------
53	1심	수차례 자살시도 끝에 혼자 힘으로 죽기 어려워 자신이 살고 있던 고시원에 불을 지르고 사람 몇 명을 살해한 후 인질극을 벌이다 경찰의 총에 맞아 죽겠다는 피고인의 범행 동기는 건전한 일반인의 상식으로는 도저히 납득할 수 없는 점, 피고인은 고시원에 들어온 지 얼마 되지 않아 고시원을 자신의 무덤으로 삼고 범행하기로 결심하고 그 실행을 위하여 2004년 2월 중순경부터 사시미 칼을 비롯한 범행도구들을 차곡차곡 준비하여 오는 등 이 사건 범행이 피고인의 치밀한 계획에 의하여 이루어진 점, 피고인은 다수의 사람들이 거주하는 고시원에 불을 놓은 것에 그치지 않고 갑작스런 화재에 정신없이 대피하던 고시원 거주들을 상대로 사시미 칼을 무차별로 휘둘러 총 5명을 살해하는 등 피해결과가 중대한 점, 범행수단이 잔혹하고 무자비한 점, 자신의 범행에 대하여 진지한 참회를 하고 있다고 보기 어려워 재범의 위험성이 매우 크고 개선 교화의 가능성을 찾기 어려운 점, 피해회복이 전혀 이루어지지 않아 피해자들과 유족들이 극도의 육체적 정신적 고통을 겪고 있는 점 등을 종합적으로 고려하면 본 사형선고의 양형기준을 아무리 엄격하게 적용하고 피고인에 대한 유리한 정상을 충분히 참작해 본다고 하더라도 이 사건 각 범행에 대한 책임의 정도, 범죄와 형벌 사이의 균형, 범죄에 대한 응보, 일반예방 및 사회보호의 제반 견지에서 볼 때 피고인을 사형에 처할 수밖에 없다고 판단된다.
	항소심	------------------------------------
	상고심	------------------------------------
54	1심	이 사건 각 범행은 그 경위, 범행의 수단 및 결과, 범행의 횟수, 피해자들의 수, 범행 후의 정황 등을 종합해 볼 때 그 죄질과 범정이 극히 나쁘고 범행수단이 잔인하고 포악하여 온 사회를 경악하게 만들었다. 더욱이 피고인이 범행에 이르게 된 동기에 전혀 납득할만한 사정이 없으며 피해자들을 사망케 하거나 살해한 것을 결코 우발적 범행으로만 보기는 어려운 점, 피고인의 수사기관과 법정에서의 진술 태도를 보면 진심으로 그 잘못을 뉘우치고 있는지에 대하여 의심이 가는 점, 피고인이 피해자1을 사망에 이르게 하고 사체를 토막 내는 범행을 저지른 후 다시 피해자2, 3을 살해하고 사체를 토막 내는 범행을 저지른 점을 감안하면 피고인에게는 재범의 위험성이 매우 크고 개선교화의 여지도 거의 없는 것으로 보인다. 피고인의 이러한 행위는 어린 피해자들이 무사히 귀가하기를 바라던 피해자들

		의 유족들을 비롯하여 온 국민들의 기대를 무참히 짓밟아 크나큰 충격을 안겨 주었는바 어린이를 상대로 납치, 성폭력 및 살해 등을 저지르는 극단적인 범죄는 더 이상 우리 사회에서 존재하여서는 아니 되도록 하는 것이 법원의 책무라 할 것이다. 비록 사형이 인간의 생명 자체를 영원히 박탈하는 냉엄한 궁극의 형벌로서 문명국가의 이성적 사법제도가 상정할 수 있는 극히 예외적인 형벌이고 피고인에게 유리한 정상이 있음을 감안하더라도 피고인에 대한 여러 양형의 조건들과 죄형의 균형, 범죄의 일반예방적 견지를 종합하여 볼 때 피고인에게 법정 최고형을 선고함이 마땅하다.
	항소심	항소심에 의하면 피고인은 나이 어린 피해자들이 무사히 귀가하길 바라던 가족과 국민의 기대를 무참히 짓밟아 크나큰 충격을 줬다며 이러한 극악한 범죄가 발생하지 않도록 하는 것이 법원의 책무라고 판시하고 범행을 진심으로 뉘우치는지 상당히 의심스러워 재범의 위험이 크고 개선과 교화의 여지가 없어 보이고, 처음부터 살해 의도를 가졌다고 보이지는 않지만 피해자들을 약취·유인해 살해하고 시체를 토막 내 숨기는 과정을 종합하면 피고인의 범행이 결코 우발적이라고 볼 수 없다고 판단하면서 1심과 같이 비록 사형이 인간의 생명 자체를 영원히 박탈하는 냉엄한 궁극의 형벌로서 문명국가의 이성적 사법제도가 상정할 수 있는 극히 예외적인 형벌이고 피고인에게 유리한 정상이 있음을 감안하더라도 피고인에 대한 여러 양형의 조건들과 죄형의 균형, 범죄의 일반예방적 견지를 종합하여 볼 때 피고인에게 법정 최고형을 선고함이 마땅하다.
	상고심	법원으로서는 마땅히 기록에 나타난 양형조건들을 평면적으로만 참작하는 것에서 더 나아가, 피고인의 주관적인 양형요소인 성행과 환경, 지능, 재범의 위험성, 개선교화 가능성 등을 심사할 수 있는 객관적인 자료를 확보하여 이를 통하여 사형선택 여부를 심사하여야 할 것은 물론이고, 피고인이 범행을 결의하고 준비하며 실행할 당시를 전후한 피고인의 정신상태나 심리상태의 변화 등에 대하여서도 정신의학이나 심리학 등 관련 분야의 전문적인 의견을 들어 보는 등 깊이 있는 심리를 하여 본 다음에 그 결과를 종합하여 양형에 나아가야 한다(대법원 2003.06.13. 선고 2003도924 판결 등 참조). 원심이 피고인의 성장과정, 이 사건 각 범행을 전후한 피고인의 정신상태나 심리상태의 변화 등에 대한 전문적인 의견 등 공판과정에서 나타난 각종 양형자료들을 토대로 하여, 그 판시와 같은 양형조건들, 특히 피고인이 사소한 이유로 성인 여성 1명을 때려 숨지게 하고, 몇 해 지나지 않아 다시 자신의 힘으로 스스로를 방어하기 힘든 여자 어린이 2명을 유인하여 강제추행한 다음 살해한 점, 그 후 이를 은폐하기 위하여 치밀한 계획 아래 사체들을 여러 토막으로 절단하고 이를 야산에 나누어 묻거나 하천에 버리는 등 그 범행수단이 잔혹하고 무자비하여 온 사회를 경악하게 만든 점, 이 사건 각 범행에 이르게 된 동기에 전혀 납득할 만한 사정이 없는 점, 피고인의 수사기관과 법정에서의 진술 태도에 비추어 피고인이 진심

		으로 그 잘못을 뉘우치고 있는지에 대하여 의심이 가고, 오히려 여성 및 사회를 탓하면서 자신의 행위를 합리화하려는 경향이 있으며 개선교화의 여지도 거의 없고, 또한 동일한 범행을 반복한 점에 비추어 재범 위험성이 매우 큰 점 등을 종합적으로 고려하여 피고인에게 사형을 선고한 조치는 정당한 것으로 받아들일 수밖에 없고, 그 형의 양정이 심히 부당하다고 인정할 현저한 사유를 찾아볼 수 없다.
55	1심	피고인은 잔인무도하고 반인륜적인 범죄를 저지르고도 자신의 범행에 대하여 진지한 참회를 하고 있다고 볼만한 자료도 없다. 또한 종전에도 강간치상죄, 특가법 위반(미성년자약취, 특수강간)죄 등으로 이미 17년 6개월의 실형을 선고받아 장기간 복역한 전력이 있음에도 가석방으로 출소한 지 불과 4년도 못되어 다시 이 사건 각 범행을 저지른 점에 비추어 재범의 위험성이 매우 크고 개선, 교화의 가능성을 찾기도 어렵다. 결국 사형선고의 양형기준을 아무리 엄격하게 적용하고 피고인에 대한 유리한 정상을 충분히 참작해 본다고 하더라도 이 사건 각 범행으로 억울하게 죽음을 당한 피해자들과 그 유족들이 겪었거나 겪고 있는 육체적, 정신적 고통의 정도, 피고인의 반인륜적이고 엽기적인 범행으로 인하여 우리 사회에 커다란 충격과 경악을 준 점 등 이 사건 각 범행에 대한 책임의 정도, 범죄와 형벌 사이의 균형, 범죄에 대한 응보, 일반예방 및 사회보호의 제반 견지에서 볼 때 피고인을 영원히 우리 사회로부터 격리시키는 극형의 선고는 불가피한 선택이라고 하지 않을 수 없다.
	항소심	피고인이 저지른 냉혹하고 비정하며 엽기적인 이 사건 범행으로 인해 무려 3명의 피해자가 치욕스럽게 강간을 당하거나 극도의 공포와 고통 속에서 잔혹하게 살해되어 소중한 생명을 잃었고, 가까스로 살아남은 2명의 피해자도 강간으로 인한 육체적, 정신적 고통으로 괴로워하고 있다. 피해자들의 유족은 피고인의 범행으로 인하여 세상 무엇과도 바꿀 수 없이 소중한 자녀와 형제자매, 부모를 잃게 되었고, 평생토록 결코 잊을 수 없는 아픔과 고통을 겪게 될 것이 분명하다. 또한 피고인이 저지른 반인륜적 범행은 우리 사회와 건전한 사회생활을 영위하는 대다수 국민에게 경악과 충격을 안겨 주었고, 사회 전체에 불안감과 불신 풍조를 널리 퍼지게 하는 등 사회에 끼친 해악이 매우 크며, 그로 인하여 우리 헌법이 보장하는 인간의 존엄과 가치는 크게 훼손되었고 사회공동체의 기본질서와 평온은 크게 위협을 받게 되었다. 이미 지나간 과거에 대한 복수심만을 내세워, 피고인과 혈연 또는 사실상 혼인관계로 맺어진 친딸, 동거녀, 의붓딸, 처조카 딸 등 연소하거나 나약한 여성들만을 범죄대상으로 삼아 자신의 살인욕구 드는 성적욕구를 충족시키기 위하여 극도의 공포와 고통 속에 빠진 피해자 4명을 성적으로 유린하고 나아가 냉혹하고 잔인한 수단과 방법으로 피해자 3명의 목숨까지 빼앗은 점, 피고인이 이 사건 범행을 연쇄적으로 저지르면서 주도면밀하게 범행을 은폐하고 치밀하게 다음 범죄를 계획하여 이를 실행에 옮긴 점, 살

		해당한 피해자들의 유족과 간신히 살아남은 피해자들이 피고인에 대하여 엄벌을 진정하는 등의 피해감정, 피고인의 과거 범죄전력과 이 사건 각 범행에서 알 수 있는 피고인의 왜곡된 성 가치관, 극도의 폭력성향, 심각한 인명 경시 성향 등 반사회적 성격은 이미 교정을 기대할 수 없는 수준에 이른 점, 피고인의 범행으로 인하여 피해자들과 그 유족은 평생 치유하기 어려운 상처를 받았음에도 피고인은 진솔한 참회와 최소한의 피해회복을 외면한 채 사건 발생의 책임을 피해자들의 잘못으로 전가하고 삶을 포기하는 태도로 일관하여 피고인에게는 개전의 정이나 장차 쉽게 교화되어 건전한 사회생활에 복귀할 수 있으리라는 가능성조차 보이지 아니하는 점 및 피고인의 이 사건 범행이 우리 사회에 끼친 악영향, 그 밖에 피고인의 연령, 직업과 경력, 성행, 지능, 교육 정도, 성장과정, 가족관계, 피해자들에 대한 관계, 가치관과 여성편력, 폭력성향, 재범의 위험성, 개선·교화 가능성, 범행 전후의 피고인의 정신상태와 심리상태의 변화, 범행 후의 정황 등의 제반 사정들을 모두 참작하면, 사형을 선고할 경우의 양형 기준을 아무리 엄격하게 적용한다고 하더라도, 피고인의 이 사건 각 범행에 상응하는 책임의 정도, 범죄와 형벌 사이의 균형, 범죄에 대한 응보, 일반예방 및 사회보호의 제반견지에서 볼 때, 피고인을 영원히 사회에서 격리시키는 극형의 선고는 불가피한 선택이라고 하지 않을 수 없다. 피고인을 사형에 처한 원심의 양형은 적정하고 너무 무거워서 부당하다고 보이지 아니한다. 따라서 피고인의 양형부당 주장은 이유 없다.
	상고심	――――――――――――――――――――――――――――――
56	1심	이 사건 각 범행은 피고인의 호의를 믿은 채 순순히 피고인의 지배영역 내로 들어왔을 뿐 아무런 잘못도 없는 피해자들을 오로지 자신의 성적 욕구를 충족시키기 위한 일념 아래 가차 없이 살해해버린 범행으로서 그 자체로 지극히 반사회적이고 포악한 점, 무려 4명의 젊디젊은 피해자들이 극도의 공포와 분노 속에 그 무엇과도 비교할 수 없는 고귀한 생명을 잃었고 유족들 또한 치유하기 힘든 상처를 받았음에도 피고인은 범행 이후로도 마치 아무런 일도 없었다는 듯 태연히 생업에 종사하는가 하면 진솔한 참회나 피해회복을 위한 노력은 외면한 채 자신의 범행으로 인한 결과를 운이나 팔자소관으로 돌리고 더 나아가 그 책임을 피해자에게 전가하기까지 하는 등 건전한 사회생활을 영위하는 대다수 사람들의 상식으로는 도저히 이해하기 힘든 행태를 보여 온 점에 비추어 보면 피고인의 인명 경시 성향이 얼마나 심각한지를 가늠하기란 어렵지 않아 보일 뿐만 아니라 그로 인한 재범의 위험성 또한 매우 크다고 할 것인 반면, 피고인에게서 개선, 교화의 가능성을 찾는 것은 쉽지 않아 보인다. 결국 사형선고의 기준을 아무리 엄격하게 적용하고 피고인에 대한 유리한 정상을 십분 참작해 본다 하더라도 각 범행에 대한 책임의 정도, 범죄와 형벌 사이의 균형, 범죄에 대한 응보, 일반예방 및 사회보호의 제반 견지에서 볼 때 피고인을 영원히 사회로부터 격리시키는 극형의 선고는 불가피한 선택이라고 하지 않을 수 없다.

	항소심	형법 제41조 제1호 규정의 사형제도는 우리의 현행 헌법이 스스로 예상하고 있는 형벌의 한 종류이기도 할 뿐만 아니라 생명권 제한에 있어서의 헌법 제37조 제2항에 의한 한계를 일탈하였다고 할 수 없고, 인간의 존엄과 가치를 규정한 헌법 제10조에 위배된다고 볼 수 없으므로 헌법에 위반되지 아니한다. 국가는 때로 보다 더 소중한 가치를 지키기 위하여 소중한 가치를 포기할 수밖에 없는 상황에 직면하게 되기도 한다. 사형제도 역시, 무고한 일반국민의 생명이나 이에 준하는 중대한 공익을 지키기 위하여 이를 파기하는 잔악무도한 범죄를 저지른 자의 생명을 박탈할 수밖에 없는 국가의 불가피한 선택의 산물이라고 할 것이다(헌법재판소 2010.02.25. 선고 2008헌가23 결정 참조). 다만, 사형은 인간의 생명 자체를 영원히 박탈하는 냉엄한 궁극의 형벌로서 문명국가의 이성적인 사법제도가 상정할 수 있는 극히 예외적인 형벌이라는 점을 감안할 때, 사형의 선고는 범행에 대한 책임의 정도와 형벌의 목적에 비추어 그것이 정당화될 수 있는 특별한 사정이 있다고 누구라도 인정할 만한 객관적인 사정이 분명히 있는 경우에만 허용되어야 하고, 따라서 사형을 선고함에 있어서는 형법 제51조가 규정한 사항을 중심으로 한 범인의 연령, 직업과 경력, 성행, 지능, 교육정도, 성장과정, 가족관계, 전과의 유무, 피해자와의 관계, 범행의 동기, 사전계획의 유무, 준비의 정도, 수단과 방법, 잔인하고 포악한 정도, 결과의 중대성, 피해자의 수와 피해감정, 범행 후의 심정과태도, 반성과 가책의 유무, 피해회복의 정도, 재범의 우려 등 양형의 조건이 되는 모든 사항을 철저히 심리하여 위와 같은 특별한 사정이 있음을 명확하게 밝힌 후 비로소 사형의 선택 여부를 결정하여야 한다(대법원 2007.06.15. 선고 2007도2900판결, 대법원 2006.03.24. 선고 2006도354판결 등 참조). 피고인이 불우한 환경 속에서 배움 없이 성장하고 평생생업에 종사하며 가정을 이끌어 오다가 현재 고령에 지능이 떨어진 노인이 되도록 고단하게 살아왔고, 몇 차례 벌금형의 전과를 제외하고는 범죄를 저지르지 않았던 사정은 인정된다. 그러나 피고인은 자신의 성적욕구충족을 위해서 자신의 배에 순순히 올라온 아무런 잘못도 없는 피해자들을 범행대상으로 삼았다가 망망한 바다위에서 극도의 공포를 느꼈을 피해자들을 무참하게 살해함으로써 지극히 반사회적인 범죄를 저지른 점, 특히 채 한 달도 되지 않은 간격에 두 번의 범행을 연쇄적으로 저지르면서 두 번째 범행에서는 처음부터 추행하려는 목적을 가지고 의도적으로 더 외진 선착장으로 유도하여 승선시키는 면밀하고 계획적인 범행으로 발전한 점, 이 사건 범행으로 무려4명의 젊고 고귀한 생명을 앗아갔고 그 유족들에게 말로 형언할 수 없는 엄청난 심적 고통을 안겨주었음에도 피고인은 마치 아무런 일도 없었다는 듯이 태연히 생업에 종사하는가 하면 진솔한 참회나 최소한의 피해회복도 외면한 채 허무맹랑한 변명만 무책임하게 늘어놓아 피해자들 및 유족들에게 더 큰 상처를 안겨주고 있는 점 등에 비추어, 피고인에게서 개전의 정이나 장차 건전한 사회생활에 복귀할 수 있는 개선·교화의 가능

		성을 찾기는 어렵다고 판단된다. 결국, 앞서 본 사정 및 피고인의 이 사건 범행이 우리 사회에 끼친 악영향, 그 밖에 양형의 조건이 되는 제반 사정을 모두 참작하면, 사형을 선고할 경우의 양형 기준을아무리 엄격하게 적용한다고 하더라도, 피고인의 이 사건 각 범행에 상응하는 책임의정도, 범죄와 형벌 사이의 균형, 범죄에 대한 응보, 일반예방 및 사회보호의 제반 견지에서 볼 때, 피고인을 영원히 사회에서 격리시키는 극형의 선고는 불가피한 선택이라고 하지 않을 수 없다. 피고인을 사형에 처한 원심의 양형은 적정하고 너무 무거워서 부당하다고 보이지 아니한다. 따라서 피고인의 양형부당 주장은 받아들이지 아니한다.
	상고심	피고인은 자신의 성적 욕구 충족을 위해서 자신의 배에 순순히 승선한 아무런 잘못도 없는 젊은 피해자들을 범행대상으로 삼았다가 망망한 바다 위에서 극도의 공포를 느꼈을 피해자들을 무참하게 살해함으로써 지극히 반사회적인 범죄를 저지른 점, 특히 채 한 달도 되지 않은 간격에 두 번의 범행을 연쇄적으로 저지르면서 두 번째 범행에서는 처음부터 추행하려는 목적을 가지고 의도적으로 더 외진 선착장으로 유도하여 승선시키는 면밀하고 계획적인 범행으로 발전한 점, 이 사건 범행으로 무려 4명의 젊고 고귀한 생명을 앗아갔고 그 유족들에게 말로 형언할 수 없는 엄청난 심적 고통을 안겨주었음에도 피고인은 마치 아무런 일도 없었다는 듯이 태연히 생업에 종사하는가 하면 진솔한 참회나 최소한의 피해회복도 외면한 채 허무맹랑한 변명만 무책임하게 늘어놓아 피해자들 및 유족들에게 더 큰 상처를 안겨주고 있는 점 등에 비추어, 피고인에게서 개전의 정이나 장차 건전한 사회생활에 복귀할 수 있는 개선·교화의 가능성을 찾기는 어렵다고 판단된다. 결국, 앞서 본 사정 및 피고인의 이 사건 범행이 우리 사회에 끼친 악영향, 그밖에 양형의 조건이 되는 제반 사정을 모두 참작하면, 사형을 선고할 경우의 양형 기준을 아무리 엄격하게 적용한다고 하더라도, 피고인의 이 사건 각 범행에 상응하는 책임의 정도, 범죄와 형벌 사이의 균형, 범죄에 대한 응보, 일반예방 및 사회보호의 제반 견지에서 볼 때, 사형제도가 존치하는 한 피고인을 영원히 사회에서 격리시키는 극형의 선고는 불가피한 선택이라고 하지 않을 수 없다. 같은 취지에서 피고인에게 사형을 선고한 제1심을 그대로 유지한 원심의 양형이 심히 부당하다고 인정할 현저한 사유가 없으므로, 양형부당 상고이유도 받아들이지 아니한다.
57	1심	피고인의 범행 동기가 일반인의 상식으로서는 쉽게 이해할 수 없는 점, 범행의 준비과정이 구체적이고 계획적인 점, 단계적으로 한명 한명을 살해한 것은 충동적이라고 보기는 어려운 점, 살해방법이 잔인한 점, 살인 범행 후의 정황도 일반인으로서는 쉽게 납득하기 어려운 점, 피해자들의 다른 유족들 또한 이 사건 각 범행으로 인하여 평생 치유될 수 없는 깊은 상처를 입게 된 점, 사형은 오판을 한 경우 그 피해를 회복할 수 없다는 점에서 위헌론의 주요 논거가 되고 있으나 이 사건의 경우 피고인

		이 범인이 아닐 가능성은 전무하다고 할 것이므로 오판의 문제점은 전혀 없는 점, 현행법상 가석방이나 사면 등의 가능성을 제한하는 이른바 '절대적 종신형'이 도입되어 있지 않으므로 지금의 무기징역형이 개인의 생명과 사회 안전의 방어라는 점에서 사형을 대체하기 어려운 점, 다른 무엇보다도 비교할 수 없는 존엄한 사람의 생명을 두 차례나 가볍게 여겨 앗아가고 피해자들의 딸을 유인한 후 피해자들의 목숨을 담보로 통제하여 감금한 피고인의 범행은 피해자와 가족들에게는 엄청난 고통을, 국민에게는 매우 큰 충격을 주었고 피해자와 그 가족들로부터 전혀 용서받거나 피해를 회복하지도 못한 점, 그 밖에 이 사건 기록에 나타난 여러 양형조건에 비추어 볼 때 사형선고의 기준을 엄격히 해석하더라도 현행법이 사형제도를 존치하고 있는 이상 피고인에게 엄중한 책임을 묻고 인간의 생명을 부정하는 극악한 범죄에 대한 일반예방을 위하여, 그리고 동일한 범행의 재발을 방지하기 위하여 피고인에 대한 사형의 선택은 불가피하다.
	항소심	인간의 생명은 국가와 사회가 보호하여야 할 가장 존엄한 가치로서 이를 침해하는 행위는 어떠한 이유로도 용납될 수 없다. 그런데 피고인은 지극히 사소한 일에 앙심을 품고 무고한 2명의 피해자를 살해하였다. 피해자들은 자신들이 왜 죽어야만 하는지 그 이유도 모른 채 극심한 고통 속에 생을 마감하였고, 유족들은 피고인을 극형에 처하는 것만이 피해자들과 유족의 억울함을 달래주는 길이라면서 그 고통을 호소하고 있으며 이 사건의 무모함과 잔혹성에 일반 국민들 또한 큰 충격에 빠졌다. 비록 사형이 인간의 생명 자체를 영원히 박탈하는 냉엄한 궁극의 형벌로서 문명국가의 이성적인 사법제도가 상정할 수 있는 극히 예외적인 형벌이라는 점과 피고인에게 다소 유리한 정상이 있음을 고려하더라도 피고인에 대한 여러 양형 조건과 죄형의 균형, 범죄에 대한 형벌의 일반예방적 견지 등을 종합하여 볼 때 원심이 선고한 사형은 그 책임에 따른 불가피한 선택이라고 판단된다.
	상고심	사형은 인간의 생명을 박탈하는 냉엄한 궁극의 형벌로서 사법제도가 상정할 수 있는 극히 예외적인 형벌이라는 점을 감안할 때, 사형선고는 범행에 대한 책임의 정도와 형벌의 목적에 비추어 누구라도 그것이 정당하다고 인정할 수 있는 특별한 사정이 있는 경우에만 허용되어야 한다. 따라서 사형선고 여부를 결정함에 있어서는 형법 제51조가 규정한 사항을 중심으로 범인의 연령, 직업과 경력, 성행, 지능, 교육정도, 성장과정, 가족관계, 전과의 유무, 피해자와의 관계, 범행의 동기, 사전계획의 유무, 준비의 정도, 수단과 방법, 잔인하고 포악한 정도, 결과의 중대성, 피해자의 수와 피해감정, 범행 후의 심정과 태도, 반성과 가책의 유무, 피해회복의 정도, 재범의 우려 등 양형의 조건이 되는 모든 사항을 철저히 심리해야 하고, 그러한 심리를 거쳐 사형선고가 정당화될 수 있는 사정이 있음이 밝혀진 경우에

		한하여 비로소 사형을 선고할 수 있다(대법원 2006.03.24. 선고 2006도354 판결, 대법원 2010.06.10. 선고 2010도4347 판결 등 참조). 사형선고가 허용되는 경우 및 사형선고 여부를 결정하는 방법: 이 사건 범행이 우리 사회에 끼친 충격, 그 밖에 양형의 조건이 되는 제반 사정을 모두 참작하면, 사형을 선고할 경우의 양형 기준을 아무리 엄격하게 적용한다고 하더라도, 피고인의 이 사건 각 범행에 상응하는 책임의 정도, 범죄와 형벌 사이의 균형, 범죄에 대한 응보, 일반예방 및 사회보호의 제반 견지에서 볼 때, 이 사건은 피고인에 대한 극형의 선고가 정당화될 수 있는 특별한 사정이 있다고 봄이 타당하다. 사형제도에 관하여는, 국가가 생명의 절대적 가치를 전제로 하면서도 국가에 의한 인간의 생명의 박탈을 제도적으로 허용하여서는 안 된다거나 사형의 범죄예방효과가 크지 않고 오판의 가능성을 배제할 수 없다는 등의 이유로 이를 폐지하여야 한다는 논의가 계속되어 왔고, 우리나라에서는 1998년 이래 지금까지 장기간 사형집행이 이루어지지 않고 있어 사형선고의 실효성 자체에 대해서도 의문이 제기되고 있으며, 최근에 사형제도를 폐지하는 내용의 법안이 국회에 발의되어 있기도 하다. 그러나 사형제도의 폐지에 관한 입법자의 결단이 아직 이루어지지 아니하고 있고, 헌법재판소 또한 2010.02.25. 선고 2008헌가23 결정에서 사형제도가 헌법에 위반되지 아니한다고 선고한 바 있는 이상, 법을 적용하는 법원으로서는 현행 법제상 사형제도가 존치하고 그것이 합헌으로 받아들여지고 있는 한, 법정 최고형으로 사형이 규정되어 있는 범죄에 대하여 최고형을 선고함이 마땅하다고 판단되는 경우 사형을 선고하는 것이 불가피한 선택이라고 하지 않을 수 없다. 같은 취지에서 피고인에게 사형을 선고한 제1심판결을 그대로 유지한 원심의 조치에 형의 양정이 심히 부당하다고 인정할 현저한 사유가 있다고 할 수 없다.

[부록 2] 군인 사형확정자 4명에 대한 심급별 사형 양형의 이유

구분		판결의 내용(양형 이유)
군1	1심	업무미숙에 따른 상급자의 질책과 보급품 부족으로 인한 처벌의 두려움 등 비교적 사소한 이유에서 비롯된 범행동기, 총기 탈취 및 범행과정에서 보여준 대담성, 평소 아무런 원한 관계가 없는 초병을 포함한 동료 3명을 거리낌 없이 사살한 후 초병 2명에 대하여는 확인사살까지 한 점 등 그 잔인성과 집요성, 피해결과의 중대성, 유족들의 감정 등 이 사건 기록에 나타난 제반 사정에 비추어 피고인의 본 건 범행은 그 죄질이 심히 중대하고 악성 또한 극에 달하여 사형 이외에 달리 선택할 형이 없다. 아울러 인체에 치명적 위해를 가할 수 있는 병기, 탄약류를 다루는 군의 특성상 이와 같은 총기를 이용한 범행은 군의 존립 자체를 뿌리째 흔들리게 하는 중차대한 범죄라 할 것이므로 군조직사회의 보호 및 범죄의 일반적 예방의 차원에서도 극형의 선택은 불가피하다고 판단된다.
	항소심	기록에 나타난 여러 가지 증거를 종합 검토하여 원심 형과 견주어 보면 피고인이나 피고인의 국선변호인이 주장하는 정상을 참작하더라도 원심의 형의 양정은 상당하다고 인정되고 달리 이를 부당하다 인정할 자료를 발견할 수 없다.
	상고심	기록에 나타난 모든 양형조건들을 검토해 보아도 원심의 피고인에 대한 형의 양정은 적절하고 그것이 심히 부당하다고 인정할 현저한 사유가 있다고 보이지 아니한다. 그리고 소론과 같이 심리를 다하지 아니한 위법이 있다고 할 수도 없다.
군2	1심	피고인은 범행 일주일 전부터 GP 인원 모두를 살해할 계획을 가지고 있었고, 부대적응에 어려움을 보여 오다가 GP를 탈출하여 집에 돌아가야겠다는 목적으로 상관을 살해하는 등 자신의 목적을 달성하기 위하여 수단과 방법을 가리지 않고 많은 사람의 생명을 빼앗고 최초 범행 전에 피고인을 자극할만한 것이 없었던 점에 비추어 순간적으로 흥분한 상태에서 충동적 우발적으로 범행을 한 것이 아니라 처음부터 계획적으로 범행을 한 점, 잇따라 이루어진 범행 역시 최초 범행을 은폐하거나 흥분한 상태에서 순간적으로 범의가 일어나 우발적으로 저질러진 것이 아니라 당초 범행계획대로 실행을 한 점, 국토를 방위하고 국민의 생명과 재산을 보호하여야 할 사명을 지닌 군인인 피고인이 자신과 생사고락을 같이 하는 피해자들이 잠이 들어 아무런 저항도 할 수 없는 상태였음에도 피해자들을 향하여 수류탄을 던지고 소총으로 무차별 난사하여 범행 유발에 기여한 바가 전혀 없는 사람들까지 범행의 대상으로 하여 사망하게 하였고, 그 결과 피고인에 의하여 살해된 8명의 피해자들과 그 유족들에게 심한 정신적 육체적 고통을 주는 등 다수의 피해자 및 그 유족들에게 깊은 절망과 영원히 치유될 수 없는 상처를 남기고 건전한 사회생활을 영위하고 있는 대다수의 사람들에게도 심대한 충격을 주었고, 사망한 피해자의 유족들 대부분이 피고인의 엄벌을 요구하고 있는 사정 등 이 사건 범행의 동기, 태양, 죄질,

		범죄 후 정황, 피고인과 피해자의 관계 등 제반 사정을 고려할 때, 피고인의 교화라는 특별예방적 형벌목적이나 사형제도가 갖는 일부 문제점을 감안한다고 하더라도 결과불법의 정도가 너무 높아 범죄에 대한 응보와 사회방위의 필요성이라는 일반예방적 차원에서 타인의 고귀한 생명을 무참히 탈취하는 범행을 저지른 피고인을 영원히 사회로부터 격리시키는 극형의 선고가 불가피하다.
	항소심	피고인은 항소심과 관련하여 피고인에게 형법 제41조 제1호의 사형제도는 위헌이고 법정형으로 사형만을 규정한 군형법 제53조 제1항의 상관살해죄 조항은 사법부 판단을 과도하게 제한하는 것으로 위헌이라는 주장을 하여 위헌법률심판제청신청을 하였으나 고등군사법원은 기각하였다(고등군사법원 2006. 4. 21. 결정 2006초기7). 항소심은 사형제도 및 군형법상 상관살해죄 조항의 위헌성 여부에 대해, 형법 제41조 제1호의 사형제도에 있어서는, 생명권 역시 헌법 제37조 제2항에 의한 일반적 법률유보의 대상이 될 수밖에 없는 것이나 생명권에 대한 제한은 곧 생명권의 완전한 박탈을 의미하는 것이므로 사형이 비례의 원칙에 따라서 최소한 동등한 가치가 있는 다른 생명 또는 그에 못지아니한 공공의 이익을 보호하기 위한 불가피성이 충족되는 예외적인 경우에만 적용되는 한, 그것이 비록 생명을 빼앗는 형벌이라 하더라도 헌법 제37조 제2항 단서에 위반되는 것으로 볼 수 없다(헌재 1996. 11. 28. 선고 95헌마1 결정 참조). 군형법 제53조 제1항의 위헌성 여부에 있어서는 법정형을 어떻게 정하는가는 입법정책의 당부 문제이지 헌법위반의 문제는 아니라고 할 것이며(헌재 1995. 10. 26. 선고 92헌바45 결정) 비록 시대상황의 변화에 따른 전시와 평시의 구분 및 처벌종류의 재검토 등의 개정 논의가 있다고 하더라도 현행 군형법체계상 헌법위반이라 할 수 없다. 형사법 본연의 존재 의의라 할 범죄에 대한 응보와 사회방위의 필요성이라는 일반예방적 차원에서 피고인을 영원히 이 사회로부터 격리시키는 극형이 불가피하다고 할 것이다. 따라서 사형을 선고한 원심은 형량은 적정하다.
	상고심	군형법 제53조 제1항에 대한 위헌 주장에 대하여: 기록에 의하면 원심은 이 사건 공소사실 중 상관살해의 점 및 상관살해미수의 점에 대하여 군형법 제53조 제1항을 적용하여 피고인에게 유죄를 선고한 제1심 판결을 그대로 유지하고 있다. 그런데 원심판결 선고 후 헌법재판소 2009. 11. 29. 선고 2006헌가13 결정에 의하여 제1심 및 원심이 적용한 군형법 제53조 제1항은 헌법에 위반된다는 위헌결정이 있었는바 위헌결정으로 인하여 형벌에 관한 법률 또는 법률조항이 소급하여 그 효력을 상실한 경우에는 당해 법조를 적용하여 기소한 피고 사건은 범죄로 되지 아니한 때에 해당한다고 할 것이므로(대법원 2005. 3. 10. 선고 2001도3495 판결) 원심판결 중 위 각 점에 관한 유죄부분은 그대로 유지될 수 없게 되었다고 할 것이다. 그러므로 원심판결 중 상관살해의 점 및 상관살해미수의 점에 대한 부분은 파기되어야 할 것인바 원심판결은 이와 나머지 죄를 형법 제37조 전단의

		경합범으로 처단하여 하나의 형을 선고한 제1심 판결을 유지하고 있으므로 양형부당 주장에 관한 판단을 생략한 채 원심판결을 전부 파기하고 사건을 다시 심리, 판단하기 위하여 원심법원에 환송하기로 한다.
	파기 항소	피고인은 항소이유에서 공소사실에 대하여 자백하였으나 자백만이 유일한 증거로서 그 진술 내용의 신빙성이 부족하고 달리 보강증거도 없으므로 무죄임에도 불구하고 원심은 유죄를 선고하여 자백의 증명력 제한에 관한 군사법원법 제362조의 법리를 오해한 위법이 있고 피고인의 자백 이외에 직접증거가 없을 뿐만 아니라 간접증거들은 그 증명력이 부족하므로 군사법원법 제380조 후단의'범죄사실의 증명이 없는 때'에 해당하여 무죄임에도 불구하고 원심은 유죄를 선고하여 채증법칙을 위반하여 사실을 오인한 위법이 있으며, 가사 피고인에 대한 공소사실에 전부 유죄가 인정된다 하더라도 사형제도는 위헌이고 원심이 선고한 사형은 피고인의 정상에 비추어 너무 무거워 부당하다고 주장하였다. 이 사건 범행에 대하여 원심이 적용한 군형법 제53조 제1항이 헌재의 위헌결정으로 소급하여 그 효력을 상실함에 따라 파기환송심은 형법 제250조 제1항을 적용하게 되어 그 법정형이 더 낮게 변경된 점을 고려하더라도 형벌 본연의 존재 의의라 할 범죄에 대한 응보와 사회방위의 필요성이라는 일반예방적 차원에서 피고인을 영원히 이 사회로부터 격리시키는 극형이 불가피하다고 할 것이므로 피고인 및 그 변호인의 항소는 이유 없다.
군3	1심	이 사건 범행의 동기, 준비의 정도, 수단과 방법, 죄질, 피고인과 피해자들과의 관계, 결과의 중대성, 피해자의 수와 피해감정, 피해회복의 가능성 및 정도, 범죄 후의 정황 및 심정과 태도, 교화개선의 여지 등 제반 사정을 고려할 때, 피고인의 교화라는 특별예방적 형벌목적이나 사형제도가 갖는 일부 문제점을 감안하더라도 결과불법의 정도가 너무 높아 범죄에 대한 응보와 사회방위의 필요성이라는 일반예방적 차원에서 타인의 고귀한 생명을 무참히 탈취한 범행을 저지른 피고인을 영원히 사회로부터 격리시키는 극형의 선고가 불가피하다.
	항소심	피고인에 원심판결은 정당하고 피고인의 항소는 그 이유 없음이 명백하므로 기각하기로 한다.
	상고심	이 사건 범행의 동기와 경위, 범행계획의 내용과 대상, 범행의 준비 정도와 그 수단, 범행의 잔혹성, 피해자들에 대한 관계, 피해자의 수와 피해 결과의 참혹함, 지휘체계의 확립과 상관에 대한 복종을 생명으로 하는 군대에서 부하에 의해 살해되거나 병역의무의 이행을 위하여 20세 안팎의 나이에 해병대에 입대하였다가 동료병사에 의해 무참히 살해된 피해자들의 유족들이 입은 충격과 고통, 국토를 방위하고 국민의 생명과 재산을 보호함을 사명으로 하는 군대에서, 특히 2010. 11. 23. 발생한 연평도 포격사건에서 보듯이 북한의 도발에 의한 무력 충돌의 가능성이 항상 열려 있어 남북한 사이에 위험한 대치상태가 상존하는 전방 해병부대에서 발생한 이 사건 범행으로 인하여 성실히 병역의무를 수행하고 있는 장병들과 그 가족들, 일반국민들이 입

		은 불안과 충격 등을 종합적으로 고려하여 볼 때, 비록 피고인에게 위에서 본 것과 같은 일부 참작할 정상이 있고 사형선고의 양형기준을 엄격히 적용하여야 한다고 하더라도, 피고인의 이 사건 범행에 상응하는 책임의 정도, 범죄와 형벌 사이의 균형, 범죄에 대한 응보, 일반예방과 사회보호의 제반 견지에서 이 사건은 피고인에 대한 극형의 선고가 정당화될 수 있는 특별한 사정이 있다고 봄이 상당하다. 비록 형벌로서의 사형의 적절성 및 우리나라에서 1998년 이래 지금까지 장기간 사형집행이 이루어지지 않고 있는 상황에서의 사형선고의 실효성 등을 둘러싸고 논란이 있는 점을 감안한다 하더라도, 현행 법제상 최고형으로 사형제도가 존치하고 그것이 합헌으로 받아들여지고 있는 한 이는 불가피한 선택이라고 하지 않을 수 없다. 같은 취지에서 피고인에게 사형을 선고한 제1심판결을 그대로 유지한 원심의 조치에 형의 양정이 심히 부당하다고 인정할 현저한 사유가 있다고 할 수 없다.
군4	1심	사형제도에 관하여: 헌법재판소 95헌바1 결정을 인용한 후 사형은 극히 예외적인 형벌로서 결코 남용되어서는 안 되며, 범행에 대한 책임의 정도와 형벌의 목적에 비추어 그것이 정당화될 수 있는 특별한 사정이 있다고 누구라도 인정할만한 객관적인 사정에 분명히 있는 경우에만 허용되어야 하고, 따라서 사형을 선고함에 있어서는 형법 제51조가 규정한 사항을 중심으로 범인의 연령, 직업과 경력, 성행, 지능, 교육정도, 성장과정, 가족관계, 전과의 유무, 피해자와의 관계, 범행의 동기, 사전계획의 유무, 준비의 정도, 수단과 방법, 잔인하고 포악한 정도, 결과의 중대성, 피해자의 수와 피해감정, 범행 후의 심정과 태도, 반성과 가책의 유무, 피해회복의 정도, 재범의 우려 등 양형의 조건이 되는 모든 사항을 철저히 심리하여 위와 같은 특별한 사정이 있음을 명확하게 밝힌 후 비로소 사형 선택 여부를 결정해야 할 것이다(대법원 2007. 6. 15. 선고 2007도2900 판결). 우리 형벌체계가 사형을 최고의 형벌로서 규정하고도 실제로 그 선고에 있어 고심을 할 수밖에 없는 가장 큰 이유는 집행 이후에 그 피해의 회복이 성질상 불가능하다는 점에 있으나 이 사건과 같이 피고인의 살해행위가 자명한 경우라면 그와 같은 위험은 전무하고 현행법상 무기징역형은 가석방이나 사면 등의 가능성을 배제할 수 없어 개인의 생명과 사회안전의 방어라는 점에서 사형제도를 대체하기에는 부족하다. 또한 피고인의 나이가 아직 어리고, 전과가 없는 점, 불운했던 성장과정에 비추어 피고인에게 개선 교화의 가능성이 전혀 없다고 속단할 수는 없겠으나 이 사건과 같이 다수의 어린 생명을 한순간에 학살한 범죄에서 피고인의 교화가능성이라는 이유만으로 유가족과 우리 사회를 납득시키기에는 역부족이라고 생각된다. 따라서 이 사건의 범행의 경위, 결과, 죄질, 태양, 이 사건 범행이 우리 사회에 끼친 악영향, 피고인의 연령, 성행, 성격, 지능과 환경, 피해자와의 관계, 범행 후의 정황 등 제반 사정을 모두 종합할 때, 비록 사형이 인간의 생명 자체를 영원히 박탈하는 냉엄한 궁극의 형벌로서 문명국가의 이성적인 사법제도가 상정할 수 있는 극히 예외적인 형벌임을 감안하더라도 이 사건 범행에 대하여 피고인에게 엄중한 책임을 묻고 인간의 생명을 부정하는 극악한

		범죄에 대한 일반예방을 위하여 피고인을 영원히 사회로부터 격리시키는 사형의 선택은 불가피하다고 할 것이다.
	항소심	이 사건 범행은 피고인이 북한군과 지근거리에서 군사적으로 대치하고 있는 최전방 소초에서 신성한 국방의 의무에 헌신하고 있는 무고한 동료 병사들과 자신의 상관들을 향해 수류탄을 터뜨리고 총격을 가하여 5명의 무고한 생명을 빼앗고, 7명의 신체에 상해를 가한 후 총기와 실탄을 소지한 채 도주한 사안으로, 국가안보에 중대한 공백을 초래하였고 군에 대한 국민의 신뢰와 군의 사기를 극도로 저하시켰을 뿐만 아니라, 피해자와 유족들 그리고 더 나아가 서로에게 자신의 생명을 의지하며 생활하고 있던 동료 장병들에게 평생 지울 수 없는 충격과 고통 그리고 커다란 슬픔을 안겨주었다. 이 사건 범행에 있어 피고인에게 정상에 참작할 만한 뚜렷한 동기를 발견할 수 없음에도 불구하고 소초원 전원을 살해하려는 극악한 결심을 하였다. 또한 피고인은 특정인에 대한 원한이나 복수심이 없었음에도 자신에게 아무런 해악을 가하지 않고 오히려 친하게 지내기까지 하였던 동료들을 포함한 소초원 전부를 목표로 삼고, 일부 소초원들이 별명을 부르거나 무시하는 태도를 보이는 정도의 괴롭히는 행위를 살인 행위와 동일시하며 비난하는 등 극도의 인명경시의 태도를 보였다. 피고인은 범행을 결심한 후 소초원들의 대응 가능성, 대응 방식 및 시간 등을 고려하여 공격방법, 대상 및 우선순위를 정한 후 범행 실행의 경과를 예측하여 행동하는 치밀함을 보였고, 범행을 실행해 나감에 있어 주저함 없는 결단성과 대담함 그리고 냉철함을 보여주었으며, 보통사람으로서는 상상도 할 수 없는 냉혹함과 태연함이 몸서리 쳐질 정도여서 피고인에게 문명사회의 일원으로서 교화·개선될 여지가 과연 있는지 의심이 들게 한다. 그럼에도 불구하고 피고인은 피해자들 및 그 유족들에게 진심어린 사죄의 의사표시를 하지 않고 있다가 당심에 이르러서야 사죄 및 반성의 글을 제출하여 반성하는 듯한 태도를 취하였으나, 여전히 모순과 부조리로 가득 찬 사회 및 군대에 대한 원망과 비난을 하면서 마치 제3자의 관점에서 불운하게 피해를 당한 피해자들 및 유족들에 대해 안타까운 마음을 가지고 있다는 식의 표현을 하고 있고, 피고인의 이와 같은 태도에 대해 유가족들은 진심 어린 반성과 사죄의 말 한마디 없는 피고인에게 법정 최고형을 선고하여 줄 것을 호소하고 있다. 이와 같은 피고인의 범행은 형법상 살인죄 및 군형법상 상관살해죄가 예상하고 있는 가장 중한 유형에 속하고 우리 법은 가장 중한 유형의 살인죄에 대하여는 그 법정형을 사형으로 정하고 있다. 진심으로 잘못을 뉘우치고 있다고 보기 어려운 피고인에게 개선·교화의 기회를 부여하는 것은, 누구보다 믿고 의지하던 전우에게 그 목숨을 빼앗기고 상해를 입은 피해자들의 고통과 배신감, 사회 구성원 전체가 받은 충격, 저지른 죄와 형벌의 균형, 유사한 유형의 범죄 발생을 막기 위한 일반예방의 필요성 등을 종합적으로 고려할 때 적절하지 아니하다고 판단된다. 그렇다면 원심의 선고형량은 너무 무거워서 부당하다고 인정되지 않으므로, 피고인의 항소는 이유 없다.

	상고심	**[다수의견]** 군인인 피고인이 소속 부대의 간부나 동료 병사들의 피고인에 대한 태도를 따돌림 내지 괴롭힘이라고 생각하던 중 초소 순찰일지에서 자신의 외모를 희화화하고 모욕하는 표현이 들어 있는 그림과 낙서를 보고 충격을 받아 소초원들을 모두 살해할 의도로 수류탄을 폭발시키거나 소총을 발사하고 도주함으로써 상관 및 동료 병사 5명을 살해하고 7명에게 중상을 가하였으며, 군용물 손괴·군용물 절도·군무이탈 행위를 하였다는 내용으로 기소된 사안에서, 범행 동기와 경위, 범행 계획의 내용과 대상, 범행의 준비 정도와 수단, 범행의 잔혹성, 피고인이 내보인 극단적인 인명 경시 태도, 피해자들과의 관계, 피해자의 수와 피해 결과의 중대함, 전방에서 생사고락을 함께하던 부하 혹은 동료 병사였던 피해자들과 유족 및 가족들이 입은 고통과 슬픔, 국토를 방위하고 국민의 생명과 재산을 보호함을 사명으로 하는 군대에서 발생한 범행으로 성실하게 병역의무를 수행하고 있는 장병들과 가족들, 일반 국민이 입은 불안과 충격 등을 종합적으로 고려하면, 비록 피고인에게 일부 참작할 정상이 있고 예외적이고도 신중하게 사형선고가 이루어져야 한다는 전제에서 보더라도, 범행에 상응하는 책임의 정도, 범죄와 형벌 사이의 균형, 유사한 유형의 범죄 발생을 예방하여 잠재적 피해자를 보호하고 사회를 방위할 필요성 등 제반 견지에서 법정 최고형의 선고가 불가피하므로 피고인에 대한 사형선고가 정당화될 수 있는 특별한 사정이 있다는 이유로 피고인에게 사형을 선고한 제1심판결을 유지한 원심의 조치를 수긍. **[대법관 이상훈, 조희대, 이기택의 반대의견]** 범행 수단과 방법의 잔인함과 포악함이 피고인 본성의 발현이라고 여겨질 정도로 범행 동기에 참작할 사정이 없음이 명백하다고 볼 수 없고, 생명을 박탈하여 피고인을 사회에서 영원히 격리시키는 것만이 유일한 선택임을 누구라도 납득할 수 있을 정도로 피고인에 대한 사형선고를 긍정하는 요건의 존재가 합리적 의심의 여지 없이 증명되지 않았으며, 범행 결과가 매우 중하다 하여 사회적 파장과 형벌의 일반예방적 목적 등을 내세워 피고인에게 사형을 선고하는 것이 정당하다고 할 수 없고, 범행의 책임을 오로지 피고인에게 돌려 사형선고를 통하여 피고인의 생명을 영원히 박탈하는 것이 합당한지 의문이므로, 원심이 피고인에게 사형을 선고한 제1심판결을 유지한 것은 형의 양정이 심히 부당하다고 인정할 현저한 사유가 있는 때에 해당한다. **[대법관 김창석의 반대의견]** 피고인의 범행으로 5명의 군인이 사망하고 7명의 군인이 부상을 당하는 등 결과가 너무도 중대하다는 점에 대해서는 의문의 여지가 없으나, 피고인에 대하여 사형이라는 극형을 선택할 수밖에 없는 예외적이고도 특별한 사정이 있는지 여부, 즉 피고인의 생명권을 박탈하는 결과를 감수하면서 까지도 막아야 하는 일반 국민의 생명 보호나 이에 준하는 매우 중대한 공익에 대한 현재의 급박하고도 실질적인 위협이 있는지, 중대한 결과의 발생을 피고인만의 책임으로 돌릴 수 있는지 등에 대해서 심리하지 아니한 채 사형을 선고한 제1심을 유지한 원심판결에는, 사형의 양정에 관한 법리를 오해하여 필요한 심리를 다하지 아니한 위법이 있다.

[부록 3-1] 15대 사형폐지특별법안

사형폐지특별법안

의 안 번 호	

발의연월일 : 1999. 12. 7
발 의 자 : 유 재 건 의원
외 90 인

제안이유 및 주요골자

생명은 한 번 잃으면 영원히 회복될 수 없고 이 세상에서 무엇과도 바꿀 수 없는 절대적인 것으로 한 사람의 생명은 전 지구보다 무겁고 귀중하고 엄숙한 것으로 존엄한 인간존재의 근원임. 이와 같은 존귀한 생명을 잃게 하는 사형은 형벌 중에서도 가장 냉혹한 형벌로, 인간의 존엄과 가치의 전제가 되는 생명권을 침해하는 것이며, 사형이 무고한 자에 대하여 집행된 경우 회복할 수 없는 형벌이고 오판과 남용의 여지가 많은 형벌이라고 할 것임.

또한 사형폐지국과 사형존치국에서 사형에 해당하는 중범죄 발생률을 비교해 볼 때도 일반인이 기대하는 것처럼 위하적 효과를 가지지 못하고 있는 실정임.

뿐만 아니라 1999년 4월 현재 세계적으로 105개의 국가가 사형을 법률상 또는 사실상 폐지하였고 연간 2~3개 국가가 이를 폐지하고 있어서 사형의 폐지는 세계적 추세라고 할 것임.

우리나라도 이러한 사형폐지의 세계적 대세에 발맞추어 반인도적이고 반문명적인 형벌인 사형을 폐지하여 21세기가 시작하는 새천년에는 획기적인 인권존중·인권신장국가로 거듭나야 할 것임.

이에 형벌로서의 사형을 영구히 폐지하고 종전 사형을 형벌로 규정하였던 부분을 무기징역형으로 대체하고자 함.

법률 제 호

사형폐지특별법안

제1조(목적) 이 법은 사형의 폐지를 목적으로 한다.

제2조(형법 등의 사형 규정의 삭제) 형법 제41조 제1호·제66조 및 형사소송법 제463조 내지 제469조를 삭제한다.

제3조(사형부분의 효력 상실) 형법, 군형법, 국가보안법, 대마관리법, 마약류불법거래방지에 관한 특례법, 마약법, 문화재보호법, 보건범죄단속에 관한 특별조치법, 성폭력범죄의 처벌 및 피해자보호 등에 관한 법률, 원자력법, 장기 등 이식에 관한 법률, 전투경찰대설치법, 폭력행위 등 처벌에 관한 법률, 특정범죄가중처벌 등에 관한 법률, 한국조폐공사법, 항공기운항안전법, 항공법, 향정신성의약품관리법 및 화학무기의 금지를 위한 특정 화학물질의 제조·수출입규제 등에 관한 법률 등에서 형벌로서 사형을 규정하고 있는 부분은 효력을 상실한다. 다만 형법 제93조 중 "사형"은 "무기징역"으로 한다.

부 칙

① (시행일) 이 법은 공포한 날부터 시행한다.

② (경과조치) 이 법 시행 전에 사형의 확정판결을 받고 그 집행이 이루어지지 아니한 자는 무기징역의 확정판결을 받은 것으로 본다.

[부록 3-2] 16대 사형폐지에관한특별법안

사형폐지에관한특별법안

(정대철의원 대표발의)

의 안 번 호	1085

발의연월일 : 2001. 10. .

발 의 자 : 정대철·이부영·박관용·우재건·권기술·정장선·설 훈·조성준·심규섭·이종걸·임채정·정문화·김동욱·주진우·김무성·전갑길·정우택·임인배·강인섭·조정무·서상섭·박병석·박재욱·신현태·김덕룡·이호웅·송석찬·박상희·장영달·고진부·김희선·장태완·원유철·이정일·정동채·정몽준·김태홍·최용규·최재승·정철기·김운용·김영진·정의화·김정숙·곽치영·남경필·최병렬·김일윤·김윤식·윤경식·김학송·백승홍·이재정·김경재·이미경·김충조·김홍신·장정언·김덕규·이낙연·김경천·이창복·서정화 의원

찬 성 자 : 92인

제안이유

인간의 생명은 우주에서 가장 존귀하며, 인간의 생존과 실존의 근거로서 그 자체가 절대적 가치를 갖는 소중한 것으로 다른 목적을 위한 수단이 되어서도 안되고, 다른 가치와 비교하여 희생되거나 그 수단이 되어서도 아니됨.

헌법 제10조는 「모든 국민은 인간으로서의 존엄과 가치를 가지며 행복을 추구할 권리를 가진다. 국가는 개인이 가지는 불가침의 기본적 인권을 확인하고 이를 보장할 의무를 진다」라고 선언함으로써 인간의 생명이 인간의 존엄과 가치의 전제이자 근본임을 확인하면서 이에 대한 국가의 보장의무를 천명하고 있음.

이에 비추어 보면 사형이라는 형벌제도는 바로 국가가 보장해야 할 생명권의 내용을

본질적으로 침해하는 위헌적 제도임. 즉, 국가가 한편에서는 인간생명의 존귀함과 절대적 가치를 보호·존중하기 위해서 살인행위를 범죄로 규정·처벌하면서 또 한편에서는 비록 형벌의 이름을 빌리기는 하였으나 범죄자의 생명을 근원적으로 부정·박탈하는 사형제도를 인정하는 것은 헌법위반일 뿐만 아니라 그 자체가 자가당착임.

오늘날 모든 문명국가에서 형벌을 시행하는 궁극적인 목적은 범죄자의 개선과 교화 그리고 사회복귀를 돕는 이른바 교육형의 이념과 정신에 기반을 두고 있음. 그러나 사형은 이러한 범죄자의 개선, 교화 및 사회복귀 가능성을 송두리째 부정하는 것임. 또한 사형제도의 목적인 일반예방의 효과 즉 위하력은 이미 사형을 폐지한 국가들의 경험과 사례에 비추어 거의 없다는 사실이 입증되고 있으며, 오늘날 문명국가·선진국가를 자부하는 국가들이 사형을 속속 폐지시켜 나가고 있는 이유도 여기에 있음.

이에 따라 헌법이 보장하는 인간의 존엄과 가치의 존중이라는 헌법적 요청에 부응하고 형벌이라는 미명하에 행해지는 '또 하나의 살인'을 막기 위하여 사형제도를 폐지하고자 함.

주요골자

가. 우리 헌법이 천명·보장하고 있는 인간으로서의 존엄과 가치의 보호라는 헌법적 요청에 부응하기 위하여 국가 형벌중 사형을 폐지하는 것임을 목적에 명시함(안 제1조).

나. 현재 사형을 형벌의 종류로 명기하고 있는 형법과 그밖에 모든 법률에서 법정형으로 규정하고 있는 사형을 일체 폐지함(안 제2조).

다. 법원으로 하여금 무기징역 또는 무기금고를 선고할 경우에 그 범죄의 종류, 죄질, 정상여하에 따라 판결이 확정되고 그 복역을 개시한 후 15년이 경과하지 아니하면 형법에 의한 가석방이나 사면법에 의한 일반사면·특별사면 또는 감형을 할 수 없다는 취지의 선고를 함께 할 수 있도록 함으로써 범죄자의 개선·교화·사회복귀와 관련하여 형사정책적 차원에서 신축성을 부여함(안 제3조).

법률 제 호

사형폐지에관한특별법안

제1조(목적) 이 법은 국가의 형벌중에서 사형을 폐지함으로써 인간으로서의 존엄과 가치를 존중하고 범죄자의 인권보호 및 교화·개선을 지향하는 국가형벌체계를 수립함을 목적으로 한다.

제2조(사형의 폐지) 형법 및 그 밖의 법률에서 규정하고 있는 형벌중 사형을 폐지한다.

제3조(가석방 등의 제한) 법원은 무기징역 또는 무기금고를 선고할 경우에 범죄의 종류나 죄질, 정상에 따라 판결이 확정되어 그 복역을 개시한 후 15년이 경과하지 아니하면 형법에 의한 가석방이나 사면법에 의한 일반사면·특별사견 또는 감형을 할 수 없다는 취지의 선고를 함께 할 수 있다.

부 칙

제1조(시행일) 이 법은 공포한 날부터 시행한다.

제2조(경과조치) 이 법 시행 전에 사형의 판결을 선고받아 확정되었으나 그 집행이 아직 이루어지지 아니한 사람은 무기징역의 판결을 받아 확정된 것으로 본다.

제3조(다른 법률의 개정) ① 형법 중 다음과 같이 개정한다.

제38조 제1항 제1호 및 제2호, 제92조, 제94조 제1항, 제95조 제1항, 제96조, 제119조제2항, 제301조의2, 제324조의4, 제338조 및 제340조제3항 중 “사형 또는 무기징역”을 각각 “무기징역”으로 한다.

제41조 제1호, 제55조 제1항 제1호, 제66조 및 제78조 제1호를 각각 삭제한다.

제43조 제1항 및 제88조 중 “사형, 무기징역”을 “무기징역”으로 한다.

제80조 중 “사형, 징역”을 “징역”으로 한다.

제87조 제1호 중 “사형, 무기징역”을 “무기징역”으로 하고, 동조 제2호 중 “사형, 무기”를 “무기”로 한다.

제93조 중 “사형”을 “무기징역”으로 한다.

제98조 제1항, 제119조 제1항, 제164조 제2항, 제250조 제1항 및 제2항 중 “사형, 무기”

를 각각 "무기"로 한다.
② 형사소송법 중 다음과 같이 개정한다.
제95조 제1호 중 "사형·무기 또는 장기 10년이 넘는 징역이나 금고"를 "무기 또는 10년 이상의 징역이나 금고"로 한다.
제200조의3 제1항 중 "사형·무기"를 "무기"로 한다.
제249조 제1항 제1호를 삭제한다.
제282조 중 "사형, 무기 또는 단기 3년"을 "무기 또는 3년"으로 한다.
제349조 단서 중 "사형 또는 무기징역이나 무기금고"를 "무기징역이나 무기금고"로 한다.
제383조 제4호 중 "사형, 무기"를 "무기"로 한다.
제463조 내지 제469조를 각각 삭제한다.
제473조 제1항 중 "사형, 징역"을 "징역"으로 한다.
③ 행형법 중 다음과 같이 개정한다.
제13조 및 제57조를 각각 삭제한다.
④ 군형법 중 다음과 같이 개정한다.
제3조를 삭제한다.
제5조 제1호, 제11조 제1항, 제12조, 제18조, 제19조, 제22조, 제23조, 제24조 제1호, 제27조 제1호, 제33조·제53조 제1항 및 제84조 제1항의 "사형"을 각각 "무기징역"으로 한다.
제13조 제1항을 다음과 같이 한다.
① 적을 위하여 간첩행위를 하거나 또는 적의 간첩을 방조한 자는 무기징역에 처한다.
제40조 제1항 제1호 중 "사형, 무기"를 "무기"로 한다.
제45조 제1호를 다음과 같이 한다.
1. 적전(敵前)인 경우에는 무기징역에 처한다.
제51조 제1호를 다음과 같이 한다.
1. 적전인 경우에는 무기 또는 10년 이상의 징역에 처한다.
제59조 제1항 및 제83조 중 "사형 또는 무기징역"을 각각 "무기징역"으로 한다.
제5조 제2호, 제14조, 제20조, 제27조 제2호, 제28조 제1호, 제30조 제1호, 제37조 제1호, 제38조 제1항 제1호, 제41조 제1항 제1호, 제42조 제2항 및 제4항, 제44조 제1호, 제50조 제1호, 제52조 제1항 제1호 및 제2호, 제52조의3 제1호 및 제2호, 제52조의4 제1호 및 제2호, 제56조 제1호, 제57조 제1호, 제58조 제1항 제1호 및 제2호, 제58조의4 제1호 및 제2호, 제60조 제3항 제1호 및 제2호, 제60조의4 제1호 및 제2호, 제66조 제1항 및 제2항 제1호, 제67조 제1호, 제71조 제1항 및 제3항, 제75조 제1항 제1호 및 제2

호 중 "사형·무기"를 "무기"로 한다.
⑤ 군행형법 중 다음과 같이 개정한다.
제11조 및 제54조를 각각 삭제한다.
제13장의 제목 "사형집행과 시체처리"를 "시체처리"로 한다.
⑥ 군사법원법 중 다음과 같이 개정한다.
제135조 제1호 중 "사형·무기 또는 단기 1년"을 "무기 또는 1년"으로 한다.
제232조의3 제1항 중 "사형·무기 또는 장기 3년"을 "무기 또는 3년"으로 한다.
제291조 제1항 제1호·제506조 내지 제512조 및 제534조 각흐외의 부분 단서를 각각 삭제한다.
제406조 단서 중 "사형 또는 무기징역"을 "무기징역"으로 한다.
제442조제7호 중 "사형·무기"를 "무기"로 한다.
제515조 제1항 중 "사형·징역"을 "징역"으로 한다.
⑦ 특정범죄가중처벌 등에 관한 법률 중 다음과 같이 개정한다.
제5조의2 제1항 제2호 및 제2항 제4호, 제5조의3 제2항 제1호, 제5조의4 제3항, 제5조의5, 제5조의8 제1호, 제5조의9 제1항, 제10조, 제11조 제1항 및 제2항 제1호 중 "사형·무기"를 각각 "무기"로 한다.
제5조의2 제2항 제2호 중 "사형 또는 무기징역"을 "무기징역"으로 한다.
⑧ 국가보안법 중 다음과 같이 개정한다.
제3조 제1항 제1호 및 제4조 제1항 제2호 가목 중 "사형 또는 무기징역"을 각각 "무기징역"으로 한다.
제3조 제1항 제2호, 제4조 제1항 제2호 나목·제1항 제3호·제4호 및 제6조 제2항 중 "사형·무기"를 각각 "무기"로 한다.
제13조 중 "사형"을 "무기징역"으로 한다.
⑨ 성폭력범죄의 처벌 및 피해자보호 등에 관한 법률 중 다음과 같이 개정한다.
제5조 제2항 중 "사형·무기"를 "무기"로 한다.
제10조 제1항 중 "사형 또는 무기징역"을 "무기징역"으로 한다.
⑩ 보건범죄단속에 관한 특별조치법 중 다음과 같이 개정한다.
제2조 제1항 제3호·제3조 제1항 제3호 및 제3조의2 중 "사형·무기"를 각각 "무기"로 한다.
⑪ 마약류불법거래방지에 관한 특례법 중 다음과 같이 개정한다.
제6조 제1항 중 "사형·무기"를 "무기"로 한다.
⑫ 마약류관리에 관한 법률 중 다음과 같이 개정한다.

제58조 제2항 중 "사형·무기"를 "무기"로 한다.

⑬ 특정강력범죄의 처벌에 관한 특례법 중 다음과 같이 개정한다.

제4조 중 "사형 또는 무기형"을 "무기형"으로 한다.

⑭ 대통령경호실법 중 다음과 같이 개정한다.

제9조 제2항 제1호 중 "사형·무기 또는 장기 3년"을 "무기 또는 3년"으로 한다.

⑮ 상훈법 중 다음과 같이 개정한다.

제8조 제1항 제3호 중 "사형·무기"를 "무기"로 한다.

⑯ 한국조폐공사법 중 다음과 같이 개정한다.

제19조 제1항 중 "사형·무기"를 "무기"로 한다.

⑰ 원자력법 중 다음과 같이 개정한다.

제114조 제1항 중 "사형·무기"를 "무기"로 하고, 동조 제2항 중 "사형 또는 무기징역"을 "무기징역"으로 한다.

⑱ 전투경찰대설치법 중 다음과 같이 개정한다.

제9조 제5항 단서 중 "사형·무기"를 "무기"로 한다.

⑲ 경찰관직무집행법 중 다음과 같이 개정한다.

제10조의2 제1항 및 제10조의4 제1항 제1호 중 "사형·무기 또는 장기 3년"을 각각 "무기 또는 3년"으로 한다.

⑳ 공직선거 및 선거부정방지법 중 다음과 같이 개정한다.

제11조 제1항 중 "사형·무기 또는 장기 7년"을 "무기 또는 7년"으로 한다.

제11조 제2항 중 "사형·무기 또는 장기 5년"을 "무기 또는 5년"으로 한다.

㉑ 호적법 중 다음과 같이 개정한다.

제91조를 다음과 같이 한다.

제91조(옥사) 재소 중 사망한 자의 사체를 찾아갈 자가 없는 경우에 교도소장은 지체없이 교도소 소재지의 시·읍·면의 장에게 사망의 보고를 하여야 한다. 이 경우에는 보고서에 진단서 또는 검안서를 첨부하여야 한다.

㉒ 사회보호법 중 다음과 같이 개정한다.

제20조 제1항 중 "사형 또는 무기형"을 "무기형"으로 한다.

㉓ 소송촉진 등에 관한 특례법 중 다음과 같이 개정한다.

제23조 단서 중 "사형·무기 또는 장기 10년"을 "무기 또는 10년"으로 한다.

㉔ 법원조직법 중 다음과 같이 개정한다.

제32조 제1항 제3호 중 "사형·무기 또는 단기 1년"을 "무기 또는 1년"으로 한다.

㉕ 범죄인인도법 중 다음과 같이 개정한다.

제6조 중 “사형·무기·장기 1년”을 “무기·1년”으로 한다.

㉖ 소년법 중 다음과 같이 개정한다.

제59조를 다음과 같이 한다.

제59조(무기형의 완화) 죄를 범한 때에 18세 미만인 소년에 대하여는 두기징역으로 처할 것인 때에는 15년의 유기징역으로 한다.

㉗ 화학무기금지를 위한 특정 화학물질의 제조·수출입규제 등에 관한 법률 중 다음과 같이 개정한다.

제25조 제2항 중 “사형·무기”를 “무기”로 한다.

㉘ 항공기운항안전법 중 다음과 같이 개정한다.

제9조 중 “사형 또는 무기징역”을 “무기징역”으로 한다.

㉙ 항공법 중 다음과 같이 개정한다.

제157조 제1항 및 제158조 중 “사형·무기”를 각각 “무기”로 한다.

㉚ 문화재보호법 중 다음과 같이 개정한다.

제83조 제2항 중 “사형·무기”를 “무기”로 한다.

㉛ 장기 등 이식에 관한 법률 중 다음과 같이 개정한다.

제39조 제2항 및 제41조 제3항 중 “사형·무기”를 각각 “무기”로 한다.

㉜ 형사보상법 중 다음과 같이 개정한다.

제4조 제3항을 삭제한다.

㉝ 폭력행위 등 처벌에 관한 법률 중 다음과 같이 개정한다.

제4조 제1항 제1호 중 “사형, 무기”를 “무기”로 한다.

[부록 3-3] 17대 사형폐지에관한특별법안

사형폐지에관한특별법안

(유인태의원 대표발의)

의안 번호	1129

발의연월일 : 2004. 12. 9.

발 의 자 : 유인태·강기정·강길부·강창일·강혜숙·구논회·김교흥·김기석·김낙순·김덕규·김맹곤·김부겸·김선미·김성곤·김영주·김영춘·김원웅·김재윤·김재홍·김진표·김춘진·김태년·김태홍·김한길·김혁규·김현미·김형주·김희선·노영민·노웅래·노현송·문병호·문석호·문학진·문희상·박기춘·박명광·박병석·박영선·박찬석·박홍수·백원우·복기왕·서갑원·서재관·선병렬·송영길·신계륜·신기남·신중식·신학용·심재덕·안민석·안병엽·안영근·양형일·오영식·오시덕·오제세·우상호·우원식·우윤근·우제창·우제항 원혜영·유기홍·유선호·유승희·유시민·유재건·유필우·윤원호·윤호중·이강래·이경숙·이근식·이기우·이목희·이미경·이상경·이상락·이상민·이석현·이용희·이원영·이은영·이인영·이철우·이호웅·이화영·임종석·임종인·임채정·장복심·장영달·장향숙·정덕구·정봉주·정성호·정세균·정장선·정청래·제종길·조경태·조성래·조정식·지병문·채수찬·천정배·최 성·최규성·최규식·최용규·최재성·최재천·최철국·한광원·한명숙·한병도·홍미영·홍창선·고진화·고흥길·공성진·권오을·김애실·김형오·남경필·박계동·박성범·

박재완·박찬숙·배일도·서병수·안경률·
엄호성·이강두·이경재·이명규·이병석·
이성권·이윤성·이재오·이재웅·이주호·
이혜훈·전재희·정두언·정문헌·정병국·
정의화·주호영·진수희·허 천·황우여·
신국환·정몽준·최인기·강기갑·권영길·
노회찬·단병호·심상정·이영순·조승수·
천영세·최순영·현애자·김종인·김홍일·
손봉숙·이낙연·이상열·이정일·한화갑
의원(175인)

제안이유

우리 헌법 제10조는 '인간으로서의 존엄과 가치'를 천명하고 있는바, 이러한 인간으로서의 존엄과 가치는 생명권을 전제로 하고 있음. 또한 인간의 생명은 인간실존의 근거이기 때문에 절대적인 가치를 지니며 따라서 다른 목적을 위한 수단이 되어서도 안 되고, 다른 가치와 비교의 대상이 될 수도 없는 것임.

그럼에도 불구하고 국가가 범죄예방과 진압의 수단으로 사형제도를 유지하는 것은 국가사회의 구성원인 인간으로서의 존엄과 가치를 훼손할 뿐만 아니라 나아가 인간존재 자체를 근본적으로 부정하는 결과가 될 것임. 그 뿐만 아니라 국가가 생명의 절대적 가치를 전제로 하여 살인행위를 범죄로 하고 있으면서 다른 한편으로는 범인의 생명을 박탈한다는 것은 그 자체가 모순임.

오늘날 형벌의 목적이 범죄인의 개선과 교화를 통해 사회복귀를 도모하는 것이라고 한다면 사형은 이와 같은 목적에 전혀 부합되지 아니하는 형벌일 뿐만 아니라, 설사 형벌의 목적이 응보와 범죄의 예방이라고 하더라도 생명을 박탈하는 형벌인 사형은 이와 같은 목적달성에 필요한 정도를 넘는 것으로 목적의 정당성, 그 수단으로서의 적정성·피해의 최소성·법익의 균형성 등과 같은 제 원칙에 반하는 '잔혹하고 비인도적인 형벌'이라는 비판을 면치 못할 것임.

또한 사형이 범죄자에 대한 일반예방적 효과도 없다는 것은 지금까지의 행형경험과 오늘날의 범죄적 상황이 설명해 주고 있고, 세계적인 추세도 사형제도 자체를 폐지하고 있는 경향임.

따라서 이러한 반인권적이고 비인도적인 형벌이라고 할 수 있는 사형을 폐지함으로써 국민의 인권을 보호하고 존중하는 형벌체계를 수립하여 인권신장국가로 거듭나게 하려는 것임.

주요내용

가. 형법 및 그 밖의 법률에서 규정하고 있는 형벌 중 사형을 폐지하고 이를 종신형으로 대체함(안 제2조).

나. 이 법에서 "종신형"이라 함은 사망 때까지 형무소 내에 구치하며 가석방을 할 수 없는 종신징역과 종신금고를 말함(안 제3조).

법률 제 호

사형폐지에관한특별법안

제1조(목적) 이 법은 국가 형벌 중에서 사형을 폐지함으로써 인간으로서의 존엄과 가치를 존중하고 범죄자의 인권보호 및 교화·개선을 지향하는 국가형벌체계를 수립함을 목적으로 한다.

제2조(사형의 종신형 대체) 형법 및 그 밖의 법률에서 규정하고 있는 형벌 중 사형을 폐지하고 이를 종신형으로 대체한다.

제3조(종신형의 정의와 종류) ① 종신형이라 함은 사망 때까지 형무소 내에 구치하며 형법에 의한 가석방을 할 수 없는 형을 말한다.

② 종신형은 종신징역과 종신금고로 나눈다.

부 칙

제1조(시행일) 이 법은 공포한 날부터 시행한다.

제2조(경과조치) 이 법 시행 전에 사형의 확정판결을 받고 그 집행이 이루어지지 아니한 자는 종신형의 확정판결을 받은 것으로 본다.

제3조(다른 법률의 개정) ① 행형법 중 다음과 같이 개정한다.

제13장의 제목 "사형의 집행 및 사망"을 "사망"으로 하고, 제13조 및 제57조를 각각 삭제하며, 제63조 중 "미결수용자와 사형이 확정된 자가"를 "미결수용자가"로 한다.

② 군사법원법 중 다음과 같이 개정한다.

제506조 내지 제512조를 각각 삭제한다.

③ 형법 중 다음과 같이 개정한다.

제66조를 삭제한다.

④ 형사소송법 중 다음과 같이 개정한다.

제463조 내지 제469조를 각각 삭제한다.

⑤ 군행형법 중 다음과 같이 개정한다.

제3조, 제11조 및 제54조를 각각 삭제하고, 제13장의 제목 "사형집행과 시체처리"를 "시체처리"로 한다.

[부록 3-4] 18대 박선영의원법안

사형폐지에 관한 특별법안

(박선영의원 대표발의)

의 안 번 호	928

발의연월일 : 2008. 9. 12.

발 의 자 : 박선영 · 강운태 · 곽정숙 · 권선택 · 권영진 · 김영록 · 김옥이 · 김용구 · 김창수 · 김춘진 · 노철래 · 문국현 · 박선숙 · 박은수 · 서갑원 · 손숙미 · 송민순 · 신낙균 · 우제창 · 유성엽 · 원희룡 · 이명수 · 이미경 · 이상민 · 이성남 · 이윤성 · 이정희 · 정몽준 · 정세균 · 정영희 · 정옥임 · 정의화 · 정태근 · 정하균 · 조정식 · 주호영 · 최규성 · 최문순 · 최영희의원(39인)

제안이유

사형제도의 존폐 여부에 대해서는 오랜 세월 찬반의 의견이 팽팽하게 대립되어 옴.

1996년 헌법재판소는 "사형이 비례의 원칙에 따라서 최소한 동등한 가치가 있는 다른 생명 또는 그에 못지 아니한 공공의 이익을 보호하기 위한 불가피성이 충족되는 예외적인 경우에만 적용되는 한, 그것이 비록 생명을 빼앗는 형벌이라 하더라도 헌법 제37조 제2항 단서에 위반되는 것으로 볼 수 없다"고 판시하면서도, "시대상황이 바뀌어 생명을 빼앗는 사형이 가진 위하에 의한 범죄예방의 필요성이 거의 없게 된다거나 국민의 법감정이 그렇다고 인식하는 시기에 이르게 되면 사형은 곧바로 폐지되어야 한다"고 첨언한 바 있음(95헌바1).

국회는 제15대(1999년), 제16대(2001년), 제17대(2004년)에 각각 사형폐지 특별법안을 발의하였고, 특히 제17대 국회에서는 국회의원 299명의 3분의 2에 가까운 175명의 의원이 법안 발의에 동의하여 사형제도 폐지에 대한 국민적 합의가 도출될 가능성을 보이기도 함.

그러나 시기적으로 유영철 연쇄살인사건, 혜진예슬양 살인사건, 안양 연쇄살인사건 등 폭력적이고 비인간적인 범죄들이 연속적으로 발생하면서 사형폐지론이 힘을 잃고 사형제도 존치론이 다시 고개를 들었음.

생각건대 사형제도가 존속하는 우리 사회에서 범죄의 폭력성·잔인성·무차별성이 날이 갈수록 극심해지고 있다는 사실은 사형이 범죄자들에게 더 이상의 위하력이 없다는 것을 보여주고 있음. 또한 우리나라는 1997년 12월 30일에 마지막 사형집행이 있은 이후, 10년이 넘도록 사형을 집행하지 않고 있어 국제인권단체인 앰네스티로부터 '실질적 사형폐지국가'로 분류되었음. 따라서 사형제도가 사문화(死文化)되고 있다고 보여짐.

더 근본적으로는 인간의 생명은 더 이상 인간의 보복심을 충족시키거나 제도적 살인을 정당화하는 도구로 취급되어서는 아니 되며, 인간의 존엄과 가치를 보장하기 위한 전제요건으로 보호되어야 함.

이 특별법안은 비인간적이고 반인도적이며 비교화적인 사형 제도를 폐지하는 대신 가석방 없는 종신형을 신설하여 범죄자의 생명과 일반국민의 권리를 조화롭게 보호하는 형벌체계를 수립하여 국제인권기준에 부합하는 문명국가를 이룩하고자 마련됨.

주요내용

가. 우리 「헌법」이 천명하고 있는 인간으로서의 존엄과 가치를 보장하기 위하여 국가 형벌 중 사형을 가석방 없는 종신형으로 대체하는 것을 그 목적으로 함(안 제1조).

나. "종신형"이란 사망할 때까지 형무소 내에 구치하고, 「형법」에 따른 가석방이나 「사면법」에 따른 일반사면·특별사면 또는 감형을 할 수 없는 징역형을 말함(안 제2조).

다. 형의 종류 중 사형을 종신형으로 대체하고, 「형법」과 그 밖의 법률을 개정함(안 제3조 및 부칙 제3조).

법률 제 호

사형폐지에 관한 특별법안

제1조(목적) 이 법은 형의 종류 중에서 사형을 폐지하고 종신형을 신설함으로써 생명권을 보장하고 인간으로서의 존엄과 가치를 존중하며 범죄자의 인권보호 및 교화·개선을 지향하는 국가형벌체계를 수립함을 목적으로 한다.

제2조(종신형의 정의) "종신형"이란 사망할 때까지 교도소 내에 구치하고, 「형법」에 따른 가석방이나 「사면법」에 따른 일반사면·특별사면 또는 감형을 할 수 없는 징역형을 말한다.

제3조(사형의 종신형 대체) 형의 종류 중 사형을 종신형으로 대체한다.

부 칙

제1조(시행일) 이 법은 공포한 날부터 시행한다.

제2조(경과조치) 이 법 시행 전에 사형의 확정판결을 받고 그 집행이 이루어지지 아니한 자는 종신형의 확정판결을 받은 것으로 본다.

제3조(다른 법률의 개정) ① 가족관계의 등록에 관한 법률 일부를 다음과 같이 개정한다.

제88조를 다음과 같이 한다.

제88조(재소 중 사망) 재소 중 사망한 사람의 사체를 찾아갈 사람이 없는 경우에 교도소장은 지체 없이 교도소 소재지의 시·읍·면의 장에게 사망의 통보를 하여야 한다. 이 경우 통보서에 진단서 또는 검안서를 첨부하여야 한다.

② 경찰관직무집행법 일부를 다음과 같이 개정한다.

제10조의2 제1항 및 제10조의4 제1항 제1호 중 "사형"을 각각 "종신형"으로 한다.

③ 공직선거법 일부를 다음과 같이 개정한다.

제11조 제1항부터 제3항까지 중 "사형"을 각각 "종신형"으로 한다.

④ 국가보안법 일부를 다음과 같이 개정한다.

제3조 제1항 제1호·제2호, 제4조 제1항 제2호 가목·나목, 같은 항 제3호·제4호, 제6조 제2항 및 제13조 중 "사형"을 각각 "종신형"으로 한다.

⑤ 국민의 형사재판 참여에 관한 법률 일부를 다음과 같이 개정한다.
제13조 제1항 본문 중 "사형"을 "종신형"으로 한다.
⑥ 국제형사재판소 관할 범죄의 처벌 등에 관한 법률 일부를 다음과 같이 개정한다.
제8조 제1항, 제9조 제1항, 제10조 제1항·제6항, 제12조 제2항 제1호, 제13조 제2항 제1호 및 제14조 제2항 중 "사형"을 각각 "종신형"으로 한다.
⑦ 군사법원법 일부를 다음과 같이 개정한다.
제135조 제1호, 제232조의3 제1항, 제291조 제1항 제1호, 제406조 단서, 제442조 제7호 및 제534조 단서 중 "사형"을 각각 "종신형"으로 한다.
제515조 중 "사형·징역"을 "징역"으로 한다.
제506조부터 제512조까지를 각각 삭제한다.
⑧ 군행형법 일부를 다음과 같이 개정한다.
제11조 및 제54조를 각각 삭제한다.
제13장의 제목 "사형집행과 시체처리"를 "시체처리"로 한다.
⑨ 군형법 일부를 다음과 같이 개정한다.
제3조를 삭제한다.
제5조 제1호·제2호, 제11조 제1항, 제12조, 제13조 제1항, 제14조, 제18조부터 제20조까지, 제22조, 제23조, 제24조 제1호, 제27조 제1호·제2호, 제28조 제1호, 제30조 제1항 제1호, 제33조, 제37조 제1호, 제38조 제1항 제1호, 제40조 제1항 제1호, 제41조 제1항 제1호, 제42조 제2항·제4항, 제44조 제1호, 제45조 제1호, 제50조 제1호, 제51조 제1호, 제52조 제1항 제1호·제2호, 제52조의3 제1호·제2호, 제52조의4 제1호·제2호, 제53조 제1항, 제56조 제1호, 제57조 제1호, 제58조 제1항 제1호·제2호, 제58조의4 제1호·제1호, 제59조 제1항, 제60조 제3항 제1호·제2호, 제60조의4 제1호·제2호, 제66조 제1항·제2항 제1호, 제67조 제1호, 제71조 제1항·제3항, 제75조 제1항 제1호·제2호, 제83조 제1항·제2항 및 제84조 제1항 중 "사형"을 각각 "종신형"으로 한다.
⑩ 대통령 등의 경호에 관한 법률 일부를 다음과 같이 개정한다.
제19조 제2항 제1호 중 "사형"을 "종신형"으로 한다.
⑪ 마약류관리에 관한 법률 일부를 다음과 같이 개정한다.
제58조 제2항 중 "사형"을 "종신형"으로 한다.
⑫ 마약류불법거래방지에 관한 특례법 일부를 다음과 같이 개정한다
제6조 제1항 중 "사형"을 "종신형"으로 한다.
⑬ 문화재보호법 일부를 다음과 같이 개정한다.
제105조 제2항 중 "사형"을 "종신형"으로 한다.

⑭ 범죄인인도법 일부를 다음과 같이 개정한다.
제6조 중 “사형”을 “종신형”으로 한다.
⑮ 법원조직법 일부를 다음과 같이 개정한다.
제32조 제1항 제3호 중 “사형”을 “종신형”으로 한다.
⑯ 보건범죄단속에 관한 특별조치법 일부를 다음과 같이 개정한다.
제2조 제1항 제3호, 제3조 제1항 제3호, 제3조의2 중 “사형”을 각각 “종신형”으로 한다.
⑰ 부정선거관련자처벌법 일부를 다음과 같이 개정한다.
제3조 제1항 및 제5조 중 “사형”을 각각 “종신형”으로 한다.
⑱ 상훈법 일부를 다음과 같이 개정한다.
제8조 제1항 제3호 중 “사형”을 “종신형”으로 한다.
⑲ 선박 및 해상구조물에 대한 위해행위의 처벌 등에 관한 법률 일부를 다음과 같이 개정한다.
제5조 제1항 및 제12조 제1항부터 제3항까지 중 “사형”을 각각 “종신형”으로 한다.
⑳ 성폭력범죄의 처벌 및 피해자보호 등에 관한 법률 일부를 다음과 같이 개정한다.
제5조 제2항 중 “사형”을 “종신형”으로 한다.
제10조 제1항 및 같은 조 제3항 중 “사형”을 각각 “종신형”으로 한다.
㉑ 소년법 일부를 다음과 같이 개정한다.
제59조의 제목 및 제목 같은 조 중 “사형”을 “종신형”으로 한다.
㉒ 소송촉진 등에 관한 특례법 일부를 다음과 같이 개정한다.
제23조 중 “사형”을 “종신형”으로 한다.
㉓ 원자력법 일부를 다음과 같이 개정한다.
제114조 제1항 및 제2항 중 “사형”을 각각 “종신형”으로 한다.
㉔ 원자력시설 등의 방호 및 방사능방재대책법 일부를 다음과 같이 개정한다.
제47조 제4항 중 “사형”을 “종신형”으로 한다.
㉕ 장기 등 이식에 관한 법률 일부를 다음과 같이 개정한다.
제39조 제2항 및 제41조 제3항 중 “사형”을 각각 “종신형”으로 한다.
㉖ 전투경찰대설치법 일부를 다음과 같이 개정한다.
제9조 제5항 중 “사형”을 “종신형”으로 한다.
㉗ 지뢰 등 특정재래식무기사용 및 이전의 규제에 관한 법률 일부를 다음과 같이 개정한다.
제10조 제1항 제1호 중 “사형”을 “종신형”으로 한다.
㉘ 법률 제9111호 치료감호법 일부개정법률 일부를 다음과 같이 개정한다.

제12조 제1항 중 "사형"을 "종신형"으로 한다.

㉙ 특정강력범죄의 처벌에 관한 특례법 일부를 다음과 같이 개정한다.

제4조 제1항 중 "사형"을 "종신형"으로 한다.

㉚ 특정범죄가중처벌 등에 관한 법률 일부를 다음과 같이 개정한다.

제5조의2 제1항 제2호, 같은 조 제2항 제2호·제4호, 제5조의3 제2항 제1호, 제5조의4 제3항, 제5조의5, 제5조의8 제1호, 제5조의9 제1항 및 제10조 중 "사형"을 각각 "종신형"으로 한다.

㉛ 폭력행위 등 처벌에 관한 법률 일부를 다음과 같이 개정한다.

제4조 제1항 제1호 중 "사형"을 "종신형"으로 한다.

㉜ 한국조폐공사법 일부를 다음과 같이 개정한다.

제19조 제1항 중 "사형"을 "종신형"으로 한다.

㉝ 항공법 일부를 다음과 같이 개정한다.

제157조 제1항 중 "사형"을 "종신형"으로 한다.

㉞ 항공안전 및 보안에 관한 법률 일부를 다음과 같이 개정한다.

제39조 제1항 및 제40조 제2항 중 "사형"을 각각 "종신형"으로 한다.

㉟ 형법 일부를 다음과 같이 개정한다.

제38조 제1항 제1호·제2호, 제41조 제1호, 제43조 제1항, 제55조 제1항 제1호, 제78조 제1호, 제80조, 제87조 제1호·제2호, 제88조, 제92조, 제93조, 제94조 제1항, 제95조 제1항, 제96조, 제98조 제1항, 제119조 제1항·제2항, 제164조 지2항, 제250조 제1항·제2항, 제301조의2, 제324조의4, 제338조, 제340조 제3항 중 "사형"을 각각 "종신형"으로 한다.

제66조를 삭제한다.

㊱ 형사소송법 일부를 다음과 같이 개정한다.

제33조 제1항 제6호 중 "사형"을 "종신형"으로 한다.

제95조 제1호, 제200조의3 제1항, 제249조 제1항 제1호, 제349조 단서 및 제383조 제4호 중 "사형"을 각각 "종신형"으로 한다.

제463조부터 제469조까지를 각각 삭제한다.

제473조 제1항 중 "사형, 징역"을 "징역"으로 한다.

㊲ 형의 실효 등에 관한 법률 일부를 다음과 같이 개정한다.

제8조의2 제2항 제1호 중 "사형"을 "종신형"으로 한다.

㊳ 법률 제8728호 형의 집행 및 수용자의 처우에 관한 법률 전부개정법률 일부를 다음과 같이 개정한다.

제2조 제3호를 삭제하고, 같은 조 제4호 중 "미결수용자·사형확정자"를 "미결수용자"로 한다.

제10장(제89조부터 제91조까지)을 삭제한다.

㊴ 화학·생물무기의 금지 및 특정 화학물질·생물작용제 등의 제조·수출입규제 등에 관한 법률 일부를 다음과 같이 개정한다.

제25조 제2항 중 "사형"을 "종신형"으로 한다.

[부록 3-5] 18대 김부겸의원법안

사형폐지에 관한 특별법안

(김부겸의원 대표발의)

의 안 번 호	6259

발의연월일 : 2009. 10. 8.

발 의 자 : 김부겸 · 김정권 · 박영선 · 송영길 · 이시종 · 조승수 · 조영택 · 박선숙 · 박보환 · 서종표 · 박지원 · 이병석 · 곽정숙 · 이정희 · 문국현 · 이미경 · 이종걸 · 김희철 · 박기춘 · 우제창 · 이혜훈 · 유선호 · 박대해 · 김성곤 · 양승조 · 송민순 · 김동철 · 장세환 · 이춘석 · 주승용 · 신학용 · 강창일 · 정장선 · 홍희덕 · 신상진 · 전혜숙 · 박선영 · 안민석 · 유성엽 · 임해규 · 김진표 · 이진삼 · 최문순 · 강기갑 · 김재윤 · 이낙연 · 황우여 · 이학재 · 원희룡 · 원혜영 · 김춘진 · 홍재형 · 이상민 의원(53인)

제안이유

인간의 존엄과 가치는 생명권을 전제로 하고 있음. 인간 생경은 절대적 가치를 지니며 다른 목적을 위한 수단이 되어서도 안 되고, 어떤 가치와도 비교 대상이 될 수 없음.

사형제도는 인간의 기본권인 생명권을 국가가 직접 침해하는 반인권적인 형벌이며, 국제사회의 인권규범이 금지하고 있는 잔인하고 폭력적인 제도임. 그럼에도 불구하고 국가가 범죄예방과 진압의 수단으로 사형제도를 유지하는 것은 국가사회의 구성원인 인간으로서의 존엄과 가치를 훼손할 뿐만 아니라 나아가 인간존재 자체를 근본적으로 부정하는 결과가 될 것임.

국가가 생명의 절대적 가치를 전제로 하여 살인행위를 범죄로 하고 있으면서 다른 한편으로는 범인의 생명을 박탈한다는 것은 그 자체가 모순임.

UN 또한 공식 연구 발표를 통해 사형제도가 살인 범죄 억지에 영향을 미치지 못한다는 결론을 내린 바 있음. 세계적인 추세도 사형제도 자체를 피지하고 있는 경향임.

사형은 현대 형벌의 기능이 지니고 있는 '교화'와 '사회복귀'를 도모하는 가능성을 전면 부정하고 범죄발생에 커다란 영향을 미치게 되는 사회의 불완전한 요소들로 인한 '사회적 책임'을 전적으로 개인에게만 책임 지우는 비겁하고 무책임한 행위일 뿐임.

따라서 이러한 반인권적이고 비인도적인 형벌이라고 할 수 있는 사형을 폐지함으로써 국민의 인권을 보호하고 존중하는 형벌체계를 수립하여 인권신장국가로 거듭나게 하려는 것임.

주요내용

가. 형법 및 기타 법률에서 규정하고 있는 형벌 중 사형을 폐지하고 이를 종신형으로 대체함(안 제2조).

나. 이 법에서 "종신형"이란 사망때까지 형무소내에 구치하며 가석방을 할 수 없는 종신징역과 종신금고를 말함(안 제3조).

법률 제 호

사형폐지에 관한 특별법안

제1조(목적) 이 법은 국가 형벌 중에서 사형을 폐지함으로써 인간으로서의 존엄과 가치를 존중하고 범죄자의 인권보호 및 교화·개선을 지향하는 극가형벌체계를 수립함을 목적으로 한다.

제2조(사형의 종신형 대체) 「형법」 및 기타 법률에서 규정하고 있는 형벌 중 사형을 폐지하고 이를 종신형으로 대체한다.

제3조(종신형의 정의와 종류) ① "종신형"이란 사망때까지 형무소내에 구치하며 「형법」에 따른 가석방을 할 수 없는 형을 말한다.

② 종신형은 종신징역과 종신금고로 나눈다.

부 칙

제1조(시행일) 이 법은 공포한 날부터 시행한다.

제2조(경과조치) 이 법 시행 전에 사형의 확정판결을 받고 그 집행이 이투어지지 아니한 자는 종신형의 확정판결을 받은 것으로 본다.

제3조(다른 법률의 개정) ① 형의 집행 및 수용자의 처우에 관한 법률 일부를 다음과 같이 개정한다.

제2조, 제11조, 제88조, 제89조 및 제90조 중 "사형"을 각각 "종신형"으로 한다.

제10장의 제목 "사형확정자"를 "종신형확정자"으로 한다.

제91조를 삭제한다.

② 군사법원법 일부를 다음과 같이 개정한다.

제506조부터 제512조까지를 각각 삭제한다.

③ 형법 일부를 다음과 같이 개정한다.

제66조를 삭제한다.

④ 형사소송법 일부를 다음과 같이 개정한다.

제463조부터 제469조까지를 각각 삭제한다.

⑤ 군행형법 일부를 다음과 같이 개정한다.

제11조 및 제54조를 각각 삭제하고, 제13장의 제목 "사형집행과 시체처리"를 "시체처리"로 한다.

[부록 3-6] 18대 주성영의원법안

사형폐지에 관한 특별법안

(주성영의원 대표발의)

의 안 번 호	9976

발의연월일 : 2010. 11. 22.

발 의 자 : 주성영·강성천·이인기·주호영·유승민·김영우·전재희·나경원·정두언·정태근 의원(10인)

제안이유

1996년 헌법재판소는 사형제에 대해 합헌결정을 내리면서도 '시대상황이 바뀌어 생명을 빼앗는 사형이 가진 위하(威嚇)에 의한 범죄예방의 필요성이 거의 없게 된다거나 국민의 법감정이 그렇다고 인식하는 시기에 이르게 되면 사형은 곧바로 폐지되어야 한다"고 밝힌 바 있음.

1999년 15대 국회 때부터 18대 국회에 이르기까지 비인간적이고 반인도적인 사형제 폐지를 위한 특별법이 계속 발의된 것은 사형제의 완전한 폐지를 바라는 국민의 뜻을 반영한 결과임.

정부에서 1997년 12월 사형집행을 한 이후 지금까지 13년여 동안 한번도 사형집행을 하지 않은 것은 국가 차원에서 더 이상 사형제도를 받아들이지 않겠다는 의지를 대내외에 천명한 것임. 이미 국제인권단체인 국제사면위원회(Amnesty International)는 장기간 사형집행을 하지 않는 우리나라를 실질적 사형폐지국가로 분류하고 있음.

법률로 인간의 생명을 박탈하는 사형제도는 반인권적 형벌이며, 연쇄살인과 성폭력 등 폭력적이고 잔혹한 범죄의 해결책이 될 수 없음.

따라서 사실상 사문화되어 있는 사형제를 폐지하고 종신형으로 대체함으로써, "모든 국민은 인간으로서의 존엄과 가치를 가진다"는 헌법 정신을 구현하고자 함.

주요내용

가. 「형법」 및 그 밖의 법률에서 규정하고 있는 형벌 중 사형을 폐지하고 이를 종신형으로 대체함(안 제2조).

나. "종신형"이란 사망할 때까지 교도소 내에 수용하며, 「형법」에 따른 가석방을 할 수 없고, 「사면법」에 따른 사면과 감형, 복권을 할 수 없는 징역형을 말함(안 제3조).

법률 제 호

사형폐지에 관한 특별법안

제1조(목적) 이 법은 국가 형벌 중에서 인간으로서의 존엄과 가치를 부정하는 사형을 폐지함으로써 범죄자의 인권보호와 교정·교화를 지향하는 국가형벌체계를 수립함을 목적으로 한다.

제2조(사형의 종신형 대체) 「형법」 및 그 밖의 법률에서 규정하고 있는 형벌 중 사형을 폐지하고 이를 종신형으로 대체한다.

제3조(종신형의 정의) "종신형"이란 사망할 때까지 교도소 내에 수용하며, 「형법」에 따른 가석방을 할 수 없고, 「사면법」에 따른 사면과 감형, 복권을 할 수 없는 징역형을 말한다.

부 칙

제1조(시행일) 이 법은 공포한 날부터 시행한다.

제2조(경과조치) 이 법 시행 전에 사형의 확정판결을 받고 그 집행이 이루어지지 아니한 자는 종신형의 확정판결을 받은 것으로 본다.

제3조(다른 법률의 개정) ① 형의 집행 및 수용자의 처우에 관한 법률 일부를 다음과 같이 개정한다.

제2조, 제11조, 제88조, 제89조 및 제90조 중 "사형"을 각각 "종신형"으로 한다.

제10장의 제목 "사형확정자"를 "종신형확정자"로 한다.

제91조를 삭제한다.

② 형법 일부를 다음과 같이 개정한다.

제38조, 제41조, 제43조, 제55조, 제78조, 제80조, 제87조, 제88조, 제92조부터 제96조까지, 제98조, 제119조, 제164조, 제250조, 제301조의2, 제324조의4, 제338조 및 제340조 중 "사형"을 각각 "종신형"으로 한다.

제66조를 삭제한다.

③ 형사소송법 일부를 다음과 같이 개정한다.

제33조, 제95조, 제200조의3, 제249조, 제349조, 제383조 및 제473조 중 "사형"을 각각 "종신형"으로 한다.

제463조부터 제469조까지를 각각 삭제한다.

④ 군에서의 형의 집행 및 군수용자의 처우에 관한 법률 일부를 다음과 같이 개정한다.

제2조, 제76조 및 제77조 중 "사형"을 각각 "종신형"으로 한다.

제9장의 제목 "사형확정자"를 "종신형확정자"로 한다.

제78조를 삭제한다.

⑤ 군형법 일부를 다음과 같이 개정한다.

제3조를 삭제한다.

제5조, 제11조부터 제14조까지, 제18조부터 제20조까지, 제22조부터 제24조까지, 제27조, 제28조, 제30조, 제33조, 제37조, 제38조, 제40조부터 제42조까지, 제44조, 제45조, 제50조, 제52조, 제52조의4부터 53조까지, 제56조, 제58조, 제58조의4, 제58조의6부터 제60조까지, 제60조의5, 제66조, 제67조, 제71조, 제75조, 제83조, 제84조 및 제92조의7 중 "사형"을 각각 "종신형"으로 한다.

⑥ 군사법원법 일부를 다음과 같이 개정한다.

제135조, 제232조의3, 제291조, 제406조, 제442조, 제515조 및 제534조 중 "사형"을 각각 "종신형"으로 한다.

제506조부터 제512조까지를 각각 삭제한다.

⑦ 성폭력범죄의 처벌 등에 관한 특례법 일부를 다음과 같이 개정한다.

제3조 및 제9조 중 "사형"을 각각 "종신형"으로 한다.

[부록 3-7] 19대 유인태의원법안

사형폐지에 관한 특별법안

(유인태의원 대표발의)

의 안 번 호	15958

발의연월일 : 2015. 7. 6.

발 의 자 : 유인태 · 박지원 · 심상정
정갑윤 · 정두언 · 서기호
우원식 · 우상호 · 박원석
신경민 · 노영단 · 오영식
백재현 · 이찬열 · 전순옥
김기준 · 배재정 · 박혜자
김기식 · 이미경 · 정진후
원혜영 · 이목희 · 김광진
박윤옥 · 부좌현 · 강창일
정병국 · 김한길 · 임수경
김현미 · 이학영 · 김성곤
송광호 · 이춘석 · 유승민
심재권 · 김현숙 · 서용교
이윤석 · 인재근 · 박병석
이해찬 · 유기홍 · 최재성
송영근 · 이이자 · 박명재
김상희 · 박남춘 · 김영록
진성준 · 정문헌 · 이재오
유승희 · 이헌승 · 박인숙
이병석 · 강은희 · 주호영
문재인 · 박상은 · 문대성
김광림 · 홍종학 · 김영환
김민기 · 박영선 · 남인순
김용익 · 정세균 · 한명숙
박완주 · 서영교 · 김성주
송호창 · 안규백 · 장병완

주승용·황주홍·박주선
장하나·도종환·김 현
전해철·權垠希·김태년
박기춘·이상직·김춘진
김영주·김경협·정성호
유성엽·이원욱·홍익표
전정희·김우남·우윤근
조정식·신기남·박민수
최재천·윤호중·홍영표
강기정·진선미·길정우
박수현·김영우·김종태
경대수·박광온·이종걸
이상일·유은혜·정호준
신학용·최규성·박범계
노웅래·윤후덕·백군기
전병헌·신정훈·문정림
오제세·강길부·김장실
유대운·김윤덕·유재중
나경원·이상민·변재일
이석현·김관영·김정록
윤관석·신계륜·김동철
이언주·신경림·이종진
홍의락·문희상·문병호
박홍근·김승남·추미애
은수미·최원식·설 훈
한정애·이인영·이개호
최민희·최동익·안민석
강동원·정청래·안철수
김제남·이자스민·김상훈
황진하·정우택·진 영
이종훈·김용태·이학재
이재영 의원(172인)

제안이유

우리 헌법 제10조는 '인간으로서의 존엄과 가치'를, 헌법 제37조 제2항 후단은 "기본권을 제한하는 경우에도 자유와 권리의 본질적 권리를 침해할 수 없음"을 명시하고 있는 바, 이들 조항은 인간으로서의 존엄과 가치는 생명권을 전제하며, 기본권의 본질적 권리인 생명권을 결코 침해할 수 없음을 선언하고 있음. 또한 인간의 생명은 인간실존의 근거이기 때문에 절대적인 가치를 지니며, 따라서 인간의 존재 자체가 목적일 뿐, 결코 다른 목적을 위한 수단이 되어서도 아니 되며, 다른 가치와 비교의 대상이 될 수도 없는 것임.

또한 국가가 생명의 절대적 가치를 전제로 하여 한편으로 국민에 의한 살인행위를 범죄로 하고 있으면서, 다른 한편으로는 국가에 의한 인간의 생명의 박탈을 제도적으로 허용한다는 것은 그 자체가 모순임.

사형의 범죄예방효과에 대한 실증적 자료 역시 존재하지 않음. 오히려 UN은 1988년과 2002년도에 사형의 범죄예방효과에 대해 광범위한 조사결과, "사형제도가 살인억제력을 가진다는 가설을 수용하는 것은 신중하지 못하며, 조사결과 통계수치는 사형제도를 폐지하더라도 사회에 급작스럽고 심각한 변화가 일어나지는 않을 것"이라고 결론지은 바 있음. 사형존치 주(州)와 폐지 주(州)가 공존하고 있는 미국의 경우, 인구 10만명당 살인율이 사형을 폐지한 주에서 오히려 더 낮은 것으로 조사되었으며(북동부－3.8%, 남부－5.5%) 1975년 사형을 폐지한 캐나다의 경우 폐지 이전과 이후의 인구 10만명 당 살인율이 44% 감소함.(1975년 당시 3.09, 2003년 1.73)

또한 법관의 오판에 의해 사형이 집행된 경우 추후 진범이 밝혀지더라도 억울한 사법살인으로 인한 피해는 회복될 수 없다는 치명적인 문제점이 있음. 1973년 이후 미국에서는 107명의 사형수가 새로운 증거가 발견되어 석방되었으며, 2000년 1월 사형집행 모라토리움을 선언한 미국 일리노이주(州)는 오판에 의해 사형이 집행된 사람이 일리노이주에서만 13명이나 된다는 발표에 따른 것이었음. 우리나라는 1948년 정부수립 이후 1,310명[1]에 대해 사형을 집행했으나 그 중 분단국가 및 독재정권 하의 이념대립과 정권유지에 악용되어 억울하게 사형을 당한 아픈 역사가 있음.

---

1) 1950년 228명, 1951년 194명, 1952년 63명, 1953년 21명, 1954년 58명, 1955년 33명, 1956년 52명, 1957년 15명, 1958년 13명, 1959년 49명, 1960년 18명, 1961년 56명, 1962년 19명, 1964년 2명, 1965년 11명, 1966년 33명, 1967년 3명, 1968년 20명, 1969년 32명, 1970년 14명, 1971년 9명, 1973년 7명, 1974년 58명, 1976년 27명, 1977년 28명, 1979년 10명, 1980년 10명, 1982년 21명, 1983년 9명, 1985년 1명, 1986년 13명 및 1987년부터 1997년까지 111명으로 총합계 1310명임.

또한 1997년 12월 30일 23명에 대한 마지막 사형집행 이후 현재까지 사형을 집행하지 않아 국제엠네스티에서도 2007년 12월 30일 한국을 세계 134번째 '실질적 사형폐지국가'로 분류하고 있음. 우리 정부는 2009년 유럽평의회(Council of Europe) 회원국 및 기타 국가 간의 형사사법공조협약 및 범죄인인도협약에 가입한 바 있어, 본 협약에 가입한 유럽연합(EU) 회원국 전체를 비롯한 47개의 유럽국가 및 이스라엘, 남아프리카공화국 등의 국가로부터 인도된 범죄인에 대해서는 대한민국 법원이 사형을 선고하더라도 그 형을 집행할 수 없게 되었음. 이것은 사형제도가 실효성을 상실하였다는 의미로, 앞으로도 사형을 집행하는 국가로 돌아가서는 안 된다는 강력한 방증이며, 이를 위해 명분과 실질을 일치시키는 입법적 결단이 필요함.

사형폐지는 전 세계적인 흐름이기도 함. 국제엠네스티 자료에 따르면, 전 세계 약 3분의 2 이상이 법적 또는 사실상 사형폐지국임. 2013년 12월 31일 기준으로 법상 모든 범죄에 대한 사형폐지국은 98개국, 일반 범죄에 대한 사형폐지국은 7개국이며, 사실상 사형폐지국은 35개국으로 법적 또는 사실상 사형폐지국은 전 세계 198개국 중 140개국이며, 사형 존치국은 58개국임. 2013년 통계에 따르면, 미국은 아메리카 대륙에서 유일하게 사형을 집행한 국가로 남았으나 사형폐지 주(州)는 점증적으로 증가하여 현재 18개주에 이르고 있음.

이러한 점에 비추어 볼 때, 반 인권적이고 비인도적이자 극단적으로 잔인한 형벌인 사형제를 법률로써 명백하게 폐지하여, 국민의 인권을 보호하고 존중하는 형벌체계를 수립하고 인권선진국가로 거듭나게 하려는 것임.

주요내용

가. 이 법에서 "종신형"이란 사망 때까지 교도소 내에 구치하며 가석방을 할 수 없는 종신징역과 종신금고를 말함(안 제2조).

나. 형법 및 기타 법률에서 규정하고 있는 형벌 중 사형을 폐지하고 이를 종신형으로 대체함(안 제3조).

법률 제 호

사형 폐지에 관한 특별법안

제1조(목적) 이 법은 국가 형벌 중에서 사형을 폐지함으로써 인간으로서의 존엄과 가치를 존중하고 범죄자의 인권 보호 및 교화·개선을 지향하는 국가형벌체계의 수립을 목적으로 한다.

제2조(종신형의 정의와 종류) ① "종신형"이란 사망 때까지 교도소 내에 구치하며 「형법」에 따른 가석방을 할 수 없는 형을 말한다.

② 종신형은 종신징역과 종신금고로 나눈다.

제3조(사형의 종신형 대체) 「형법」 및 그 밖의 법률에서 규정하고 있는 형벌 중 사형을 폐지하고 이를 종신형으로 대체한다.

부 칙

제1조(시행일) 이 법은 공포한 날부터 시행한다.

제2조(경과조치) 이 법 시행 전에 사형의 확정판결을 받고 그 집행이 이루어지지 아니한 자는 종신형의 확정판결을 받은 것으로 본다.

제3조(다른 법률의 개정) ① 가족관계의 등록에 관한 법률 일부를 다음과 같이 개정한다.

제88조를 다음과 같이 한다.

제88조(재소 중 사망) 재소 중 사망한 사람의 사체를 찾아갈 사람이 없는 경우에 교도소장은 지체 없이 교도소 소재지의 시·읍·면의 장에게 사망의 통보를 하여야 한다. 이 경우 통보서에 진단서 또는 검안서를 첨부하여야 한다.

② 군사법원법 일부를 다음과 같이 개정한다.

제506조부터 제512조까지를 각각 삭제한다.

③ 군에서의 형의 집행 및 군수용자의 처우에 관한 법률 일부를 다음과 같이 개정한다.

제2조 제3호 중 "사형확정자"를 "종신형확정자"로, "사형"을 "종신형"으로 하고, 같은 조 제4호 중 "군미결수용자, 사형확정자"를 "군미결수용자"로 한다.

제76조 중 "군수형자와 사형확정자"를 "군수형자"로 한다.

제9장의 제목 "사형확정자"를 "종신형확정자"로 한다.

제77조의 제목·제1항·제2항 본문 및 제3항 중 "사형확정자"를 각각 "종신형확정자"로 한다.

제78조를 삭제한다.

④ 군형법 일부를 다음과 같이 개정한다.

제3조를 삭제한다.

⑤ 형법 일부를 다음과 같이 개정한다.

제66조를 삭제한다.

⑥ 형사보상 및 명예회복에 관한 법률 일부를 다음과 같이 개정한다.

제5조 제3항을 삭제한다.

⑦ 형사소송법 일부를 다음과 같이 개정한다.

제463조부터 제469조까지를 각각 삭제한다.

⑧ 형의 집행 및 수용자의 처우에 관한 법률 일부를 다음과 같이 개정한다.

제2조제3호 중 "사형확정자"를 "종신형확정자"로, "사형"을 "종신형"으로 하고, 같은 조 제4호 중 "미결수용자·사형확정자"를 "미결수용자"로 한다.

제11조 제1항 제4호 전단 중 "사형확정자"를 "종신형확정자"로 한다.

제88조 중 "사형확정자"를 "종신형확정자"로 한다.

제89조의 제목·같은 조 제1항 본문 및 제2항 중 "사형확정자"를 "종신형확정자"로 한다.

제90조 제1항 및 제2항 중 "사형확정자"를 각각 "종신형확정자"로 한다.

제10장의 제목 "사형확정자"를 "종신형확정자"로 한다.

제91조를 삭제한다.

[부록 4] 프란치스코 교황님의 강복 메시지

주교회의 정의평화위원회에 보내는 교황 성하의 강복 메시지

한국 천주교 주교회의 정의평화위원회 위원장 유흥식 라자로 주교님께,

프란치스코 교황 성하께서는 사형 집행 중단 20주년 기념행사에 참석하신 분들에게 따스한 인사의 말씀을 전하십니다. 교황 성하께서는 전 세계적으로 사형 제도 폐지를 위하여 애쓰는 사람들을 격려하시면서, 그들이 "모든 생명은 신성한 것이고, 모든 인간은 양도할 수 없는 존엄을 부여받았으며, 범죄자들의 교화만이 사회에 유익할 수 있으므로, 이 방법이 최선의 길"(2015년 9월 24일에 미국 연방 의회 공동 회기에서 하신 연설 참조)임을 확신하며 힘을 얻기를 바라십니다. 교황 성하께서는 모든 참석자와 그 가족들을 복되신 동정 마리아의 전구에 맡겨 드리면서, 주님 안의 기쁨과 평화를 약속하시며 진심 어린 교황 강복을 보내십니다.

교황청 국무원 총리
피에트로 파롤린 추기경

[부록 5] 2017 7대 종단 사형집행중단 20년 호소문

문재인 정부와 국회에 사형제도 폐지를 호소합니다.

이 땅에 태어난 모든 생명은 존엄합니다. 참혹한 범죄를 저지른 이에 대한 엄중한 법의 심판이 뒤따라야 한다는 것을 부정하는 사람은 없을 것입니다. 하지만 그 죄가 무겁다고 하여 국가가 법의 이름으로 국민의 생명을 직접적으로 빼앗는 일 또한 '제도적 살인'일 수 밖에 없습니다. 생명은 생명을 존중하는 방식으로만 지킬 수 있습니다. 국가는 죽어 마땅하다며 국민의 생명을 빼앗으면서 국민에게는 사람을 죽이지 말라고 하는 말에는 권위가 있을 수 없습니다. 끊임없이 반복되는 폭력의 악순환을 맨 처음 끊어 내는 일도 역시 정부와 국회처럼 우리 사회를 이끌어가는 위정자들이 결심해야 가능한 일입니다.

2017년 12월 30일은 대한민국에서 마지막으로 사형이 집행된 지 꼭 20년이 되는 날입니다. 2007년 사형집행 중단 10년이 되었을 때 우리는 이미 대한민국이 사형폐지국임을 선포했고 국제사회는 우리나라를 실질적 사형폐지국으로 분류했습니다. 하지만 그 후로는 10년이 지난 지금까지도 안타깝게도 사형제도 완전폐지는 아무런 진전이 없었습니다. 15대 국회를 시작으로 매 국회 사형폐지특별법이 국회에서 발의되었지만 단 한번도 국회 법제사법위원회 벽을 넘지 못했습니다. 특히 17대 국회와 19대 국회에서는 재적 국회의원 수의 과반이 훨씬 넘는 170여명이 공동발의를 하였지만 마찬가지로 자동폐기 되었습니다.

사형제도 폐지를 위한 국제사회의 흐름은 이제 거스를 수 없습니다. 이미 140여 개국이 사형제도를 완전히 폐지하였거나 사실상 폐지하였습니다. 아메리카대륙에서 유일하게 사형을 집행하고 있는 미국 역시 사형제도를 폐지한 주가 18개에 이르고 있습니다. 잘 알려진 것처럼 유럽연합은 가입 전제 조건으로 사형제도 폐지를 최우선으로 꼽고 있습니다. UN이 전 세계의 사형폐지를 목표로 선포한 것도 이제 30년이 다 되어갑니다. 범죄억지력도 없고 피해자들에게 실질적으로는 아무런 도움도 주지 못하는 사형제도는 이제 완전히 폐지되어야 합니다.

지난 20년 동안 이 땅에서 사형집행이 없었던 것은 양심과 생명을 존중하는 정부의 결단과 국회의 지지가 종교, 인권, 시민사회의 끈질긴 노력과 조화를 이루었기에 가능했

던 일입니다. **사형집행 중단 20년을 맞아 문재인 대통령과 정부 그리고 대한민국 20대 국회에 호소합니다.**

대통령 후보시절 공개적으로 밝히셨던 것처럼, 문재인 대통령께서는 사형제도는 폐지되어야 한다는 입장을 공개적으로 천명해 주시고 사형확정자 61명을 무기수로 감형해 주십시오. 정부는 사형제도 폐지를 위한 모든 노력을 기울여 주십시오.

20대 국회의원들께서는 현재 8번째 발의를 준비 중에 있는 사형제도폐지특별법에 공동발의의원으로 참여 해 주시고 국회에서 입법을 통해 사형제도를 완전히 폐지 해 주십시오.

대한민국의 사형폐지는 한국 사회의 인권수준을 또 한 단계 끌어올리고 아시아 전체의 사형폐지를 이끌어내는 계기가 될 것입니다. 사형제도 폐지는 인권선진국으로 가는 대한민국이 반드시 내딛어야 할 소중한 한 걸음입니다. 부디 종교계의 호소에 귀 기울여 주시기 부탁드립니다.

2017년 12월 30일
대한민국 사형집행 중단 20년을 맞아
사형제도 완전 폐지를 호소하는 7대 종단 대표
대한불교조계종 총무원장 설정 스님
원불교 교정원장 한은숙 교무
유교 김영근 성균관장
천도교 이정희 교령
한국기독교교회협의회(NCCK) 총무 이홍정 목사
한국천주교주교회의 의장 김희중 대주교
한국민족종교협의회 박우균 회장

[부록 6] 한국사형폐지운동의 연혁

한국사형폐지운동의 연혁

–1989년 <한국사형폐지운동협의회> 창립
<한국 기독교 사형폐지 운동연합> 창립

–1996년 헌법재판소 합헌 7 : 위헌 2로 사형제도 합헌 결정

–1999년 15대 국회 유재건 등 국회의원 91명 '사형폐지에 관한 특별법안' 발의
한국 천주교, 사형제도폐지 촉구 서명운동

–2000년 <사형제도 폐지를 위한 범종교인연합> 창립

–2001년 한국 천주교 주교회의 정의평화위원회 산하 <사형제도폐지소위원회>설립
사형제도 폐지를 위한 범종교인연합 평화 대행진 개최
16대 국회 정대철 등 국회의원 63명 '사형폐지에 관한 특별법안' 발의

–2002년 영화 '데드맨 워킹' 실제 모델, 사형수들의 어머니 헬렌 프리진 수녀 방한

–2003년 김수환 추기경, 강원룡 목사, 송월주 스님 사형폐지 촉구 노무현 대통령 면담

–2004년 '불교사형폐지운동본부' 창립
사형제도 폐지와 살인 피해자들을 위한 7대 종단 기도회
17대 국회 유인태 등 175명 '사형폐지에 관한 특별법안' 대표발의

–2005년 한국 천주교, 1차 사형제도폐지 입법청원 서명운동 시작
김수환 추기경, 강원룡 목사, 송월주 스님 사형폐지 촉구 성명 발표

–2006년 한국 천주교 주교단 전원과 사제 수도자 평신도 115,861인 사형제도 폐지 촉구 입법청원서 국회 제출
사형제도반대아시아네크워크(ABOLISH DEATH PENALTY ASIA NETWORK) 서울에서 공식 출범 기자회견 개최

–2007년 국제앰네스티, 대한민국을 실질적 사형폐지국으로 분류 발표
2차 세계사형폐지대회 참여
대한민국 사형폐지국가 선포식 개최
대한민국 사형집행 중단 10년, 사형폐지 국가 기념일 행사 개최
기독교, 불교, 원불교, 천주교 등 4대 종단 수장 사형폐지국가 선포 공동성명 발표

–2008년 18대 국회 박선영 등 국회의원 39명 '사형폐지에 관한 특별법안' 발의
한국 천주교, 2차 사형제도폐지 입법청원 서명운동 시작

－2009년 18대 국회 김부겸 등 국회의원 53명 ‘사형폐지에 관한 특별법안’ 발의
한국 천주교 주교단 전원과 사제 수도자 평신도 100,481명 사형제도 폐지 입법청원서 국회 제출
한국 정부, 유럽평의회(EC)와의 형사사법 협약 가입시 사형제도 비적용 방침 공식 확인
기독교, 불교, 원불교, 천주교 등 4대 종단 대표 사형제도폐지 촉구 공동성명 발표
－2010년 헌법재판소 합헌 5 : 위헌 4 로 사형제도 합헌 결정
18대 국회 주성영 등 국회의원 10명 ‘사형폐지에 관한 특별법안’ 발의
－2012년 천주교, 3차 사형제도폐지 입법청원 서명운동 시작
－2015년 한국 천주교 주교단 전원과 사제 수도자 평신도 85,637명 사형제도 폐지 입법청원서 국회 제출
기독교, 불교, 원불교, 성균관, 천도교, 천주교, 한국민족종교협의회 등 7대 종단 수장 19대 국회 종료 전 사형폐지 촉구 공동성명 발표
19대 국회 유인태 등 국회의원 173명 ‘사형폐지에 관한 특별법안’ 발의
－2017년 대한민국 사형집행중단 20년
기독교, 불교, 원불교, 성균관, 천도교, 천주교, 한국민족종교협의회 등 7대 종단 수장 사형집행 중단 20년 사형폐지 촉구 공동성명
－2018년 한국 천주교, 4차 사형제도폐지 입법청원 서명운동 시작

[저자 약력]

이 덕 인 (dalaw96@bist.ac.kr)

동아대학교 법과대학 졸업
동아대학교 대학원 법학과(법학박사)
현, 한국엠네스티 법률가위원회 총무간사
대법원 형사실무연구회 회원
한국형사법학회, 한국비교형사법학회, 한국형사정책학회
한국형사소송법학회, 영남형사판례연구회 정회원
부산지방법원 시민사법참여단 자문교수
부산과학기술대학교 교수

저 서
형법개정안과 인권(경인문화사, 한인섭/이호중/허일태/이덕인/이상원/최정학, 2011)
일본형법이론사의 종합적 연구(동아대학교 출판부, 허일태/배문범/이동희/김환전/이덕인(역), 2009)

주요 논문
위계에 의한 아동·청소년 간음죄에서의 '위계'의 의미(형사법연구, 2015)
사형제도의 어제와 오늘, 그리고 미래 전망(입법과 정책, 2015)
성매매알선 등 행위의 처벌에 관한 법률 제21조 제1항의 위헌논란과 쟁점(형사법연구, 2015)
1950년대의 사형제도에 대한 실증적 분석과 비판(형사정책연구, 2015)
한국전쟁과 사형제도(서울대학교 법학, 2014)
우범자관리에 대한 비판적 분석(형사정책연구, 2013)
형법의 기능변화와 한계에 대한 성찰(형사법연구, 2012)
국민 참여 형사재판제도의 정착을 위한 제언(비교형사법연구, 2012)
형사책임연령 하향에 대한 비판적 고찰(형사정책연구 2012)
양형으로서 사형의 정당성에 대한 검토(비교형사법연구, 2008)
자발적 대가성 성관계의 비범죄화(형사정책, 2008) 등

사형제도의 실재 – 정부수립 이후 70년의 회고 –

초판 인쇄 2018년 12월 26일
초판 발행 2018년 12월 30일

지은이 이덕인
펴낸이 박노일

총괄기획 김중용·최준규
편 집 심성보·김인숙

펴낸곳 pnc publishing and culture 피앤씨미디어
경기도 고양시 일산동구 강송로 153 310-1501
등록 제396-2012-000203호
전 화 070)7550-3758 팩 스 02)718-8554
홈페이지 www.pncmedia.co.kr 이메일 pnc@pncmedia.co.kr
ISBN 979-11-5730-598-8 93360

정 가 25,000원